Team Selection, Sports Arbitration and the Law

代表選手選考とスポーツ仲裁

松本泰介───著
Taisuke Matsumoto

大修館書店

　オリンピック・パラリンピックは、出場するアスリートにとって最高の舞台です。この舞台への出場に選ばれたアスリートは多くの名誉や称賛を得ますが、選ばれなかったアスリートはこのような名誉や称賛を得られません。オリンピックやパラリンピックに選ばれたアスリートの顔は浮かぶかもしれませんが、その陰で選ばれなかったアスリートの顔を思い浮かべることはできないのではないでしょうか。このように代表選手選考は、選考対象となるアスリートにとって天地の差を生む残酷なイベントです。

　そして、代表選手選考は、単に国際大会などに出場するかしないかだけでなく、アスリートのそれまでの努力に対する1つの結果であり、1つの結果はアスリートのその後の人生に多大な影響を及ぼします。また、アスリートを支えてきたコーチや家族などにも大きな影響があります。それゆえ、このような代表選手選考は、スポーツの商業化が起こる以前から、大きな利害対立を生んできました。日本の過去の報道を見れば、今から100年近く昔から、オリンピックの代表選手選考をめぐるトラブルが報道されています。

　現代では、このような利害対立が、スポーツ仲裁という場で表面化します。1980年代後半のアメリカ仲裁協会（American Arbitration Association, AAA）や、1990年代のスポーツ仲裁裁判所（Court of Arbitration for Sport, CAS）といったスポーツ仲裁制度の中で、代表選手選考が取り扱われ始めました。その後、イギリススポーツ仲裁裁判所（Sport Resolutions, SR）、カナダスポーツ紛争解決センター（Sport Dispute Resolution Centre of Canada, SDRCC）、ニュージーランドスポーツ仲裁裁判所（Sports Tribunal of New Zealand, STNZ）、日本スポーツ仲裁機構（Japan Sports Arbitration Agency, JSAA）など、スポーツ先進国各国の国内スポーツ仲裁制度が充実するにつれ、それぞれの国のスポーツ仲裁制度において、代表選手選考が取り扱われてきました。

　このようなスポーツ仲裁制度は、スポーツ仲裁と括ってしまうと一見同じようなことが行われていると思われがちです。また、日本スポーツ仲裁機構（JSAA）の議論でも、スポーツ仲裁裁判所（CAS）ばかりが参照され、それ以外のスポーツ仲裁制度はあまり参考にされません。

しかしながら、仲裁は私的な紛争解決方法であり、個々の紛争解決機関によってオリジナルかつ多様な手法を取り得るため、その解決方法は一通りではありません。また、代表選手選考自体もそこにはお国柄があり、さまざまな選考方法が取られます。つまりスポーツ仲裁における代表選手選考事案は、それぞれの国のオリジナルが掛け合わされた極めて特異な現象なのです。

　本書では、代表選手選考事案を通じて、各国の代表選考方法や、スポーツ仲裁制度の概要や歴史、仲裁判断内容に注目し、その特色を整理、解説するものです。そして、法学としては、現代のスポーツ界におけるスポーツ団体の代表選手選考決定に対するスポーツ仲裁の司法的機能に注目するものです。スポーツ仲裁の司法的機能といっても万能ではなく、とくに代表選手選考仲裁においては、スポーツ団体における代表選手選考決定の専門性・自律性と、スポーツガバナンスから要求される公平・透明性とのバランスが検討されなければなりません。私的自治とこれに対する司法的機能の介入の範囲と限界として、スポーツ仲裁における法的審査はどのような範囲に及び、どの範囲には及ばないのか。スポーツ界においてどのような司法的機能が果たされているのかを解説します。各国の代表選手選考、スポーツ仲裁の本質を楽しんでいただけたらと思います。

　最後になりますが、本書の出版にご理解をいただいた大修館書店編集部、また、編集作業の当初から最後まで、私の乱文、細かなこだわりに対応してくださった同編集部丸山真司さんに心から御礼申し上げます。

2020 年 6 月

松本泰介

第3章
カナダスポーツ紛争解決センター（SDRCC）の代表選手選考仲裁における法的審査の範囲と限界········77

第 4 節 代表選手選考仲裁における法的審査の範囲と限界········151

第 5 節 本章のまとめ········163

第6章
代表選手選考仲裁における法的審査の範囲と限界………213

本書の問題意識と
スポーツ仲裁の現代的意義

第1節 本書の問題意識

　日本では、2003 年に日本スポーツ仲裁機構（Japan Sports Arbitration Agency, JSAA）が設立されて以降、すでに仲裁判断が 55 件、うち代表選手選考については 17 件行われている（2019 年 4 月 1 日時点）。

　JSAA において、スポーツ団体の決定に対する仲裁の判断基準としては、以下のように判示されている。

　「日本においてスポーツ競技を統括する国内スポーツ連盟については、その運営に一定の自律性が認められ、その限度において仲裁機関は、国内スポーツ連盟の決定を尊重しなければならない。仲裁機関としては、

　1）国内スポーツ連盟の決定がその制定した規則に違反している場合

　2）規則には違反していないが著しく合理性を欠く場合

　3）決定に至る手続に瑕疵がある場合、または

　4）国内スポーツ連盟の制定した規則自体が法秩序に違反しもしくは著しく合理性を欠く場合において、それを取り消すことができると解すべきである」

　上記の 4 要件基準は、代表選手選考事案や懲戒処分事案を問わず、スポーツ団体の決定全般に適用されている。そして、JSAA 実務におけるほぼ確定的な判断基準として、各仲裁判断において適用されている〈注 1〉。

　スポーツ界の運営ルールは、私的自治〈注 2〉のもと、国際競技連盟（International Federation, IF）や国内競技連盟（National Federation, NF）が定めている。他国の法制においては、このようなスポーツ団体の決定について、国家裁判所の審理対象になると考えられ、実際審理が行われている国もある〈注 3〉。このような国では、国家裁判所の事案において、スポーツ団体の決定に関し、国家裁判所という司法機能がはたらいている〈注 4〉。

　しかしながら、このような国家裁判所の事案においては、団体自治への配慮から国家裁判所の判断が謙抑的になり、国家裁判所からの司法機能が十分にはたらかない場合も存在する。また、スポーツ団体の決定の中には、本書で取り上げる代表選手選考決定を含め、きわめて専門性が高い分野も含まれ、国家裁判所による司法機能にはおのずと限界がある分野も存在する。とすれ

ば、スポーツ団体の立法・行政的機能に対する司法的機能が十分でなかったことは否めなかった。

　そこで、1984年に設立されたスポーツ仲裁裁判所（Court of Arbitration for Sport, CAS）や2003年に設立されたJSAAのような、スポーツ紛争を専門的に取り扱うスポーツ仲裁機関により、スポーツ団体の決定を対象とする仲裁判断が行われている。

　これにより、現代においては、スポーツ団体の立法・行政的機能に対して、スポーツ仲裁による司法的機能がはたらくようになり、スポーツ界のルール形成およびその適用には一定の合理的制約が課されるようになった。これは国家における立法権・行政権に対して、司法権を有する裁判所が行う司法審査類似の作用である。とすれば、スポーツ仲裁による司法的機能は、スポーツ界においては司法審査そのものといえよう〈注5〉。

　スポーツ団体が実施する代表選手選考に関しても、CASやJSAAなどのスポーツ仲裁機関において仲裁判断の対象となり、仲裁判断が積み重ねられることによって、スポーツ仲裁による司法的機能がはたらくようになった。これにより、スポーツ団体が実施する代表選手選考の法的合理性が担保されるようになってきている。

　とくに、日本のスポーツ団体の代表選手選考決定は、基本的に裁判所法第3条に定める法律上の争訟〈注6〉に該当しない、あるいはいわゆる部分社会の法理〈注7〉から国家裁判所の審理対象とならないと考えられてきたため〈注8〉、JSAAのスポーツ仲裁による司法的機能は重要であった。

　本書は、このような現代のスポーツ界における、スポーツ団体の代表選手選考決定に対するスポーツ仲裁の司法的機能、とりわけスポーツ仲裁における法的審査の範囲と限界に注目するものである。

　スポーツ仲裁の司法的機能といっても万能ではなく、代表選手選考仲裁においては、スポーツ団体における代表選手選考決定の専門性・自律性と、スポーツガバナンスから要求される公平・透明性とのバランスが検討されなければならない。そして、スポーツ仲裁における法的審査はどのような範囲に及び、どの範囲には及ばないのか、スポーツ界においてどのような司法的機能が果たされているのかを解説することが、本書の1つ目の問題意識である。

また、スポーツ仲裁を含む仲裁制度は私的な紛争解決制度であり、その仲裁判断は、一般には、国家裁判所の判決のような「判例」を形成するとは考えられていない。

　しかしながら、各国のスポーツ仲裁機関においては、仲裁パネルの実体判断や手続進行の指針として定められた仲裁規則を超えて、仲裁パネルにおいて継続して採用される実体判断や手続進行ルールがあり、これらは国家裁判所の判決における「判例」のようにも機能していると思われる。仲裁判断が「判例」ではないとしても、各国のスポーツ仲裁機関の仲裁判断を縦断的に整理すれば、一定の傾向を読み取ることはできるだろう。これが本書の2つ目の問題意識である。

　本書では、代表選手選考事案において積み重ねられる仲裁判断によって具体的にどのような司法的機能がはたらくようになってきているのかを縦断的に整理し、一定の傾向を見出しながら、スポーツ団体の代表選手選考決定に対するスポーツ仲裁における法的審査の範囲と限界を解説する。

第2節 本書の概要

1. 本書が解説する4つの国内スポーツ仲裁機関

　代表選手選考事案の縦断的な整理のためには、少なくとも一定の事案の積み重ねが必要であるため、すでに設立から10年以上の期間が経過して、多数の代表選手選考事案を取り扱っている国内スポーツ仲裁機関を候補とする。そうした国内スポーツ仲裁機関としては、以下が存在する。
・日本スポーツ仲裁機構（JSAA）
・ニュージーランドスポーツ仲裁裁判所（Sports Tribunal of New Zealand, STNZ）
・カナダスポーツ紛争解決センター（Sport Dispute Resolution Centre of Canada, SDRCC）
・アメリカ仲裁協会（American Arbitration Association, AAA）

・イギリススポーツ仲裁裁判所（Sport Resolutions, SR）

　本書では上記の国内スポーツ仲裁機関における代表選手選考事案を候補とするが、イギリスの SR については、本書執筆時において、代表選手選考事案が公表されておらず、整理ができない。

　そこで、以下のとおり、SR 以外の 4 つの国内スポーツ仲裁機関における代表選手選考仲裁について解説する〈注9〉。

①日本スポーツ仲裁機構（JSAA）の代表選手選考仲裁における法的審査の範囲と限界（→第 1 章）
②ニュージーランドスポーツ仲裁裁判所（STNZ）の代表選手選考仲裁における法的審査の範囲と限界（→第 2 章）
③カナダスポーツ紛争解決センター（SDRCC）の代表選手選考仲裁における法的審査の範囲と限界（→第 3 章）
④アメリカ仲裁協会（AAA）の代表選手選考仲裁における法的審査の範囲と限界（→第 4 章）

2. 本書の解説における視点

　本書においては、第 1 節の問題意識で述べたとおり、スポーツ界の司法的機能としてスポーツ仲裁における法的審査の範囲と限界を解説するため、スポーツ団体における代表選手選考決定の専門性・自律性と、スポーツガバナンスから要求される公平・透明性とのバランスの視点に注目する。

　そのためには、前提として、代表選手選考制度の概要、法的性質、スポーツ仲裁機関の組織、スポーツ仲裁規則の概要、代表選手選考事案の概要、推移を整理する必要があるだろう。

　そのうえで、それぞれの仲裁判断の内容を検討しながら、仲裁パネルの審査対象、権限や判断基準、立証責任に加え、代表選手選考の選考基準など実体法に関わる場面、客観的評価や主観的評価など選考基準の種類によってどのような法的審査がなされているのか、代表選手選考の手続法に関わる場面ではどのような法的審査がなされているのかなど、代表選手選考に関する規則規程に対する法的審査を細分化して解説する。

3. 本書の対象とする代表選手選考紛争

　代表選手選考に関する紛争の中には、選考資格の問題（eligibility issue）や懲戒処分にもとづく出場資格の問題（disciplinary　issue）なども存在する。

　しかしながら、選考資格の問題は、通常のスポーツルールと同様に、一定の資格基準が存在し、その資格を満たすか満たさないかの裁量判断は少ないため、スポーツ団体の専門性・自律性が優先する。とすれば、代表選手選考の裁量判断における、スポーツ団体の専門性・自律性と、スポーツガバナンスから要求される公平・透明性とのバランスとは、いささか問題の場面が異なる。また、懲戒処分にもとづく出場資格の問題は、懲戒処分自体の法的合理性が問題となっており、スポーツ団体における代表選手選考決定の専門性・自律性と、スポーツガバナンスから要求される公平・透明性とのバランスが問題となる場面ではない。

　とすれば、本書で対象とすべき代表選手選考事案としては、代表選手の選考基準など、実体法に関わる場面、客観的評価や主観的評価など選考基準の適用の場面、あるいは代表選手選考の手続に関わる場面に対してスポーツ仲裁による法的審査が行われている事案に限定して解説すべきである。

　したがって本書の対象としては、各国スポーツ仲裁機関の代表選手選考事案のうち、このような事案のみをピックアップして解説を行うこととする。

4. 本書における国際比較の指標

　それぞれの国内スポーツ仲裁機関の代表選手選考仲裁における法的審査の範囲と限界を解説するにあたって、国内スポーツ仲裁機関といえども、それぞれの国家の法制度、設立背景、代表選手選考制度の違いなど、さまざまな違いが存在する。また、どの国内スポーツ仲裁機関における法的審査の範囲と限界が一義的に正しいというわけでもなく、解説にあたっては一定の基本となる指標を設ける必要があろう。

　本書では、①JSAA における法的審査の範囲と限界を１つの基本となる指標として、②③④における法的審査の範囲と限界を整理する。

第3節 本書の実務的意義

　2013 年、日本が 2020 年にオリンピック・パラリンピック東京大会を開催することが決定した。過去の 2000 年オリンピックシドニー大会〈注 10〉、2012 年オリンピックロンドン大会〈注 11〉などにおいて、開催国で大会直前に代表選手選考に関するトラブルが激増した事実をふまえると、2020 年東京大会前にも相当数の代表選手選考に関するトラブルが発生することが想定された。

　また、代表選手選考は、2020 年東京大会後も、それ以降のオリンピック・パラリンピック大会、各競技の世界選手権など、つねに行われつづける。代表選手選考がレベルアップしていったとしても、代表選手選考決定が一定の裁量を有するものであり、選手の国際大会出場・不出場という大きな利害に関係する以上、代表選手選考に関するトラブルは永遠になくならないだろう。

　日本の代表選手選考事案における JSAA のスポーツ仲裁判断を概観してみると、上記のとおり確定的な判断基準はあるものの、まだまだ事案数も少なく、その実際の適用においては、多くはスポーツ団体の代表選手選考決定に課題があったとしても付言などでの言及にとどめ、結論を是認する仲裁判断が行われている。これでは、スポーツ仲裁による法的審査における課題が理論的に十分に検討されているとはいえないだろう。

　そこで、本書により複数の国内スポーツ仲裁機関の代表選手選考仲裁における法的審査の範囲と限界を解説したうえで、これらを総括し、国際比較し、JSAA に対する示唆を導けば、JSAA が日本のスポーツ界における代表選手選考に対して、理論的な根拠のうえに十分かつ安定的な司法的機能を果たすことになる。

〈注〉

1　JSAA-AP-2003-001（ウェイトリフティング）、JSAA-AP-2003-003（身体障害者水泳）、JSAA-AP-2004-001（馬術）、JSAA-AP-2009-001（軟式野球）、JSAA-AP-2009-002（綱引）、JSAA-AP-2011-001（馬術）、JSAA-AP-2011-002（アーチェリー）、JSAA-AP-2011-003（ボート）、JSAA-AP-2013-003（水球）、JSAA-AP-2013-004（テコンドー）、JSAA-

AP-2013-023（スキー）、JSAA-AP-2013-022（自転車）、JSAA-AP-2014-003（テコンドー）、JSAA-AP-2014-007（自転車）、JSAA-AP-2014-008（ホッケー）、JSAA-AP-2015-002（ホッケー）、JSAA-AP-2015-003（ボート）、JSAA-AP-2015-006（バレーボール）、JSAA-AP-2016-001（自転車）、JSAA-AP-2016-006（柔道）など。

2　個人の私法関係、すなわち身分と財産に関する法律関係を各人の意思によってその欲するとおりに規律すること。私法的自治ともいう。行政組織における公的な自治（「自治行政」）に対していう。近代法は、私的関係が各人の創意によって自由に規律できるものとして、できるかぎり国家の干渉を避けることを理想とする。我妻栄 等編『新法律学辞典』（新版、有斐閣、1967 年、p. 533）。

3　本書の対象国となっているニュージーランド、カナダ、アメリカ合衆国のほか、日本スポーツ仲裁機構（平成 25 年度文部科学省委託事業スポーツ仲裁活動推進事業）報告書「諸外国におけるスポーツ紛争及びその解決方法の実情に対する調査研究」によれば、フランス、ドイツ、スイスなどでスポーツ団体の決定が国家裁判所の審理対象になることが指摘されている。

4　スポーツ団体の決定に関して、日本の国家裁判所が取り扱った事案を分析し、国家裁判所による司法審査の可能性を示す研究として、Yokomizo, Dai and Colombo, Giorgio Fabio. LA GIUSTIZIA SPORTIVA IN GIAPPONE, Rivista di Diritto Sportivo, Comitato Olimpico Nazionale Italiano （CONI）. http://www.rivistadirittosportivo.coni.it/images/rivistadirittosportivo/dottrina/10_Yokomizo_Colombo_141-156.pdf、2019 年 4 月 1 日アクセス。この研究は、スポーツ団体による代表選手選考決定に関する国家裁判所の取り扱いに特化した研究ではない。スポーツ団体の決定の種類による違い、たとえば懲戒処分決定などは、被処分者の権利侵害が比較的論理立てしやすいものから、代表選手選考決定のようにスポーツ団体の専門性・自律性が優先する決定も存在するが、当該研究は、このような違いまでは触れられていない。

5　2016 年リオデジャネイロオリンピック大会出場をめぐる、国際陸上連盟によるロシア陸上連盟資格停止処分や、国際パラリンピック連盟によるロシアパラリンピック連盟資格停止処分に対する CAS のスポーツ仲裁判断が大きな注目を集めるなど、スポーツ仲裁による司法的機能の重要性は増すばかりである。

6　当事者間の具体的な権利義務ないし法律関係の存否に関する紛争であって、かつ、それが法令の適用により終局的に解決することができるものをいう（最高裁判所昭和 28 年 11 月 17 日第三小法廷判決（行政事件裁判例集 4 巻 11 号、p. 2760）参照）。

7　自律的規範を有する団体の内部における法律上の紛争については、それが一般市民法秩序と直接の関係を有しない内部的な問題にとどまる場合には、原則として当該団体内部の自治的、自律的な解決にゆだねるのが相当であり、裁判所の司法審査は及ばないが、他方、当該紛争が当該団体の内部的な紛争にとどまらず、その当事者の一般市民法秩序に係る権利利益を侵害する場合には、裁判所の司法審査が及ぶと解する法理をいう（最高裁判所昭和 52 年 3 月 15 日第三小法廷判決（最高裁判所民事判例集 31 巻 2 号、p. 234）、最高裁判所昭和 63 年 12 月 20 日第三小法廷判決（最高裁判所裁判集民事 155 号、p. 405）参照）。

8　このような考え方を指摘するものとして、道垣内正人「日本におけるスポーツ仲裁制度の設計」（『ジュリスト』1249 号、2003 年、p. 2、注 1）や、同「日本スポーツ仲裁機構（JSAA）」（『法学教室』第 276 号、2003 年、p. 2、同「スポーツ仲裁をめぐる若干の論点」（『仲裁と ADR』3 号、2008 年、p. 82）、同「日本スポーツ仲裁機構とその活動」（『日本スポーツ法学会年報』第 15 号、2008 年、p. 8）、同「スポーツ仲裁・調停」（道垣内正人・早川吉尚編著『スポーツ法への招待』ミネルヴァ書房、2011 年、p. 62）、同「スポーツ仲裁」（日本スポーツ法学会編『詳解スポーツ基本法』成文堂、2011 年、p. 282）や、日本スポーツ仲裁機構（平成 25 年度文部科学省委託事業スポーツ仲裁活動推進事業）報告書「諸外国におけるスポーツ紛争及びその解決方法の実情に対する調査研究」（2014 年、p. 5、26、33、59、

60)、小島武司・猪股孝史『仲裁法』(日本評論社、2014 年、p. 70)。

9　スポーツ仲裁機関における代表選手選考事案を縦断的に検討した海外の先行研究としては、Duval, Antoine. Getting to the games : the Olympic selection drama (s) at the court of arbitration for sport, *International Sports Law Journal,* Vol. 16, 2016, pp. 52-66 がある。Duval（2016）は、CAS における代表選手選考事案について、1996 年に初めて CAS が代表選手選考事案を扱って以降、2016 年に至るまでの事案を総括し、スポーツ仲裁における法的審査の範囲と限界について縦断的に研究している。

Duval（2016）は、CAS にて取り扱われた代表選手選考事案について、まず、CAS 仲裁パネルの法的審査の対象は、代表選手選考決定の評価ではなく、選考プロセスであることを指摘した。そのうえで、①CAS 仲裁パネルによる選考プロセスに対する法的審査、②CAS 仲裁パネルによる選手の法的期待の保護、③代表選手選考に関するグッドガバナンス、という視点から検討を行った。

1 点目の CAS 仲裁パネルによる選考プロセスに対する法的審査としては、
・CAS 仲裁パネルがスポーツ団体による代表選手選考決定に相当程度の配慮を行っており、あくまで法的審査の対象はスポーツ団体による判断に裁量の濫用があるかどうか
・スポーツ団体による主観的な判断が明確な点については、CAS 仲裁パネルによる法的審査が限定的であり、不公平、差別的、恣意的な判断だった場合にのみ審査し、決定を無効にすること
・CAS 仲裁パネルの法的審査の範囲が限定的であることは、代表選手選考基準の解釈にも及ぶこと
などを指摘し、スポーツ団体による選考には選手の能力への評価がともなう以上、裁量にゆだねられているとみなされた。

また、2 点目の CAS 仲裁パネルによる選手の法的期待の保護としては、
・一度代表選手として選考された旨の通知があった場合や、すでに公表されている選考基準が存在する場合の選手の法的期待は保護すべきこと
・大会組織委員会が出場する選手として認めていた場合は、禁反言の原則から、選手の法的期待を保護すべきこと
・ただし、選考されたあとの不適切行為や犯罪などがあった場合にまで、選手の法的期待は保護されないこと
などを指摘した。

3 点目の代表選手選考におけるグッドガバナンスとしては、
・CAS 仲裁パネルが、選考プロセスにおける手続的瑕疵について厳格に判断すること、特に透明性と説明責任については厳しいこと
・ただし、実際は、手続的瑕疵はどの選手にも一様に問題であり、代表選手選考決定を取り消すことに消極的であること
などと指摘し、最後に、結論として、
・CAS が代表選手選考に関して多くの一貫した事案を積み重ねてきており、とくに CAS のアドホック仲裁が重要な役割を担っている。代表選手選考における選手の公平なプロセスを受ける権利を保障するため、オリンピック憲章やオリンピックアジェンダ 2020 の視点からも、その権限をもっと柔軟にすべきである
・選考プロセスを、オリンピックアジェンダ 2020 に定められたグッドガバナンスに沿うものにすべきである。具体的には、手続的瑕疵について積極性をもつべきである、スポーツ団体の広範な裁量を放置せず、主観的かつ予測できない判断を避けるべきである。
・事前に公表され、十分に明確な選手選考がなされるようにすることがグッドガバナンスの品質保証であり、CAS 仲裁パネルにとって優先事項である
とした。

Duval（2016）は、CAS における代表選手選考事案について、1 つのスポーツ仲裁機関の代表選手選考事案におけるスポーツ仲裁による法的審査の範囲と限界を縦断的に研究しているという意味で、重要な価値を有する。そして、この研究は、本書の視点であるスポーツ団体が実施する代表選手選考における専門性・自律性と公正・透明性というスポーツガバナンスとのバランスから検討されたものである、との評価も可能である。

　そして、とくに、CAS 自体は国際的なスポーツ仲裁機関として、国内のスポーツ仲裁機関の仲裁判断に対しても事実上大きな影響力をもっている（国内のスポーツ仲裁機関の仲裁判断においても、よく引用されている）。とすれば、この研究には、単に 1 つの国内スポーツ仲裁機関の仲裁判断の縦断的研究以上の価値があるだろう。

　もっとも、Duval（2016）は、CAS に限られるものであり、各国のスポーツ仲裁機関における代表選手選考仲裁を縦断的に検討したものではない。確かに、CAS で取り扱われた代表選手選考事案は、CAS オセアニア支部（CAS OCEANIA）がオーストラリア国内のスポーツ仲裁事案を取り扱っているため、オーストラリアの代表選手選考事案が多い。一方で、オリンピック大会時に設置されるアドホック仲裁の事案もあり、オーストラリアに限られるものでないため、一国の代表選手選考仲裁を縦断的に検討するものとはいえない。また、代表選手選考事案におけるスポーツ仲裁による法的審査の範囲と限界について、各国で代表選手選考制度も異なれば、設置されている国内スポーツ仲裁機関でも個別の工夫・発展がなされていることが想定される。このような国内スポーツ仲裁事案を比較する視点からは、CAS で取り扱われた代表選手選考事案よりも、各国の国内スポーツ仲裁機関における代表選手選考事案を縦断的に検討しなければならないだろう。

10　オーストラリアでは、2000 年のオリンピックシドニー大会の出場をめぐる選手選考に関連して、およそ 50 件の不服申し立てがなされた、とされる。小笠原正監修『導入対話によるスポーツ法学』（第 2 版、不磨書房、2007 年、p.70）。

11　イギリスでは、2012 年のオリンピックロンドン大会の出場をめぐる選手選考に関連して、イギリススポーツ仲裁裁判所（SR）に対して 19 件の不服申立てがなされた、とされる。Lewis QC, Adam and Taylor, Jonathan. *SPORT: LAW AND PRACTICE Third Edition, Bloomsbury Professional,* 2014, para. H6. 96.

JSAA

日本スポーツ仲裁機構（JSAA）の
代表選手選考仲裁における
法的審査の範囲と限界

第1節 代表選手選考制度の概要と法的性質

1. 概要

　日本の代表選手選考制度は、たとえば、オリンピックについては、中央競技団体（National Federation, NF）からの推薦に応じて、日本オリンピック委員会（Japanese Olympic Committee, JOC）が代表選手選考を行う枠組みになっている。各スポーツの世界選手権など、オリンピックのような代表選手派遣組織がない場合は、NF自体が代表選手選考を行う。

　日本では、このような代表選手選考を行うJOCや日本スポーツ協会（Japan Sport Association, JSPO）、日本障がい者スポーツ協会を含め、多くのNFが政府機関ではない。これらのスポーツ団体は、一般社団法人および一般財団法人に関する法律（一般法人法）、公益社団法人および公益財団法人の認定等に関する法律（公益認定法）にもとづく私的団体である。代表選手選考決定を行う中央競技団体（各競技において国内最上位にある団体）について、たとえば、フランスではこのような中央競技団体を行政的機関と位置づけているため、行政法規の適用を受ける場合がある〈注1〉。

　そして、代表選手選考決定という行為の法的性質を整理すれば、日本のNFの代表選手選考決定の手続きは、一般的には、各団体の業務執行機関（たとえば理事会や強化委員会など）で選考基準が決定され、当該選考基準にしたがった選考により選ばれた選手が、理事会の決議をへて最終決定される。たとえば、オリンピックリオデジャネイロ大会に向けた水泳競技競泳種目の代表選手選考については、次頁表のとおり、日本水泳連盟で意思決定された以下の選考にしたがい、日本水泳連盟選手選考委員会が行った選考を理事会で決議し最終決定している。

　したがって、代表選手選考決定という行為の法的性質は、このような理事会の決議、つまり私的団体が行う、一般法人法や当該法人の定款、その他内部規則にもとづく意思決定にすぎない。私的団体であれば、団体としての自治、裁量権を有し、みずからルールを定め、そのルールにもとづき意思決定すれば足りる。

　なお、スポーツに対する国家予算の拠出状況としては、スポーツ予算は2007年度に187億1,700万円を計上して以降、毎年度、過去最高額を更新している。2018年度は339億8,913万円（政府予算案）となっており、2002年度（122億円）と比較すると2倍以上に増加しているが、これはとくに国際競技力向上に関連する予算の増加が寄与している、とされる〈注2〉。

2. 代表選手選考決定と「法律上の争訟」

　日本の代表選手選考決定の法的性質を考えるにあたって、前述のとおり、日本のスポーツ団体の代表選手選考決定は、基本的に、裁判所法第3条に定める法律上の争訟に該当しない、あるいはいわゆる部分社会の法理から国家裁判所の審理対象とならないのが一般的な考え方である。

　では、上記一般的な考え方はあるとしても、日本の国家裁判所は、スポーツ団体の決定のうち、とくに代表選手選考決定をどのように取り扱ってきたのか。過去の裁判所判例を検索しても事案はほとんど見つからないため、1870年代からアーカイブ化された新聞報道〈注3〉において、「代表」「選手」「選考」「裁判」とのキーワードで検索された報道なども含め、日本の過去の代表選手選考をめぐる国家裁判所による司法審査の対象となった事案を見てみる。

①ヨット代表選手選考仮処分事件（1972年）

　1972（昭和47）年6月28日「"アラシに遭遇" ヨット協会"ドラゴン級、五輪になぜ出さぬ" 選考に不満」「ドラゴン側態度硬化」、同月30日「五輪ヨット　ついに裁判ざた　ドラゴン級、沢野氏　無効の仮処分を申請」、翌7月1日「ヨット紛争」「ドラゴン協会は選考了承　沢野氏なお強硬態度」などの見出しで報じられた。

　事案としては、フィン級、フライングダッチマン級、ドラゴン級の3種目あるヨットの代表選手選考において、3つの級とも国際大会の成績不良の場合はフィン級、フライングダッチマン級からのみ選出する選考基準をとっており、日本ヨット協会はそのとおり選考した。これに対して、ドラゴン級のみを出場させない条件は、「選手選考に公平さを欠く」として、ドラゴン級の選手がヨット協会に対して仮処分の申請をしたとされる。特定の選手が申立人となっているが、記事だけからは選手の代表選手選考にまつわる権利等の主張があったかは定かではなく、ヨット協会の選考基準に対する問題を主張する内容であった。

　もっとも、同月4日「仮処分申請見通し薄い　ヨット紛争で初の審尋」との見出しにおいて、「代表決定無効の主張は、…どういう"権利"に基づくのか」という東京地方裁判所の判事の指摘が報じられている。これは代表選手選考にまつわる権利（いわゆるスポーツ権）が未だ法的な権利と認められていないことを端的に示すものでもあり、代表選手選考に関する法的保護の裏付けの乏しさ、国家裁判所での代表選手選考紛争解決の限界を示していたともいえよう。

　なお、その後、同月7日「ドラゴン紛争和解へ」、同月9日「ヨット訴訟取り下げ」、同月11日「"協会改善" 声明で落着　ヨット訴訟、正式取り下げ」との見出しで、ヨット協会が「オリンピック後、組織の改革、近代化を確約したので和解」となったと報道されている。記事内容によれば、課題は協会の組織改善の問題とされ、選手の代表選手選考にまつわる権利等が問題とはされていなかった。

②クレー射撃代表選手選考損害賠償請求事件（1984年）

　1984（昭和59）年6月22日「「訴訟、受けて立つ」　クレー射撃協　五輪選考問題で確認」、同月28日「慰謝料求め提訴　五輪代表の座2000万円？

選考漏れ選手—射撃」との見出しで、クレー射撃のオリンピックロサンゼルス大会代表選手選考をめぐり、選考漏れ選手が日本クレー射撃協会に対して慰謝料請求訴訟を提訴したと報道されている。

　選考漏れ選手は予選会で1位になったものの、過去の世界選手権での成績を考慮し、2位以下の選手が3名選考されていた。提訴の理由としては、①協会が発表した選考基準には、五輪予選会の成績以外の成績も考慮することは明示していなかった、②2位以下で選ばれた選手との海外成績の比較が同一大会でなされていない、③予選参加者から参加費を取っているから公正に候補者を選ぶ契約が結ばれているはずなのに、公正な選考がなされなかったのは債務不履行にあたる、とされている。

　あえて慰謝料請求にしている点は、1972年の「ヨット代表選手選考仮処分事件」で指摘されたとおり、代表選手選考をめぐる具体的な法的権利が想定しえないためと考えられる。すなわち、あえて金銭賠償請求のかたちにすることで裁判所法第3条に定める法律上の争訟性の問題をクリアし、裁判所の最終的な判断を仰げる手続き形式にしたのである。

　なお、本件の結論についての報道は見当たらなかった。

③柔道代表選手選考損害賠償請求事件（1984年）

　1984（昭和59）年12月11日には、「世界柔道代表選考会参加問題で学生ら11人、全柔連に賠償550万円請求」との見出しで、全日本柔道連盟（全柔連）の不当な資格制限のため日本代表選考会に参加できず、世界大会への道を閉ざされた選手が、全柔連を訴えたことが報道されている。

　そして、1988（昭和63）年2月26日には、東京地方裁判所が全柔連に対して、全日本学生柔道連盟（学柔連）の所属選手へ慰謝料を支払う判決を出したと報じられている。理由としては、「選手選考はいかなる人に対する差別も許されず、アマチュア学生を広く対象とすべきだった。全柔連による資格制限は、主催者に与えられた裁量権を逸脱しており、違法」と判示した〈注4〉。

　本件は、1984年の「クレー射撃代表選手選考損害賠償請求事件」における損害賠償請求と同じかたちの申立てとして、裁判所法第3条に定める法律上の争訟性の問題をクリアし、国家裁判所の判断を仰げる手続き形式にしている。さらには、国家裁判所が慰謝料というかたちであるものの、代表選手選考基準を策定する者の裁量権の範囲に踏み込んでいる。

代表選手選考について国家裁判所で取り扱われた事案が報道上見られるのは以上であるが、「ヨット代表選手選考仮処分事件」で指摘されたとおり、代表選手選考にまつわる権利が認められていないことから、裁判所法第3条に定める法律上の争訟に該当しない、と考えられていた。

　これを受けて、「クレー射撃代表選手選考損害賠償請求事件」「柔道代表選手選考損害賠償事件」では、損害賠償請求の形式にして法律上の争訟の問題をクリアしようとした。このような国家裁判所における取り扱いを見れば、代表選手選考事案に関して、法律上の争訟として認められているとはいえないだろう。

3. 代表選手選考決定に至るスポーツ団体と選手間の法的合意

　日本ではまだまだあまり見られない議論であるが、海外では、スポーツ団体の代表選手選考決定については、代表選手選考がスポーツ団体と選手間の法的合意にもとづくものととらえる見解もある〈注5〉。

　すなわち、代表選手選考にあたって、スポーツ団体は代表選手選考基準を策定するが、これをスポーツ団体の1つの規程として、選手に包括的な遵守を求めることで法的合意としたり、または代表選手選考基準そのものやこれにもとづくスポーツ団体の代表選手選考決定に異議を述べないことを選手に個別に誓約させることによって、スポーツ団体や選手に対する法的合意ととらえるのである。中には、特定のスポーツ仲裁機関によるスポーツ仲裁しか認めない内部規程を設け、これを選手に包括的に遵守させ、法的合意とする事例もある〈注6〉。

　このような法的合意ととらえることによる日本の議論への影響がもっとも大きいのは、この法的合意を前提に裁判所法第3条に定める法律上の争訟に該当することで、国家裁判所が取り扱うことが可能になる、あるいは仲裁法上の「仲裁」として取り扱うことが可能になる、ということである〈注7〉。

　法的合意ととらえることによる影響としてもう1つ考えられることは、選手が代表選手選考基準自体について合意していることから、その基準自体を争うことが困難になることだろう。つまり、代表選手選考基準自体が有効な合意なのであれば、当事者にとって争いのないものとして、スポーツ仲裁

の審査対象にならないということになる。あるいは代表選手選考決定自体に異議を述べないことを法的合意とすると、代表選手選考決定そのものを争うことを困難にさせることもある。

このような影響を考えると、代表選手選考に関するスポーツ団体と選手の合意を有効な法的合意とみるか否かは、慎重に検討すべきだろう。

法的合意の当事者であるスポーツ団体と選手のあいだには、代表選手選考を行うスポーツ団体と、選ばれる立場の選手、という明らかな立場の違いがある。とくに選手にとって国際大会の代表選手選考で選ばれなければ意味がない状況下においては、スポーツ団体に対して何ら意見を言えるような立場にはない。とすれば、スポーツ団体は、代表選手選考の対象となる選手とのあいだにおいて、きわめて優越的な地位にあるといえよう〈注8〉。

したがって、日本の代表選手選考決定の法的性質を考えるにあたっては、スポーツ団体と選手間の代表選手選考をめぐる合意について、日本では、附合契約として民法第90条にもとづく公序良俗に違反しないか、「消費者契約法」に違反しないか、独占禁止法（「私的独占の禁止及び公正取引の確保に関する法律」）に違反しないかなど、その法的有効性を慎重に検討する必要があり、そのうえで、有効な法的合意か否かを前提にしなければならない。代表選手選考基準を策定する際に、選手代表の意見を参考にする、あるいは選手代表に機関決定の議決権を与えることによって、代表選手選考基準の法的合意としての法的正統性を高めておく必要もあると考えられる。

4. 代表選手選考における選手の権利

代表選手選考については、その対象となる選手の権利としても整理されてきている。いわゆるスポーツ権の議論である。

代表選手選考に関してスポーツ権を議論することのもっとも大きな影響は、具体的権利としてのスポーツ権が認められている場合、その権利の侵害は、裁判所法第3条に定める法律上の争訟として国家裁判所の審査の対象となる、あるいは仲裁法上の「仲裁」といえるスポーツ仲裁の法的審査の対象となる、ということである。

これまでの日本の議論によれば、スポーツ権を基本的人権ととらえ、憲法第13条から自由権の1つとして主張されたり〈注9〉、憲法第25条から社会

権の1つとして主張されたり〈注10〉、学説が展開されてきた〈注11〉。そして、2011年に施行されたスポーツ基本法前文では「スポーツを通じて幸福で豊かな生活を営むことは、全ての人々の権利」と、第2条では「スポーツは、これを通じて幸福で豊かな生活を営むことが人々の権利」と明定された。しかしながら、伊東（2014）が「その権利の内容はなお抽象的なものにとどまっている」と指摘するとおり〈注12〉、具体的な権利内容は明記されておらず、今後の法解釈や個別法の制定にゆだねられているところである。

日本スポーツ仲裁機構（Japan Sports Arbitration Agency, JSAA）は2003年に設立され、スポーツ仲裁規則も同時期に施行されたものが修正され利用されているものの、2011年に施行されたスポーツ基本法、今後の個別法の制定を受け、日本のスポーツ仲裁においても、スポーツ権の存在を前提とする法的環境の変化に対応していく必要も考えられる。

一方で、スポーツ権は国際的には古くから人権の1つとしてとらえられており、たとえば、ユネスコ（国際連合教育科学文化機関、UNESCO）の「体育およびスポーツに関する国際憲章」では、「体育・スポーツの実践はすべての人にとって基本的権利である」（同第1条）と定められている。

オリンピック憲章でも、何度も文言が微修正されてはいるが、2018年版のオリンピック憲章では、「オリンピズムの根本原則」で「スポーツをすることは人権の1つである。すべての個人はいかなる種類の差別も受けることなく、オリンピック精神に基づき、スポーツをする機会を与えられなければならない。オリンピック精神においては友情、連帯、フェアプレイの精神とともに相互理解が求められる」と定められている。

そして、このようなスポーツ権は、人種、性別、障がいの有無、国籍、環境、暴力セクハラパワハラ、アンチ・ドーピング、安全など、スポーツの多様な場面で考えられ、それぞれの場面で具体的な権利内容が検討されているが、代表選手選考もその1つの場面である。

日本の代表選手選考の場面でどのようなスポーツ権が考えられるかについて、井上（2015）は、「競技会への出場のための自由と平等の権利」「独断的規則を排除し、チームの規則作成にかかわる権利」などと指摘している〈注13〉。

したがって、日本の代表選手選考決定の法的性質を考えるにあたっては、

このような代表選手選考に関するスポーツ権の存在、具体的な権利内容にも留意する必要がある。

第2節 JSAA の組織概要とスポーツ仲裁規則の概要

1. 組織概要・設立経緯

　JSAA は 2003 年に設立されているが、1996 年に JOC と日本体育協会（現・日本スポーツ協会、以下同様）が中心となって設立された「アンチ・ドーピング体制に関する協議会」や、1999 年 12 月からの JOC における「スポーツ仲裁研究会」、2002 年 8 月からの JOC や日本体育協会、日本障がい者スポーツ協会を中心とした「日本スポーツ仲裁機構創設準備委員会」での検討の結果とされる〈注14〉。

　また、この背景には、2000 年オリンピックシドニー大会競泳日本代表選手選考をめぐるスポーツ仲裁裁判所（Court of Arbitration for Sport, CAS）のいわゆる「千葉すず事件」（詳細は第 5 章参照）が発生したことで、日本のスポーツ界において紛争をすっきり解決できるスポーツ仲裁のメリットの理解が進んだことも大きく影響している。

　2009 年に一般財団法人、2013 年に公益財団法人となっているものの、私的団体であり、アメリカオリンピック委員会（United States Olympic Committee, USOC）、カナダスポーツ紛争解決センター（Sport Dispute Resolution Centre of Canada, SDRCC）、ニュージーランドスポーツ仲裁裁判所（Sports Tribunal of New Zeland, STNZ）のような政府法人でもないため、根拠法令があるわけではない〈注15〉。JSAA の運営資金については国庫から拠出されているのではなく、JOC、日本スポーツ協会、日本障がい者スポーツ協会からの会費が基本的な資金となっている。

　JSAA の組織の根本的な定めは根拠法令があるわけではないため、定款に定められている〈注16〉。本書執筆時（2019 年 4 月現在）は、公益財団法人となっているため、一般法人法の定めに従い、評議員会、理事会が構成されている。理事会は全 14 名で、その構成は運営資金の拠出元となっている

JOC、日本スポーツ協会、日本障がい者スポーツ協会からそれぞれ 2 名の枠を設けている。ただ、紛争解決機関としての公平性の視点から、少なくとも 1 名は競技者または元競技者でなければならないとされ、また中立理事の選任により、スポーツ団体側、選手側が過半数を取れないことになっている。

JSAA の権限については、定款第 4 条以下に規定が定められており、(1) スポーツ仲裁及び調停に係る基本計画の策定、(2) スポーツ仲裁及び調停のための規則の制定、(3) スポーツ仲裁及び調停に係る事務、(4) スポーツ法並びにスポーツ仲裁及び調停に係る教育及び啓発活動、(5) スポーツ法並びにスポーツ仲裁及び調停に係る情報の収集及び管理、(6) 前各号に掲げるものの他、国民のスポーツに対する理解と信頼を醸成し、スポーツの健全な振興を図るために必要な事業、となっている。

なお、2011 年に施行されたスポーツ基本法第 15 条では、「国は、スポーツに関する紛争の仲裁又は調停の中立性及び公正性が確保され、スポーツを行う者の権利利益の保護が図られるよう、スポーツに関する紛争の仲裁又は調停を行う機関への支援、仲裁人等の資質の向上、紛争解決手続についてのスポーツ団体の理解の増進その他のスポーツに関する紛争の迅速かつ適正な解決に資するために必要な施策を講ずるものとする」と定められ、国が、「スポーツに関する紛争の仲裁又は調停を行う機関」すなわち JSAA への支援を行うことが明記されている。

また、この法律の施行を受けて策定された第 1 期スポーツ基本計画（2012 年度から 2016 年度）では、施策 6「ドーピング防止やスポーツ仲裁等の推進によるスポーツ界の透明性、公平・公正性の向上」中の「(3) スポーツ紛争の予防及び迅速・円滑な解決に向けた取組の推進」において、「スポーツ団体の仲裁自動受諾条項採択等、紛争解決の環境を整備」が定められている。

第 2 期スポーツ基本計画（2017 年度から 2020 年度）では、施策 4「クリーンでフェアなスポーツの推進によるスポーツの価値の向上」中の「①コンプライアンスの徹底、スポーツ団体のガバナンスの強化及びスポーツ仲裁等の推進」において、「(ク) 国は、スポーツ団体やアスリート等に対するスポーツ仲裁・調停制度の理解増進及びスポーツに係る紛争に関する専門人材の育成を推進することで、全てのスポーツ団体において、スポーツ仲裁自動

応諾条項の採択等によりスポーツに関する紛争解決の仕組みが整備されることを目指し、スポーツ仲裁制度の活用によるスポーツに関する紛争の迅速・円滑な解決を促進する」と定められている。

このように JSAA は、根拠法令はないものの、日本のスポーツ行政における重点施策としてのスポーツ紛争解決制度の整備を中心に据えるよう設置されている。

2. 代表選手選考事案に関する仲裁規則

上記定款にもとづき、JSAA 自体のスポーツ仲裁手続に関する運用ルールを定めた、スポーツ仲裁規則が存在する。JSAA では、スポーツ仲裁規則〈注17〉、ドーピング紛争に関するスポーツ仲裁規則〈注18〉、特定仲裁合意に基づくスポーツ仲裁規則〈注19〉、加盟団体スポーツ仲裁規則〈注20〉、日本女子プロゴルフ協会ドーピング紛争仲裁規則〈注21〉の5種類のスポーツ仲裁規則が存在する。

とくに、代表選手選考事案に関する仲裁規則としては、「スポーツ仲裁規則」(以下、「JSAA 仲裁規則」と略記)が用いられる。「JSAA 仲裁規則」は、CAS のスポーツ仲裁規則、日本商事仲裁協会の定める商事仲裁規則などを参考に制定されたとされる〈注22〉が、代表選手選考に関するいくつか特徴的な規定が存在する。

JSAA 仲裁パネルの審査対象の限定

JSAA 仲裁パネルの審査対象は、「スポーツ競技又はその運営に関して競技団体又はその機関が競技者等に対して行った決定」〈注23〉に限られている(「JSAA 仲裁規則」第2条第1項)。

他国のスポーツ仲裁機関では、スポーツ関連紛争として、スポーツ団体の決定に限らず、スポーツ団体の規則の解釈問題なども含まれているが、「JSAA 仲裁規則」では、このような限定がなされている。理由として、JSAA 初代機構長の道垣内は、「このような紛争は、……裁判所法第3条の定める「法律上の争訟」(法令を適用して解決すべき権利義務・法律関係に関する争い)ではないため、団体内部の自立的判断に委ねられ、裁判所に提訴しても却下されてしまう。そのため、この紛争類型は、中立的な立場にあ

る仲裁人によって決着を付ける場を提供する必要性が特に高いものと言えよう」と指摘している〈注24〉。

代表選手選考決定に関する日本の裁判実務においては、裁判所法第3条の定める「法律上の争訟」の課題があり、これを克服するため政策的に審査対象が限定されている。なお、「JSAA仲裁規則」に定めるこのような紛争については、道垣内が、「対等な当事者間の争いではなく、行政機関の処分を争う行政訴訟に類似したもの」と指摘している〈注25・26〉とおり、行政訴訟型の仲裁手続きと理解することができる。

被申立人の限定

「JSAA仲裁規則」においては、被申立人は、JOC、日本スポーツ協会、日本障がい者スポーツ協会、各都道府県体育協会、これらの団体の加盟もしくは準加盟または傘下の団体に限定されている（同第3条第1項）〈注27〉。

これ以外の団体の場合、「JSAA仲裁規則」を用いた代表選手選考紛争の仲裁申立てはできない。「傘下」という定義されていない用語により、必要に応じて被申立人を相当広く対象とすることも想定されているが、たとえば、国際大会への出場が問題となっていたとしても、上記団体でなければ、代表選手選考紛争をJSAAにおいて取り扱うことはできないのである。

申立て期限の限定

「JSAA仲裁規則」第13条第1項においては、申立ての対象となる決定を知った日から6か月間申立てが可能である。これはCASの申立て期限が21日であることと比較すると、かなり長期間である。

JSAA仲裁パネルの権限

「JSAA仲裁規則」第43条によれば、「スポーツ仲裁パネルは、競技団体の規則その他のルール及び法の一般原則に従って仲裁判断をなすものとする。ただし、法的紛争については、適用されるべき法に従ってなされるものとする」とされ、仲裁パネルの権限が定められている。

また、同第49条第1項においては、「仮の措置を命ずることができる」と定められている。これは、たとえば、代表選手選考紛争において、選手枠に余裕があり、とくに必要があると認める場合には、とりあえず出場させよ、

という仮の措置を命ずることもできる、とも指摘されている〈注28〉。

なお、JSAA 仲裁パネルの仲裁判断については、「JSAA 仲裁規則」第 48 条において、「仲裁判断は最終的なものであり、当事者双方を拘束する」と定められている。よって、ニュージーランドの STNZ に定められているような（STNZ 仲裁規則第 28 条 (b)）CAS への上訴が認められているわけではない。

代表選手選考に関する特徴的な規定は以上のとおりであるが、審査対象や被申立人が限定されているものの、これらの被申立人の決定全般を対象としているため（競技中になされる審判の判定は除く。「JSAA 仲裁規則」第 2 条第 1 項）、代表選手選考に限定した規定はあまり見られない。STNZ のスポーツ仲裁規則のような（STNZ 仲裁規則第 42 条）、不服申立て手続きを利用するにあたっての取消し事由が明記されているようなこともない。

代表選手選考に関する「JSAA 仲裁規則」の特徴

以上の「JSAA 仲裁規則」における特徴的な規定をみると、審査対象、被申立人を限定しているものの、被申立人に含まれる JOC、日本スポーツ協会、日本障がい者スポーツ協会、これらの団体の加盟もしくは準加盟または傘下の団体というのは、代表選手選考を行う中央競技団体を基本的にはカバーしている。したがって、日本の多くの代表選手選考紛争に対するスポーツ仲裁による法的審査を及ぼすことができる前提は整っているといえよう（ただし、代表選手選考に関する後述の自動応諾条項の採択率の低さは問題である）。

申立て期間の期限について、長期間可能であることはスポーツ仲裁による法的審査を広く及ぼすことができることにはなる。ただ、代表選手選考は、対象となる大会直前に問題となることが多く、同大会実施以前に解決しなければ実質的な解決は図れないため、6 か月間の申立てがあったとしても、実際はもっと早期の申立てが必要にはなろう。

仲裁判断の基準については、「競技団体の規則その他のルール及び法の一般原則にしたがって仲裁判断をなすものとする」と定められるのみで、いささか抽象的な規定である。この規定のみからは、代表選手選考に対するスポーツ仲裁の法的審査の程度はわからないため、後述の「代表選手選考における法的審査の範囲と限界」で解説を行うこととする。

3. 代表選手選考事案に関する自動応諾条項の採択率

　JSAA の代表選手選考仲裁は、仲裁である以上、申立ての前提として仲裁合意が必要である。スポーツ団体の決定に対する仲裁申立てに関しては、国際的には、当該スポーツ団体みずからがその決定の公正さを担保するためにスポーツ仲裁機関を指定し、仲裁申立てを可能にするのが一般的である〈注 29〉。

　日本では、「JOC 加盟団体規程」第 9 条第 8 号において、「公益財団法人日本スポーツ仲裁機構の定める規則に基づく仲裁申立に対して、これに応じる旨の決定をし、これを公表すること」との定めがあるものの、中央競技団体等各スポーツ団体におけるスポーツ仲裁自動応諾条項の採択率状況は次の表のとおりである。

　なお、2019 年 6 月に策定された「スポーツ団体ガバナンスコード〈中央競技団体向け〉」〈注 31〉原則 11「選手、指導者等との間の紛争の迅速かつ適正な解決に取り組むべきである」において、「(1) NF における懲罰や紛争について、公益財団法人日本スポーツ仲裁機構によるスポーツ仲裁を利用できるよう自動応諾条項などを定めること」が定められた。

スポーツ仲裁自動応諾条項の採択状況（2019 年 4 月 1 日時点）*1〈注 30〉

	採択済	未採択	検討中	不明*4	合計	採択率(%)
JOC・日体協・日本障がい者スポーツ協会	3	0	0	0	3	100.0
JOC 加盟・準加盟団体*2	56	3	3	0	62	90.3
日体協加盟・準加盟団体*3	8	6	3	0	17	47.1
小計	67	9	6	0	82	81.7
都道府県体育協会	30	8	9	0	47	63.8
日本障がい者スポーツ協会加盟・準加盟団体*5	20	10	33	14	77	26.0
合計	117	27	48	14	206	56.8

＊1　加盟団体の数は、各団体のウェブサイトによる。
＊2　特定非営利活動法人日本スポーツ芸術協会を除く。
＊3　重複を避けるため、JOC 加盟・準加盟団体および都道府県体協を除く。
＊4　回答がない団体、および不明団体には、確認をとっている状態または連絡待ちの状態。
＊5　重複を避けるため、JOC 加盟・準加盟団体を除く。

全体として、「JSAA 仲裁規則」で被申立人の対象となりうる団体 206 団体のうち、自動応諾条項を採択しているのは 117 団体（56.8%）にとどまっている。自動応諾条項を採択している JOC 加盟団体は、62 団体中 56 団体にとどまり、JOC 加盟・準加盟団体の自動応諾条項の採択率は 90.3% となっている。また、77 団体ある日本障がい者スポーツ協会の加盟・準加盟団体のうち自動応諾条項を採択している団体は 20 団体（26%）にとどまっている。

　もっとも、これは自動応諾条項の内容を問わない結果である。JSAA による 2017（平成 29）年度スポーツ庁委託事業「スポーツ界のコンプライアンス強化事業コンプライアンスに関する現況評価に関する調査研究」報告書〈注 32〉によれば、報告書が作成された当時、自動応諾条項を採択している 95 のスポーツ団体のうち、修正・検討を要しない十分な内容を備え、実質的に自動応諾条項を完備している団体はわずか 41 団体にとどまっており、JOC 加盟・準加盟団体は 49 団体中 15 団体、日本障がい者スポーツ協会の加盟・準加盟団体は 14 団体中 6 団体しかない。自動応諾条項を採択しているスポーツ団体といえども、実際は、競技決定に限定したり、懲戒処分に限定したり、限定的な自動応諾条項を採択しているにすぎない団体が過半数を占めている。

　そして、この中で、とくに代表選手選考紛争を対象とする自動応諾条項を導入しているかどうかを確認すれば、自動応諾条項を採択している 95 のスポーツ団体のうち、79 団体にとどまり、JOC 加盟・準加盟団体は 49 団体中 40 団体、日本障がい者スポーツ協会の加盟・準加盟団体は 14 団体中 11 団体しかない。

　となると、代表選手選考紛争について「JSAA 仲裁規則」で被申立人の対象となりうる団体 206 団体のうち、自動応諾条項を導入し、代表選手選考紛争について申立てが可能な団体は 79 団体しかなく、採択率は 38.3% にとどまっている。JOC 加盟・準加盟団体は 62 団体中 40 団体、日本障がい者スポーツ協会の加盟・準加盟団体は 77 団体中 11 団体しかない。

　このような代表選手選考紛争について、自動応諾条項の採択のないスポーツ団体については、選手から申立てがあったとしても、不応諾とすることも多く、JSAA においては、代表選手選考に関して、スポーツ仲裁による法的審査が及ぶ可能性自体がまだまだ低いと言わざるをえない。

第3節 代表選手選考仲裁における仲裁判断

1. 代表選手選考事案の概要と推移

　JSAA での仲裁判断は、2019 年 4 月 1 日時点で公表されている事案は全 55 件であるが、本書の対象となる代表選手選考事案は 17 件である。この 17 件の内訳は下表のとおりである。

　2003 年の JSAA 設立以来、毎年代表選手選考事案があるかないかという 状況が継続している。他国のようにオリンピックやその他の大規模国際大会 実施年に大きく増えるというような傾向もない。全体としての代表選手選考 事案 17 件が多いか少ないかについては、人口約 1 億 2,600 万人、面積約 37 万 8,000 km² (2019 年) の国において、かなり少ないといえるだろう。

　以下、実際の仲裁判断における内容検討を通じて、JSAA の代表選手選考 仲裁における法的審査の範囲と限界を解説する。まずは、JSAA 仲裁パネル

年	仲裁判断数	うち、取消事案数、事件番号、事件名
2003	1 件	0 件
2004	2 件	0 件
2005	1 件	0 件
2006	0 件	
2007	0 件	
2008	1 件	0 件
2009	0 件	
2010	3 件	0 件
2011	1 件	1 件、JSAA-AP-2011-003 (ボート)
2012	0 件	
2013	4 件	1 件、JSAA-AP-2013-005 (ボッチャ) ＊選考決定
2014	0 件	
2015	2 件	1 件、JSAA-AP-2015-003 (ボート)
2016	1 件	1 件、JSAA-AP-2016-002, 003, 004, 005 (スケルトン)
2017	0 件	
2018	1 件	0 件
合計	17 件	4 件

による代表選手選考決定に対する判断基準の形成を追ってから、スポーツ仲裁における法的審査の範囲が小さいものから大きいものへ、スポーツ団体の代表選手選考決定が取り消されなかった事案、取り消された事案の順に紹介する。

2. 仲裁パネルの判断基準が示された事案

　前述のとおり、「JSAA 仲裁規則」においては、たとえば、ニュージーランドの STNZ のように、代表選手選考事案における STNZ 仲裁パネルの取消基準を示す規定自体は定められていない。となると、JSAA 仲裁パネルがそもそも代表選手選考決定に対してどのような判断基準で法的審査すべきかをまず確定することが JSAA の代表選手選考仲裁における課題であったが、当初の仲裁判断から判断基準が形成されてきている。

　そこで、まず代表選手選考決定に対する JSAA 仲裁パネルの判断基準を示した代表的な事案を紹介する。

①JSAA-AP-2003-002（テコンドー）

　本件は、2003 年ユニバーシアードテグ大会、テコンドー代表選手選考などについて、被申立人であった JOC による、日本代表選手を 1 名のみとする決定に対する不服申立て事案である。本件は、2003 年に設立された JSAA のスポーツ仲裁事案の中で、代表選手選考決定を初めて取り扱った事案である。

　この点、JSAA 仲裁パネルは、本件以前の JSAA-AP-2003-001（ウェイトリフティング）において、「日本においてスポーツ競技を統括する国内スポーツ連盟（中略）については、その運営に一定の自律性が認められ、その限度において仲裁機関は国内スポーツ連盟の決定を尊重しなければならない。仲裁機関としては、国内スポーツ連盟の決定がその制定した規則に違反している場合、規則には違反していないが著しく合理性を欠く場合、または決定に至る手続に瑕疵がある場合等において、それを取り消すことができるにとどまると解すべきである」との基準が示されていたものの、本件ではこのような基準を指摘することなく、スポーツ団体が有する裁量権の問題として、事案の総合判断から問題はないと結論づけた。

　本件は、単純な代表選手選考紛争というよりは、1 つの競技に関する団体が

分裂し、これらの団体間での組織問題を複雑化させない事情や、代表選手選考の選手枠の問題でもあったことをふまえると、やや特殊な事案であると思われる。

②JSAA-AP-2004-001（馬術）

本件は、2004年オリンピックアテネ大会、馬術競技に関する、日本代表人馬選考をめぐる不服申立て事案である。JSAAの代表選手選考事案において、初めてオリンピックの代表選手選考が問題となった事案である。

JSAAにおいては、すでにいくつかの仲裁判断で、中央競技団体の決定に関する判断があったため、本件では、「スポーツ仲裁における仲裁判断基準として、日本スポーツ仲裁機構の仲裁判断の先例によれば、日本においてスポーツ競技を統括する国内スポーツ連盟（被申立人もその一つである）については、その運営に一定の自律性が認められ、その限度において仲裁機関は、国内スポーツ連盟の決定を尊重しなければならない。仲裁機関としては、1）国内スポーツ連盟の決定がその制定した規則に違反している場合、2）規則には違反していないが著しく合理性を欠く場合、3）決定に至る手続に瑕疵がある場合、または4）国内スポーツ連盟の制定した規則自体が法秩序に違反しもしくは著しく合理性を欠く場合において、それを取り消すことができると解すべきであると判断されており（上記1）から3）につき2003年8月4日日本スポーツ仲裁機構JSAA-AP-2003-001仲裁判断、1）から2）につき同JSAA-AP-2003-003仲裁判断）、本スポーツ仲裁パネルも基本的にこの基準が妥当であると考える」と示された。

本件で示されたスポーツ団体の決定に対するJSAA仲裁パネルの判断基準は、その後、本書執筆時に至るまで多くの事案で用いられつづけている。本件が代表選手選考として中心的な事案となるオリンピックをめぐる紛争であったことからも、本件の段階で、JSAAにおける代表選手選考に関する判断基準として中心的な基準が示されていたといえよう。

③JSAA-AP-2005-001（ローラースケート）

本件は、2005年アジアローラースケート選手権大会、フィギュア競技に関する不服申立て事案であり、結論としては、仲裁合意の不存在を理由に却下されているものの、とくに選考決定に対する判断基準の視点について、「これま

での日本スポーツ仲裁機構における仲裁判断の積み重ねにより、〈1〉競技団体の決定がその制定した規則に違反している場合、〈2〉規則には違反していないが著しく合理性を欠く場合、〈3〉決定に至る手続に瑕疵がある場合、または、〈4〉競技団体の制定した規則自体が法秩序に違反しもしくは著しく合理性を欠く場合には、その決定を取り消すことができるといった基準が確立しつつあるといえる」と指摘されている。

この判断基準はその後の代表選手選考事案である JSAA-AP-2011-003 （ボート）、JSAA-AP-2013-003 （水球）、JSAA-AP-2013-005 （ボッチャ）、JSAA-AP-2013-023 （スキー）、JSAA-AP-2013-024 （卓球）、JSAA-AP-2014-007 （自転車）、JSAA-AP-2015-003 （ボート）において利用されており、本件でも指摘されているとおり、JSAA の代表選手選考仲裁の判断基準として、この時点で確立していたといえよう。

3. 選考決定が取り消されなかった事案

JSAA の代表選手選考事案において、全17件のうち13件の事案は選考決定が取り消されず、申立てが棄却されている。

もっとも、申立て棄却事案においても、JSAA 仲裁パネルによる法的審査について、いくつか興味深い仲裁判断を行っている事案も存在しており、以下に紹介する。

①JSAA-AP-2004-001（馬術）

本件は、2004 年オリンピックアテネ大会、馬術競技に関する、日本代表人馬選考をめぐる不服申立て事案（仲裁パネルの判断基準が示された事案②）であり、結論としても選考決定を取り消してはいないものの、事前に選手に公表されなかった選考基準によって代表選手選考された点についての判断基準が論点になった。

この点、JSAA 仲裁パネルは、「選考基準の一部だけが公表された場合に、公表されなかった選考基準による評価が取り消されるべきであるかどうかは極めて難しい問題であり、一律に判断されるべきものではないと考える。 この問題について先例となる機構の仲裁判断は存在しない」と指摘し、「公表されなかった選考基準によって評価がなされた場合に、未公表選考基準が選手に公

表されていたとすれば異なった代表決定がなされていた蓋然性が高いといえるときは、当該決定を取り消すべきであると考えるものである。 このようなケースに該当するものとしては、未公表の選考基準が、極めて特異な選考基準であって選手がその基準を特に意識しなければ基準に合致することが困難であるような基準であることなどが考えられる。逆に、未公表の基準が一般的・普遍的な基準であって、当該基準が公表されなくても、選手は通常未公表の基準内容について注意することが期待されるときは、当該基準が未公表であることを理由として決定を取り消す必要はないと考えられる。このような場合には選考基準が未公表であっても、選手間に特段の不利益や不公平が生じることは考え難いからである」とした。

　事前に選手に公表されなかった選考基準によって代表選手選考がなされた場合の判断基準について、「未公表選考基準が選手に公表されていたとすれば異なった代表決定がなされていた蓋然性が高いといえるとき」は取り消されるが、「未公表の基準が一般的・普遍的な基準であって、当該基準が公表されなくても、選手は通常未公表の基準内容について注意することが期待されるとき」は取り消されないという基準が示されているように、未公表の選考基準でも取り消されない余地を大きく認めている点が特徴的である。

②JSAA-AP-2010-004（ボウリング）

　本件は、2010年国民体育大会、ボウリング兵庫県成年男子代表選手選考に関する不服申立て事案である。

　結論としては、選考決定は取り消されていないものの、代表選手選考における判断基準として、「代表選手（もしくは正選手）を選出する場合は、記録上位者から自動的に選出する旨の基準があらかじめ定められてあれば格別、このような基準がない場合は、競技団体としては、当該競技に関する専門的見地及び大会で好成績を挙げるための戦略的見地から、記録以外のさまざまな事情、たとえば技術以外の能力、調子、実績、相性等を総合考慮して判断することも、選手選考の性質上必要かつやむをえないところと考えられる。ただ、選考過程において、記録を考慮せず恣意的な判断を行う等、競技団体としての専門性を放棄するような裁量を逸脱する判断が行われた場合のみ取り消すことができるとするのが相当である」との指摘がなされた。

　この指摘は、これにつづく代表選手選考事案である、JSAA-AP-2010-005

（障害者バドミントン）においても、「代表選考は客観的な数値にしたがい自動的に決まる旨の基準があらかじめ定められているような場合であれば格別、このような基準がない場合は、競技団体としては、当該競技に関する専門的見地及び大会で好成績を挙げるための戦略的見地から、記録以外のさまざまな事情、たとえば技術以外の能力、調子、実績、団体競技であれば競技者間の相性等を総合考慮して判断することも、選手選考の性質上必要であると考えられる。ただ、選考過程において、試合結果等の数値を考慮せず恣意的な判断を行う等、競技団体としての専門性を放棄するような裁量を逸脱する判断が行われた場合にのみ、当該代表選考が無効ないし取消しうべきものとなると解するのが相当である」と同種の指摘がなされている（JSAA-AP-2013-005（ボッチャ）も同様）。

　これらの指摘は、JSAA 仲裁パネルとして、スポーツ団体の選手選考に関し、「競技に関する専門的見地及び大会で好成績を挙げるための戦略的見地から、記録以外のさまざまな事情、たとえば技術以外の能力、調子、実績、団体競技であれば競技者間の相性等を総合考慮して判断することも、選手選考の性質上必要である」と、選考基準がなかったとしても、スポーツ団体の主観的評価による選手選考をかなり広範に認めている点が特徴的である。

③JSAA-AP-2014-007（自転車）

　本件は、2015 年ロードアジア選手権大会（第 35 回アジア自転車競技選手権大会）、個人タイム・トライアル出場正選手選考に関する不服申立て事案である。本件では代表選手選考基準が存在しないと認定された事案であるが、選考基準が存在しない場合の JSAA 仲裁パネルの判断基準が問題となった。

　この点、これまでの代表選手選考決定に対する判断基準である、前述の 4 要件が本件でも利用されており、「競技団体の決定の効力が争われたスポーツ仲裁における仲裁判断基準として、日本スポーツ仲裁機構の仲裁判断の先例によれば、「日本においてスポーツ競技を統括する国内スポーツ連盟（被申立人もその 1 つである）については、その運営について一定の自律性が認められ、その限度において仲裁機関は国内スポーツ連盟の決定を尊重しなければならない。仲裁機関としては、①国内スポーツ連盟の決定がその制定した規則に違反している場合、②規則には違反していないが著しく合理性を欠く場合、③決定に至る手続に瑕疵がある場合、または④規則自体が法秩序に違反しもしくは著

しく合理性を欠く場合において、それを取り消すことができると解すべきである」と指摘されているが、これは記載のとおり、代表選手選考基準が存在する場合が想定されていた。そこで、代表選手選考基準が存在しない場合の判断基準として、本件の JSAA 仲裁パネルは、①③④は適用せず、②について、「規則の有無にかかわらず決定が著しく合理性を欠く場合」と修正して本件について②を適用する」と指摘した。

　そもそも、代表選手選考基準がなければどのような基準や手続きにもとづいて選考がなされるのか不明確ではあり、それ自体不合理とも考えられるが、JSAA 仲裁パネルは、従前の 4 要件の判断基準を堅持しながら、一部修正することによって審査を行っている。

4. 選考決定が取り消された事案

　つづいて、JSAA において選考決定が取り消された事案は全 4 件となっているが、これまで述べてきたとおり、「JSAA 仲裁規則」において選考決定に関する取消し事由が明記されておらず、また JSAA 仲裁パネルによる判断基準としても、スポーツ仲裁による法的審査の範囲は限定的である。このような中で、結論的に取り消されるのは、スポーツガバナンスの視点からの公平・透明性に明らかな問題があったということである。

　そこで、JSAA の代表選手選考仲裁における法的審査の範囲と限界を解説するうえで、それぞれの事案における具体的な取消し事由を紹介する。

①JSAA-AP-2011-003（ボート）

　本件は、2012 年オリンピックロンドン大会、アジア大陸予選会の男子軽量級ダブルスカル（LM2X）代表選手選考に関する不服申立て事案である。日本において初めてオリンピックに関する代表選手選考決定が取り消された事案であり、大きな話題となった。

　本件では、代表選手選考決定に対する JSAA 仲裁パネルの判断基準として、事前に公表した選考基準やイレギュラーが発生した場合の選考基準に対する判断基準が示されている。

　JSAA 仲裁パネルは、「競技団体が事前に選考要領を明示して選考基準を明

確にした場合には、選考要領そのものが著しく不合理なものでない限り、この選考要領にしたがって選考がなされるべきである。しかるに、被申立人が定めて公表した最終選考要領には、特段不合理な点は認められないから、被申立人は、最終選考要領に従って最終選考を行わなければならない。　もっとも、（中略）最終選考要領に明記されていないイレギュラーな事態が生じることもあり得ないことではなく、そのような場合には、別途の基準を適用しなければ、選考そのものができないことがあり得る。従って、最終選考要領に明記されていないイレギュラーな事態が生じた場合には、被申立人において、別途合理的な選考方法を設定し、それに基づいて最終的な選考判断をすることもあながち不当とはいえない」と判断した。

　選手の予測可能性の視点から、事前に選考基準が公表されている場合はその選考基準のとおりに選考を行うことは当然であるが、イレギュラーが発生した場合に別の選考基準を選択することの合理性も指摘している。

　そして、本件の代表選手選考基準においては、最終選考会進出者6名により、ダブルスカル3艇の1500mシートレースを6人総当たりで整調とバウを入れ替えた10通りの組み合わせで行い、10レースを実施して個人の平均タイムを算出し、その上位2名を代表クルーとする、とされていた。ただ、被申立人である日本ボート協会の強化委員会は、特定の選手があるレースで異常にタイムが遅かった点をイレギュラーとして、この選手について、すべてのレースからその成績を除外し（当然ペアであった選手の成績も除外される）、これ以外の成績の平均タイムから上位2名を代表クルーとして選考した。

　しかしながら、JSAA仲裁パネルは、そもそも特定の選手があるレースで異常にタイムが遅かった点がイレギュラーであったかどうかについても疑問を呈した。そのうえで、特定の選手の成績を除外すると、この記録の除外によって、この選手と漕いだ際に良いタイムを出した選手には集計した平均タイムにおいて不利、同じく悪いタイムを出した選手には集計した平均タイムにおいて有利となる結果が生じることは明らかなこと、むしろ記録のふるわない選手と組んだときにいかに良いタイムを出すかがまさに課題となることを理由として、スポーツ団体の決定が規則には違反していないが、著しく合理性を欠くとして、代表選手選考決定を取り消した。

　また、本件においてJSAA仲裁パネルは、そのほかにも事前に提示されて

いない基準にもとづく記録の変更が加えられたこと、10本のシートレース終了後に追加レースを行うにあたり、その趣旨を選手に説明していなかったことなど、選考過程に不透明な部分が認められると指摘している。

なお、JSAA仲裁パネルは、代表選手選考決定の取消しを判断したうえでの申立人の選考決定については、「代表選手の選考は、規則に従い公平かつ合理的な方法によって行われるべきではあるが、本件においては、具体的な選考方法の選択に関しては、本件仲裁判断を踏まえて、競技団体である被申立人がその専門的知見に基づいて判断すべきと考える。なお、選考対象となった選手の中に自らが監督またはコーチとして関与しているチームの所属選手がいる場合には、利益相反に関する無用の疑義を生じさせないよう、客観性、透明性の高い選考基準、選手への事前の説明、選考側の体制について特に配慮が必要であると考える」として、みずからは判断せず、スポーツ団体の専門性・自律性に委ねる判断を行っている。

②JSAA-AP-2013-005（ボッチャ）

本件は、2013年アジア・オセアニアボッチャ選手権大会に関する代表選手選考について、日本選手権で優勝した申立人が選考に漏れたことに関する不服申立て事案である。

日本ボッチャ協会の定める選考基準においては、「※日本選手権上位成績者を、25年度強化指定選手（国際大会派遣対象者）とします」とされ、選手に向けて公表されていた。ただ、強化指定選手の中から選考を行うための選考合宿の前に、当該協会が「技術、知識、体力及びコミュニケーションの4項目について、それぞれA、B、Cの三段階で評価」する旨を決定し、実際この4項目基準にしたがって選考決定を行った。JSAA仲裁パネルは、この4項目基準が事前に選手に公表されていなかったこと、公表されていた選考基準以上にこの4項目基準を重視することが適切でないことを理由として、代表選手選考決定を取り消した。

なお、本件において、JSAA仲裁パネルは、原則として取り消したうえでの選手選考はスポーツ団体に委ねるべきとしながらも、国際大会の最終エントリー期限が迫り、選考決定しなければ申立人が出場機会を逸する可能性が高い

こと、事前に公表されていた選考基準からして申立人と競合関係にあった者とは明らかに申立人が上回っていることから、申立人を代表選手に選出することを命じている。

③JSAA-AP-2015-003(ボート)

本件は、2015年U23世界選手権、軽量級スィープカテゴリーに関する代表選手選考について、日本ボート協会裁定委員会が行った代表選手選考決定を取り消すとの裁定に対する不服申立て事案である。当該裁定委員会の裁定は計3つあったものの、そもそも申立人らを選考するとの強化委員会決定を取り消す旨の裁定が根本的な問題であったため、中心的な論点となった。

そして、JSAA仲裁パネルは、当該裁定委員会の裁定について、「裁定委員会規定には、「競技中になされた審判の判定」は裁定の対象とはならないことが明記されている」とし、裁定の内容が対象とならない「競技中になされた審判の判定」の領域に踏み込んでいるとして、当該裁定を取り消した。

本件は、代表選手選考そのものを対象とした仲裁判断ではなく、選考決定を不服として申し立てられた裁定委員会の手続き違反を理由として取り消した事案であるが、裁定委員会規定の違反を理由としており、手続き規程の明らかな違反は取消し事由になることが示されている。

④JSAA-AP-2016-002,003,004,005(スケルトン)

本件は、スケルトン（女子）の2016-2017年シーズン前期の国際競技会派遣選手選考に関して、選考対象者から外れた申立人らの不服申立て事案である。

本件は和解事案のため、申立て内容や和解に至る主張立証、JSAA仲裁パネルの判断は定かではないものの、最終的な和解内容からすると、申立人らが選考対象者であることの確認が行われているため、実質的にはスポーツ団体の代表候補選手選考決定の取消し事案といえるだろう。

なお、和解内容には、このほか、代表選手選考基準の内容確認や国際競技会派遣選手選考の合理性・公正性・透明性確保への努力、2016-2017年シーズン後期の国際競技会派遣選手選考に関する選考基準の策定・公表、2017-2018年シーズン以降における年間スケジュールの公表、選考基準の策定・公表などが含まれている。

第4節 代表選手選考仲裁における 法的審査の範囲と限界

　以上をふまえ、スポーツ団体が実施する代表選手選考における専門性・自律性と公平・透明性というスポーツガバナンスとのバランスの視点から、JSAA の代表選手選考仲裁における法的審査の範囲と限界について、その特徴を解説する。

1. JSAA における法的審査の少なさ

　JSAA は、2003 年の設立以来、代表選手選考事案も 17 件存在するが、他国と比べても非常に少ない。日本における法的紛争解決方法への消極性や日本のスポーツ界における第三者による審査への消極性も関係しており、紛争が少ないだけであればいいことであるが、「JSAA 仲裁規則」において審査対象を「スポーツ競技又はその運営に関して競技団体又はその機関が競技者等に対して行った決定」と、被申立人を JOC、日本スポーツ協会、日本障がい者スポーツ協会、各都道府県体育協会、これらの団体の加盟もしくは準加盟または傘下の団体と限定していることは 1 つの理由かもしれない。もっとも、これは、スポーツ団体の決定が裁判所法第 3 条に定める法律上の争訟性の課題から国家裁判所による司法審査の対象とならず、ここを救済することを目的として「JSAA 仲裁規則」が定められることにもとづくため、一概に誤っているわけではないと思われる。

　むしろ、JSAA には特段根拠法令はなく、中央競技団体（NF）へのスポーツ仲裁の導入についても、本書執筆時において、JOC 加盟団体規程に自動応諾条項の導入義務が定められているのみである。実態としては、導入義務は徹底されておらず、代表選手選考紛争に関する JSAA の自動応諾条項の採択率が 38.3% という状況である。これでは、選手が代表選手選考に関して不服申立てを行ったとしても、スポーツ団体が合意するかわからず、スポーツ仲裁による法的審査が実施されない。とすれば、そもそもスポーツ仲裁による法的審査の対象となっていない代表選手選考紛争がまだまだ存在すると考えるべきだろう。

したがって、スポーツ仲裁における、スポーツ団体が実施する代表選手選考における専門性・自律性への尊重以前の問題として、日本のスポーツ界における代表選手選考紛争に対してはJSAAのスポーツ仲裁による法的審査がまだまだ及んでいないと考えられる。

2. JSAA仲裁パネルの権限
——スポーツ団体の専門性・自律性の尊重

　JSAA仲裁パネルの権限については、「JSAA仲裁規則」上は、「スポーツ仲裁パネルは、競技団体の規則その他のルール及び法の一般原則に従って仲裁判断をなすものとする。ただし、法的紛争については、適用されるべき法に従ってなされるものとする」（同第43条）とだけ定められているにすぎない。

　JSAAで取り扱った代表選手選考事案を振り返れば、原則としては、スポーツ団体が実施した代表選手選考決定や選考基準決定の法的審査を権限とし、たとえば、選考決定が取り消された事案①JSAA-AP-2011-003（ボート）、同②JSAA-AP-2013-005（ボッチャ）で指摘されているように、代表選手選考の決定自体は権限に含まれないことが明らかにされている。これは、スポーツ仲裁による法的審査がスポーツ団体の専門性・自律性を尊重し、あくまで選考決定自体はスポーツ団体みずから行うべきものと判断しているということである。JSAAの代表選手選考事案が行政訴訟型のスポーツ仲裁であることからも、自然な帰結と思われる。

　なお、選考決定が取り消された事案のうち、事案②JSAA-AP-2013-005（ボッチャ）において、JSAA仲裁パネルは、唯一代表選手選考決定を命じている。ただし、これはJSAA仲裁パネルが指摘しているとおり、国際大会の最終エントリー期限が迫り、選考決定しなければ申立人が出場機会を逸する可能性が高い、といった、きわめて例外的な理由があったととらえるべきだろう。

　したがって、JSAA仲裁パネルの権限としては、原則的には、代表選手選考決定を行うことではなく、スポーツ団体の代表選手決定に対する法的審査にとどまっているといえる。

3. JSAA 仲裁パネルの判断基準

　具体的にスポーツ団体が実施する代表選手選考決定について、JSAA 仲裁パネルがどの程度の法的審査を及ぼしているか、という点について、JSAA 仲裁パネルの判断基準は、「JSAA 仲裁規則」に定めはない。ただ、仲裁パネルの判断基準が示された事案②JSAA-AP-2004-001（馬術）で用いられた、「日本においてスポーツ競技を統括する国内スポーツ連盟（被申立人もその一つである）については、その運営に一定の自律性が認められ、その限度において仲裁機関は、国内スポーツ連盟の決定を尊重しなければならない。仲裁機関としては、1）国内スポーツ連盟の決定がその制定した規則に違反している場合、2）規則には違反していないが著しく合理性を欠く場合、3）決定に至る手続に瑕疵がある場合、または 4）国内スポーツ連盟の制定した規則自体が法秩序に違反しもしくは著しく合理性を欠く場合において、それを取り消すことができる」との基準（いわゆる 4 要件基準）が広く利用されている。このような判断基準が安定していることは、スポーツ団体が実施する代表選手選考における専門性・自律性と公平・透明性というスポーツガバナンスとのバランスを示すものとしての、代表選手選考決定においてスポーツ仲裁による法的審査が安定することにつながるという点では非常に意義がある。

　また、その後の事案である選考決定が取り消されなかった事案②JSAA-AP-2010-004（ボウリング）、③JSAA-AP-2014-007（自転車）においては、選考基準がない場合の判断基準が示され、選考決定が取り消された事案①JSAA-AP-2011-003（ボート）においては当初からの選考基準では対応できないイレギュラーが発生した場合の判断基準が示されるなど、上記 4 要件基準がより具体化する方向で、判断基準が明確になってきている。
　このような JSAA 仲裁パネルの判断基準が明確かつ具体化される過程は、JSAA における代表選手選考事案が少ないながらも、スポーツ団体が実施する代表選手選考における専門性・自律性と公平・透明性というスポーツガバナンスとのバランスの明確性、具体性を担保するものとなっている。

4. JSAA 仲裁パネルによる限定的な法的審査

　選考決定が取り消されなかった事案も含め検討していくと、JSAA 仲裁パネルは、選考権限の有無、選考基準自体や選考決定の合理性について、スポーツ団体の専門性・自律性を尊重するだけでなく〈注33〉、代表選手選考における主観的評価についても、特段広く法的審査を及ぼすこともなく、スポーツ団体の専門性・自律性を尊重している。とすれば、代表選手選考決定が取り消された 4 件は、選手選考に関する明確な基準が存在し、明らかな基準違反が認められるからこそ取り消されているといえよう。

　選考決定が取り消されなかった事案①JSAA-AP-2004-001（馬術）においては、未公表であった代表選手選考基準によって選手選考がなされた場合について取消し事由を限定している。また、選考決定が取り消されなかった事案②JSAA-AP-2010-004（ボウリング）のように、選考基準がない場合であっても、「記録以外のさまざまな事情、たとえば技術以外の能力、調子、実績、相性等を総合考慮して判断する」ことも許容し、「記録を考慮せず恣意的な判断を行う等、競技団体としての専門性を放棄するような裁量を逸脱する判断が行われた場合のみ取り消すことができる」として取消し事由を相当限定している。加えて、選考決定が取り消されなかった事案③JSAA-AP-2014-007（自転車）においては、選考基準が存在せず、代表選手選考を行った事案においても取り消していない。

　これらの事案からすれば、選考基準が存在せず、スポーツ団体の選考パネルの権限内容が明確になっていない場合や、また未公表であった選考基準があり、選手が事前に選考基準全部を把握できなかったとしても、取消し事由を限定し、スポーツ団体が実施する代表選手選考における専門性・自律性が尊重されているのである。このような事案は他国のスポーツ仲裁機関における代表選手選考事案であれば、取り消されている事案もあり、JSAA 仲裁パネルによる法的審査の程度は限定的といえよう。

　もっとも、このような JSAA 仲裁パネルによる法的審査が限定的な中にあっても、選考決定が取り消された事案①JSAA-AP-2011-003（ボート）においては、代表選手選考がダブルスカル種目のタイムトライアルという客観的な要素で判断されていたものの、特定の選手とペアを組んだタイムを除

外した点について JSAA 仲裁パネルから問題視されている。この点は、JSAA 仲裁パネルが客観的な基準によって判断する場合であっても、その判断材料とする要素の取捨選択にあたっては、選考権限者の不合理な裁量を認めないことが示されている。

　したがって、客観的評価における取消し事由がまったく認められないわけではなく、公平・透明性というスポーツガバナンスから、スポーツ仲裁による法的審査が認められているといえよう。

5. 立証責任の負担の不明確さ

　JSAA の代表選手選考事案については、立証責任の負担に関して、特段「JSAA 仲裁規則」では定められていない。

　JSAA の仲裁事案では、スポーツ団体による懲戒処分を取り扱った JSAA-AP-2016-001（自転車）において、「不利益処分の基礎となる事実の立証責任については、CAS の先例によれば、スポーツ制裁は民事上の制裁であり、立証責任は各国法によるとしたうえでスイス民法典第 8 条により規律処分の処分者側に立証責任を負わせたものがある（CAS 2010/A/2266、CAS 2014/A/3625）。 日本法においては、民事訴訟における立証責任については法律要件分類説によるとされており、これによれば義務違反を認定し処分対象者に不利益処分を科した処分者側に義務違反の事実について立証責任があると考えられる。行政訴訟においては「…のときは処分する」という場合は権限行使を主張する行政庁側が立証責任を負うという学説が有力である。労働紛争における立証責任については懲戒処分に該当する客観的合理的理由については使用者側が立証責任を負うと解されている。 これらから見て、被申立人のような国内スポーツ連盟が同連盟に登録する選手に対してオリンピックの選手選考から除外するというような重大な不利益処分を行う場合には、その処分の根拠となる事実については国内スポーツ連盟が立証責任を負うというべきである」と、唯一、立証責任の負担について指摘している。しかしながら、代表選手選考事案においては、これまでのいずれの仲裁判断でも立証責任の負担について明示した判断はみられない。

　前述のとおり、代表選手選考決定が行政処分に類似する、公的意義、公共性が強調される行為であることを前提にすれば、行政訴訟における立証責任

の議論が参考になると思われるものの、①行政行為は公定力を有し適法性の推定を受けるので、取消訴訟においてはすべて原告が立証責任を負うという説（適法性推定説）、②法治行政の原則から行政処分が適法であることの立証はすべて行政庁が負うという説（行政庁負担説）、③民事訴訟法の通説である法律要件分類説を取消訴訟にも応用し、行政庁の権限行使規定の要件事実の存在については、処分権限の行使を主張する者（積極的処分にあっては行政庁）が立証責任を負い、権限不行使規定の要件事実の存在については、処分権限の不行使を主張する者が立証責任を負うという説（法律要件分類説）など学説が多岐に分かれ、通説といえるものはまだない、と指摘されている〈注34〉。

　代表選手選考仲裁における立証責任について、前述のJSAA-AP-2016-001（自転車）の仲裁パネルの判断を参考にするのであれば、民事訴訟法における法律要件分類説を前提に、スポーツ団体の権限行使規定としての代表選手選考の法的合理性を主張する内容についてはスポーツ団体が立証責任を負い、前述の4要件基準が権利障害規定として選手が立証責任を負うと考えるべきだろうか。このように代表選手選考仲裁における立証責任については、法解釈によってもなかなか明確になっておらず、かつ仲裁判断において立証責任の帰属を明示的に示した判断もないことを考えると、敗訴リスクを避けるために申立人である選手が事実上のすべての立証責任を負うことになるとも考えられる。

　これは、カナダのSDRCC仲裁規則のように、選手が申立人として手続きに関与した場合に、代表選手選考仲裁における国内競技連盟の決定の法的合理性の立証責任を国内競技連盟に課す規定を定めていることと大きく状況が異なる。すなわち、スポーツ仲裁規則において国内競技連盟が立証できなければ代表選手選考決定が取り消されることになる、ということであれば、スポーツ仲裁による法的審査が広く及ぼされているといえる。もっとも、JSAAの代表選手選考事案のように立証責任の帰属が不明確であり、スポーツ団体がその立証責任を負わないとなると、スポーツ仲裁による法的審査が広く及ぼされているとはいえない状況になろう。

第5節 本章のまとめ

　第1章においては、スポーツ団体が実施する代表選手選考における専門性・自律性と公平・透明性というスポーツガバナンスとのバランスの視点から、JSAAの代表選手選考仲裁における法的審査の範囲と限界を解説した。

　まず、「JSAA仲裁規則」においては、審査対象が「スポーツ競技又はその運営に関して競技団体又はその機関が競技者等に対して行った決定」と、その決定に不服がある競技者が申立人として、被申立人がJOC、日本スポーツ協会、日本障がい者スポーツ協会、各都道府県体育協会、これらの団体の加盟もしくは準加盟または傘下の団体と限定されている。
　これは、日本の代表選手選考決定は、私的団体が行う内部規則にもとづく意思決定であり、スポーツ団体と選手間の法的合意や代表選手選考をめぐるスポーツ権の議論は認められず、従来国家裁判所による司法審査の対象となりにくかったことから、このような紛争類型のみを「JSAA仲裁規則」によって解決することを目的に政策的に定められたものである。
　JSAA仲裁パネルの権限は、「JSAA仲裁規則」においては明確に定められていない。これまでの仲裁判断では、代表選手選考の決定自体は権限に含まれず、原則としては、スポーツ団体が実施した代表選手選考決定や選考基準決定に対する法的審査を権限とされている。代表選手選考の妥当性には、スポーツ団体の専門性・自律性が尊重され、スポーツ仲裁による法的審査を及ぼしていない。JSAAの代表選手選考事案が行政訴訟型のスポーツ仲裁であることからも、自然な帰結と思われる。
　JSAA仲裁パネルの判断基準は、「JSAA仲裁規則」に特段判断基準に関する定めがない。しかし、設立された直後の事案を受けて、JSAA-AP-2004-001（馬術）から本書執筆時まで、スポーツ団体の決定に対するJSAA仲裁パネルの判断基準として、「日本においてスポーツ競技を統括する国内スポーツ連盟（被申立人もその一つである）については、その運営に一定の自律性が認められ、その限度において仲裁機関は、国内スポーツ連盟の決定を尊重しなければならない。仲裁機関としては、1）国内スポーツ連盟の決定がその制定した規則に違反している場合、2）規則には違反してい

ないが著しく合理性を欠く場合、3）決定に至る手続に瑕疵がある場合、または4）国内スポーツ連盟の制定した規則自体が法秩序に違反しもしくは著しく合理性を欠く場合において、それを取り消すことができる」との基準（いわゆる4要件基準）が用いられている。

そして、当初からの選考基準では対応できないイレギュラーが発生した場合の判断基準や、選考基準がない場合の判断基準などが具体化されていくなど、代表選手選考仲裁における法的審査の範囲と限界がさらに具体化している。

もっとも、代表選手選考仲裁における立証責任については、「JSAA仲裁規則」上も、これまでの仲裁判断でも明示されていない。たとえば、カナダの「SDRCC仲裁規則」のように、選手が申立人として手続きに関与した場合に、国内競技連盟の決定の法的合理性の立証責任を国内競技連盟に課す規定を定め、その立証ができなければ代表選手選考決定が取り消されることになる、というかたちでスポーツ仲裁による法的審査を広く及ぼすことにはなっていない。

また、このような権限、判断基準、立証責任の負担をふまえた実際のJSAA仲裁パネルの判断としては、
- 選手選考に関する明確な基準が存在し、明らかな基準違反が認められる場合は代表選手選考決定が取り消されているものの、それ以外の事案では選考決定は取り消されていない
- 選考権限の有無、選考基準自体や選考決定の合理性自体についても、スポーツ団体の専門性・自律性が尊重され、また、代表選手選考における客観的要素、主観的要素についても、特段広く法的審査を及ぼすこともなく、スポーツ団体の専門性・自律性が尊重されている
- 選考基準が存在せず、また未公表であった選考基準があったとしても、判断基準としての取消し事由を限定し、選考決定を維持しており、スポーツ団体の専門性・自律性が尊重されている

などとなっており、全体として、代表選手選考決定に対するJSAA仲裁パネルによる法的審査の程度はかなり限定的である。

また、JSAAの代表選手選考仲裁は、そもそも他国と比較して事案数が非

常に少ない。とくに JSAA には根拠法令があるわけでもなく、中央競技団体（NF）へのスポーツ仲裁の導入についても、代表選手選考紛争に関するJSAA の自動応諾条項の採択率が 38.3% という状況である（平成 29 年度「スポーツ庁委託事業報告書」）。

　日本のスポーツ界における代表選手選考紛争に対しては、そもそも JSAAによる法的審査がまだまだ及んでいない。

〈注〉

1　齋藤健司『フランススポーツ基本法の形成（上巻）』（成文堂、2007 年、p. 94 以降）、その他日本スポーツ仲裁機構報告書「諸外国におけるスポーツ紛争及びその解決方法の実情に対する調査研究」（第 2 章フランス、p. 5 以降）、http://jsaa.jp/ws/comreport2013.pdf、2019 年 4月 1 日アクセス。

2　笹川スポーツ財団「わが国のスポーツ予算の検証〜スポーツ予算とスポーツ基本計画〜」（2015 年、p. 62）。http://www.ssf.or.jp/Portals/0/resources/research/report/pdf/2014_report_26.pdf、2019 年 4 月 1 日アクセス。より近時のデータとしては、笹川スポーツ財団「諸外国のスポーツ振興施策の比較表（2017）」、http://www.ssf.or.jp/Portals/0/resources/research/report/pdf/H29_7country_f.pdf、2019 年 4 月 1 日アクセス。

3　朝日新聞記事データベース「聞蔵 II ビジュアル」（1879 年〜）、読売新聞「ヨミダス歴史館」（1874 年〜）。

4　東京地方裁判所、昭和 63 年 2 月 25 日判決（判例タイムズ 663 号、243 頁）。

5　このような見解を指摘するものとして、小川和茂「スポーツ仲裁」『法律時報』（87 巻 4 号、2015 年、p. 34、35）がある。小川は、スポーツ紛争は法律上の争訟との結論について、「競技者等と競技団体等の間で契約」があることを理由にしているものの、代表選手選考は、客観的評価だけでなく、選考権者による主観的評価もあり、一定の裁量が認められるものであるため、契約どおりに履行されれば選考される紛争ではない。したがって、たとえば選考基準の解釈、履行の範囲で法律上の争訟に該当することは認められるものの、すべて法律上の争訟として国家裁判所で解決できるとはいえないだろう。

6　たとえば、日本サッカー協会は、基本規則において、その最終決定の不服申立てを CAS に限定し、JSAA に対する不服申立てを認めていない。日本サッカー協会基本規則。http://www.jfa.jp/documents/pdf/basic/br12.pdf、2019 年 4 月 1 日アクセス。

7　なお、JSAA の仲裁判断が国家裁判所の司法審査の対象となった事案は JSAA-AP-2015-001（空手）である。大阪地方裁判所は、2015 年 9 月 7 日、JSAA スポーツ仲裁パネルには申立人の被申立人に対する申立てについて、仲裁権限がないとの決定をした（大阪地方裁判所平成 27 年（仲）第 2 号）。その理由として、①申立人と被申立人とのあいだには個別的な仲裁合意がないこと、②被申立人の連盟規約には、スポーツ仲裁規則第 2 条第 3 項に定めるいわゆる自動応諾条項が存在しないこと、③被申立人は、中央競技団体の加盟団体でないから、自動応諾条項を定めた中央競技団体の倫理規程第 10 条が適用されるということはできず、中央競技団体の倫理規程第 10 条は、中央競技団体自身による処分のみを意味することから、同条項を根拠として被申立人の規則中に自動応諾条項が存在するとみることはできないことをあげている。

8　このような立場の違いを指摘するものとして、以下の文献がある。Foster, K.: Is There a

Global Sports Law?, Siekmann, R. C. R. and Soek, J. W.: *Lex Sportiva: What is Sports Law?*, *T.M.C. ASSER PRESS*, 2012, p. 49.

9　松本忠士「スポーツ権」(『法律時報』1993 年 4 月号、p. 60 以降)。

10　濱野吉生「スポーツ権をめぐる諸問題」(『日本スポーツ法学会年報』第 1 号、1994 年、p. 63 以降)。

11　その他、永井憲一「国の「文化」としてのスポーツ―スポーツ法学の対象・方法とその課題」(『日本スポーツ法学会年報』第 1 号、1994 年、p. 41 以降など)。

12　伊東卓「スポーツ基本法逐条解説」(菅原哲朗・望月浩一郎『スポーツにおける真の指導力』エイデル研究所、2014 年、p. 152)。

13　井上洋一「スポーツと人権」(中村敏雄・高橋健夫・寒川恒夫・友添秀則編集『21 世紀スポーツ大事典』大修館書店、2015 年、p. 90)。

14　JSAA の設立経緯、運営資金、役員選出等については、道垣内正人「日本におけるスポーツ仲裁制度の設計」(『ジュリスト』1249 号、2003 年、p. 2、注 1)や、同「日本スポーツ仲裁機構(JSAA)」(『法学教室』第 276 号、2003 年、p. 2、同「スポーツ仲裁をめぐる若干の論点」(『仲裁と ADR』3 号、2008 年、p. 82)、同「日本スポーツ仲裁機構とその活動」(『日本スポーツ法学会年報』第 15 号、2008 年、p. 8)、同「スポーツ仲裁・調停」(道垣内正人・早川吉尚編著『スポーツ法への招待』ミネルヴァ書房、2011 年、p. 62)、同「スポーツ仲裁」(日本スポーツ法学会編『詳解スポーツ基本法』成文堂、2011 年、p. 282)や、日本スポーツ仲裁機構(平成 25 年度文部科学省委託事業スポーツ仲裁活動推進事業)報告書「諸外国におけるスポーツ紛争及びその解決方法の実情に対する調査研究」(2014 年、p. 5、26、33、59、60)、小島武司・猪股孝史『仲裁法』(日本評論社、2014 年、p. 70)など。

15　他国の国内スポーツ紛争を取り扱うスポーツ仲裁機関を分類すれば、国家機関がその設立を行い、運営資金も拠出する準国家型タイプ(カナダスポーツ紛争解決センター=SDRCC、ニュージーランドスポーツ仲裁裁判所=STNZ、など)と、民間機関が他の仲裁事案も取り扱いながらスポーツ仲裁も取り扱う民間型タイプ(アメリカ仲裁協会=AAA、ドイツ商事仲裁協会(Deutsche Institution für Schiedsgerichtsbarkeit e.V., DIS)など)に分けることができる(Deutsches Sportschiedsgericht の詳細については、松本泰介「ドイツにおけるスポーツ紛争解決制度」『仲裁 ADR フォーラム』vol. 5、2016 年、p. 17 以降)。なお、JSAA はその運営資金を私的団体である日本オリンピック委員会(JOC)、日本スポーツ協会、日本障がい者スポーツ協会から拠出されているが、スポーツ仲裁のみを専門的に取り扱う機関として、どちらにもあてはまらないタイプのスポーツ仲裁機関である。

16　http://www.jsaa.jp/doc/Certificate_of_incorporation_20180619.pdf、2019 年 4 月 1 日アクセス。

17　http://www.jsaa.jp/sportsrule/arbitration/01_rule_180320.pdf、2019 年 4 月 1 日アクセス。

18　http://www.jsaa.jp/sportsrule/arbitration/03_Doping_180320.pdf、2019 年 4 月 1 日アクセス。

19　http://www.jsaa.jp/sportsrule/arbitration/02_rule_180320.pdf、2019 年 4 月 1 日アクセス。

20　http://www.jsaa.jp/sportsrule/arbitration/05_rule_180320.pdf、2019 年 4 月 1 日アクセス。

21　http://www.jsaa.jp/sportsrule/arbitration/04_LPGA_rule_180320.pdf、2019 年 4 月 1 日アクセス。

22　道垣内正人「日本におけるスポーツ仲裁制度の設計」(『ジュリスト』1249 号、2003 年、p. 3)、同「日本スポーツ仲裁機構とその活動」(『日本スポーツ法学会年報』第 15 号、2008 年、p. 9)など。

23　競技中になされる審判の判定は除く。

24　道垣内正人「日本スポーツ仲裁機構(JSAA)」(『法学教室』第 276 号、2003 年、p. 2)。

25　道垣内正人「日本におけるスポーツ仲裁制度の設計」(『ジュリスト』1249 号、2003 年、

p. 4）。その他、日本の中央競技団体の行政機関への類似性を述べるものとして、小幡純子「スポーツ仲裁—行政法の視点から—」（『スポーツ仲裁のさらなる発展に向けて： 文部科学省法科大学院形成支援プログラム—仲裁・ADR・交渉の研究と実践—報告書』、2006 年、p. 146）、同「スポーツにおける競技団体の組織法と公的資金」（道垣内正人・早川吉尚編著『スポーツ法への招待』ミネルヴァ書房、2011 年、pp. 54-55）、南川和宣「スポーツ仲裁機構と行政法理論」（『修道法学』28 巻 2 号、2006 年、p. 973）、望月浩一郎・松本泰介「スポーツ団体におけるコンプライアンス」（『自由と正義』60 巻 8 号、2009 年、p. 68 以降）、松本泰介「スポーツ団体」日本スポーツ法学会編著『詳解スポーツ基本法』成文堂、2011 年、p. 143 以降。

26 このような行政訴訟型のスポーツ仲裁の特殊性に触れるものとして、山本和彦・山田文『ADR 仲裁法』（第 2 版）日本評論社、2015 年、p. 293。

27 道垣内正人「日本スポーツ仲裁機構（JSAA）」（『法学教室』第 276 号、2003 年、p. 2）。

28 道垣内正人「日本におけるスポーツ仲裁制度の設計」（『ジュリスト』1249 号、2003 年、p. 3、注 16）。

29 アメリカ合衆国におけるスポーツ大会への出場機会の保障にもとづく仲裁申立てについては、1978 年に制定されたアメリカ合衆国連邦法「Amateur Sports Act of 1978」（1998 年に「Ted Stevens Olympic and Amateur Sports Act」と改称）において、アメリカ仲裁協会（AAA）が法律上仲裁申立て先として指定されている。

30 JSAA ウェブサイトより引用、2019 年 4 月 1 日アクセス。

31 スポーツ団体ガバナンスコード〈中央競技団体向け〉について（答申）、文部科学省（MEXT）ウェブサイト。http://www.mext.go.jp/prev_sports/comp/b_menu/shingi/toushin/__icsFiles/afieldfile/2019/06/11/1417943_001_1.pdf、2019 年 8 月 1 日アクセス。

32 2019 年 4 月 1 日時点、報告書自体は非公表。

33 JSAA-AP-2004-002（身体障害者陸上競技）、JSAA-AP-2008-001（カヌー）、JSAA-AP-2013-023（スキー）、JSAA-AP-2013-024（卓球）など。

34 室井力・芝池義一・浜川清『コンメンタール行政法 II　行政事件訴訟法・国家賠償法』（第 2 版、日本評論社、2006 年、pp. 112-124）。

STNZ

ニュージーランドスポーツ仲裁裁判所（STNZ）の代表選手選考仲裁における法的審査の範囲と限界

第1節 代表選手選考制度の概要と法的性質

1. 概要

　ニュージーランドの代表選手選考制度については、これまで多くの変更がなされてきているが、ニュージーランドオリンピック委員会（New Zealand Olympic Committee, NZOC）が定める推薦および選考規程（Nomination and Selection Regulation）によれば、オリンピックやコモンウェルスゲームス（ユースオリンピックなどを含む）の代表選手選考に関する規則が定められている〈注1〉。当該規程によれば、オリンピックやコモンウェルスゲームスについて、中央競技団体（National Sport Organisation, NSO）〈注2〉からの推薦に応じて、NZOCが代表選手選考を行う枠組みになっていることが明文化されている〈注3〉。

　そして、これらの大会の32か月前までに、NZOCから選考ポリシーが策定され（当該規則第6.1条）、NSOは、この選考ポリシーに従った、代表選手選考に関する客観的評価基準、主観的評価基準、選手を推薦するかしないかを決める方法が含まれた推薦基準を作成し、NZOCに提出する。NZOCは提出された推薦基準を確認し、当該規則違反がないか確認のうえ満たしていれば、当該推薦基準を承認する（同第7条）。この推薦基準等に従い、NSOから推薦された選手から（同第9条）、NZOCは代表選手選考を実施する（同第10条）。

　また、当該規則において、選手は、NSOの推薦またはNZOCの代表選手選考どちらにも不服申立てを行うことができると定められている（同第12条）。そして、これらは共にニュージーランドスポーツ仲裁裁判所（Sports Tribunal of New Zealand, STNZ）の仲裁パネルによって判断されることが規則上明記されている（同第13.2条、同第14.2条）。

　オリンピックやコモンウェルスゲームス（ユースオリンピックなどを含む）の代表選手選考に関しては、選手によって不服申立てを行う権利が認められており、申立てが行われた場合、STNZのスポーツ仲裁が義務づけられているのが特徴である〈注4〉。

このような代表選手選考制度に至る中でもっとも大きな変更は、NZOCが、2008年のオリンピック北京大会から、NSOによる推薦基準を大きく改定した点である。

この NZOC への推薦基準には、
- 世界ランキングやトップレベルの大会結果を通じて、オリンピックでベスト16位以内を達成できる能力を有していること
- 8位以内に入る可能性を明示すること
- この明示にあたり証拠の提出が必要であること
- 選考対象大会を表示すること

などが明記され、NSO は NZOC への推薦にあたり、この内容を選考基準に盛り込むこととなった。これは以前の推薦基準より厳しい条件になったと指摘されており〈注5〉、これまで継続している内容になっている。代表選手選考の合理性に関して NSO に証拠の提出を求め、立証責任が課されていることは大きなポイントである。

そして、このような NSO の代表選手選考は、それぞれの団体の意思決定によって行われるが、NSO はニュージーランド法人法（Incorporated Societies Act）にもとづく私的団体であるため〈注6〉、NSO の代表選手選考自体は、私的団体が行う意思決定という法的性質を有している。

なお、スポーツに対する国家予算の拠出状況としては、少し古いデータになるが、文化遺産省の2009年度のスポーツ・レクリエーション関係予算は、省内が9万8,000 NZ ドル（約617万円）、省外への配分が6,181万2,000 NZ ドル（約38億9,400万円）の計6,191万 NZ ドル（約39億円）であった。スポーツ＆レクリエーション・ニュージーランド（Sport & Recreation New Zealand, SPARC）へは5,962万2,000 NZ ドル（約37億5,600万円）となっており、その主な内訳として、高水準スポーツに3,866万3,000 NZ ドル（約24億3,500万円）配分されている、とされる〈注7〉。

2. 代表選手選考決定に至るスポーツ団体と選手間の法的合意

ニュージーランドの代表選手選考決定をめぐる紛争においては、スポーツ

団体の代表選手選考決定について、代表選手選考がスポーツ団体と選手間の法的合意にもとづくととらえるものもある〈注8〉。Thorpe（2008）は、ニュージーランドの選手選考事案について、国家裁判所が代表選手選考基準をスポーツ団体と選手間の法的合意ととらえた事案を研究し、客観的基準や主観的基準における法的取り扱いの違いを指摘している。

このような見解を前提とすると、ニュージーランドの代表選手選考決定は、国家裁判所においても司法審査の対象となっている。ただし、私的団体であるスポーツ団体の決定に関する司法審査については、団体内ルールにもとづく決定であることから、謙抑的な姿勢がとられている〈注9〉。また、法的合意ととらえることにより、選手が代表選手選考基準自体について合意していることから、代表選手選考基準自体の法的合理性を争うことが困難になるだろう。つまり、代表選手選考基準自体が有効な合意なのであれば、当事者にとって争いのないものとしてスポーツ仲裁による審査対象にならないということになる。このような法的影響を考えると、代表選手選考に関するスポーツ団体と選手の合意を有効な法的合意とみるか否かは、法的審査の範囲と限界を解説するにあたって重要な事項となる。

3. 代表選手選考にまつわるそのほかの制度 ——NZOC アスリート委員会

NZOC のアスリート委員会は、1986 年から設置されており〈注10〉、NSO とのあいだの紛争について、選手をサポートし、また代表選手選考問題に関する不服申立てを行うことに関与しているとされる〈注11〉。

第2節 STNZ の組織概要とスポーツ仲裁規則の概要

1. 組織概要・設立経緯

STNZ は、2003 年、ニュージーランド政府の認可法人（Crown entity）であるスポーツ＆レクリエーション・ニュージーランド（SPARC）理事会

により、「スポーツ＆レクリエーション・ニュージーランド法（Sport and Recreation New Zealand Act 2002）の第8条（i）を根拠法として、Sports Disputes Tribunal of New Zealand（SDTNZ）として設立されている。この大きなきっかけは、2000年オリンピックシドニー大会代表選手選考をめぐる多数のトラブルの存在であることが指摘されている〈注12〉。2006年のアンチ・ドーピング法（Sports Anti-Doping Act 2006, SADA）制定にともない、名称もSTNZとされ、根拠法がこちらの法律に移っている（SADA第29条（3））。Sport NZは政府認可法人であるが、STNZは「独立機関」とされる〈注13〉。

　STNZの組織の根本的な定めは根拠法であるSADA第30条以下に規定されており、STNZのチェアマン、理事は、その資格要件にもとづき、Sport NZ理事会メンバーの推薦により、ニュージーランド総督（Governor-General）が任命するとされている（SADA第30条から第35条）。報酬は、報酬委員会法（Remuneration Authority Act 1977）にもとづき支払われる（SADA第36条）。

　STNZの権限については、まず根拠法であるSADA第38条以下にその根本的規定が定められている。STNZの権限として、仲裁合意があるスポーツ関連紛争や、団体内規則で仲裁利用できるNSOやNZOCの決定に対する不服申立てが可能であることが明記され（SADA第38条（b）（c））、またこれらの規定にもとづく、みずからの手続き運用ルールを定めることも明記されている（SADA第39条（1））。

　このように、スポーツ団体の決定に対して、不服申立てをSTNZの権限とすると根拠法に示していることで、スポーツ団体の決定に対するスポーツ仲裁による法的審査の法的位置づけが明確になっている〈注14〉。

　なお、選手などの申立人がSTNZ仲裁手続きを利用できるかどうかについては、オリンピックやコモンウェルスゲームスについて、本書執筆時のNomination and Selection Regulationによれば、NSOの推薦またはNZOCの代表選手選考どちらでも、STNZの仲裁パネルによって判断されることが明記されている（当該規則第13.2条、同第14.2条）ため、STNZ仲裁手続きを利用することができる。

　これ以外のスポーツごとの世界選手権などは、団体内規則で仲裁利用できるNSOやNZOCの決定に対する不服申立てが可能であることが明記され

ているかどうかにかかっている〈注15〉。

2. 代表選手選考事案に関する仲裁規則

　そして、上記根拠法にもとづき、STNZ みずからのスポーツ仲裁手続きに関する運用ルールを定めた、スポーツ仲裁規則（RULES OF THE SPORTS TRIBUNAL、以下「STNZ 仲裁規則」と略記）が存在する〈注16〉。

　特に、代表選手選考に関する規則としては、不服申立て手続（Appeal Proceedings）に関する特別条項が設けられており、いくつか特徴的な規定が存在する。

不服申立て手続における審査対象

　STNZ の審査対象は2つの紛争類型とされ、(a) NSO と NZOC の決定に対する不服申立て（SADA 第38条 (c)、「STNZ 仲裁規則」第41条 (a)）、(b) (a) が本質的にかかわる SADA 第38条 (b) に定める範囲内のスポーツ関連紛争（「STNZ 仲裁規則」第41条 (b)）とされる。

　これは、前述の根拠法である SADA の規定を受けたものであるが、単純に NSO や NZOC の決定のみを審査対象とするのではなく、これ以外のスポーツ関連紛争、具体的には、スポーツ団体が定める出場資格の解釈などを対象としている点が特徴的である。とくに、NSO と NZOC の決定に対する不服申立てを対象にする場合は、行政訴訟型の仲裁手続きになると理解することができる〈注17〉。また、SADA 第38条で限定されているわけではないものの、不服申立て手続きにおける審査対象は、NSO と NZOC に関連する紛争に限られ（「STNZ 仲裁規則」第41条）、それ以外の団体に関連する紛争は対象とされていない。

STNZ 仲裁パネルによる取消し事由

　不服申立て手続きを利用するにあたっての STNZ 仲裁パネル権限としての取消し事由は、「STNZ 仲裁規則」第42条により、(1) NSO または NZOC の規定に定められた事由、(2) 当事者間の合意に定められた事由、(3) 上記2点がなければ、①自然的正義の否定、②権限外、③結論を左右する決定後の新証拠、④不正行為事案における過処分という4事由のみに

限定列挙されている。

　ただし、本書執筆時の「STNZ 仲裁規則」によれば、⑤NZ の代表選手選考事案について、特別に以下の 4 項目が追加されている。

　ⅰ．選考基準に適切にしたがっていない場合

　ⅱ．選考基準を検討する十分な機会が与えられていない場合

　ⅲ．選考決定が明らかな偏見にもとづく場合

　ⅳ．選考決定の合理性を基礎づける証拠がない場合

STNZ 設立以前から存在する、スポーツ団体の決定を対象とした国家裁判所の事案においては、国家裁判所による司法審査が及ぶ点として、違法性、不合理性、不適正手続の 3 つが挙げられているが〈注 18〉、上記の取消し事由はこれらを具体化したものといえるだろう。

STNZ 仲裁パネルの権限

　Appeal Proceedings における不服申立てに対する仲裁判断は、中央競技団体（NSO）や NZOC の規定に定めがない限り、原則的に、STNZ 仲裁パネルが求められたいかなる仲裁判断をすることも、スポーツ団体に差し戻すことも可能であるが（「STNZ 仲裁規則」第 47 条 (a)）、さらに新たな仲裁判断を出すことも可能である（「STNZ 仲裁規則」第 47 条 (b)）。ただし、代表選手選考事案については、例外的に、差し戻しが原則とされ（「STNZ 仲裁規則」第 49 条 (a)）、ⅰ 実現不能の場合（impracticable）、ⅱ 選考基準が無視され、適切な適用が期待できない場合のみ、STNZ 仲裁パネルが新しい仲裁判断を出すことができる（「STNZ 仲裁規則」第 49 条 (b)）。

　もっとも、STNZ 仲裁パネルの権限として、Sport NZ に対して、不服申立てを認容するか棄却するかにかかわらず、NZOC や NSO を資格停止、除名、またはルールの変更などを勧告することも認められている（「STNZ 仲裁規則」第 48 条）。

スポーツ仲裁裁判所（CAS）への上訴

　不服申立て手続きに限定された規定ではないが、STNZ 仲裁パネルの仲裁判断については、国際団体や NSO の規程に明記されている限り、スポーツ仲裁裁判所（Court of Arbitration for Sport, CAS）への上訴が認められている（「STNZ 仲裁規則」第 28 条 (b)）。

代表選手選考仲裁手続における立証責任

　「STNZ 仲裁規則」第 46 条（c）において、「STNZ 仲裁規則」Part　C（不服申立て手続き）における立証責任は、申立人に帰属すると明記されている。

　したがって、STNZ における代表選手選考仲裁手続きでは、申立人が立証責任を負わなければならない。

代表選手選考に関する「STNZ 仲裁規則」の特徴

　以上の仲裁規則における特徴的な規定をみるに、「STNZ 仲裁規則」において、取消し事由を限定している点については、スポーツ団体に対するいたずらな不服申立てを防ぐ趣旨で設けられた規定とも考えられる。ただ、この取消し事由の内容を検討すると、たとえば、選考基準に適正に従うこと、選考基準を検討する十分な機会を与えること、選考決定が明らかな偏見にもとづかないこと、選考決定の合理性を基礎づける証拠があることなどが明確に示されている。これらの内容は、代表選手選考の公平・透明性を担保する事由であるといえよう。

　そして、代表選手選考事案については、「STNZ 仲裁規則」において、差し戻しを原則とし、STNZ 仲裁パネルの権限を限定している。こちらは STNZ 仲裁パネルによる法的審査において、代表選手選考の専門性を尊重することが明確になっているのである。ただし、STNZ 仲裁パネルによる Sport　NZ に対する勧告権限も「STNZ 仲裁規則」に明記しており、代表選手選考の専門性・自律性と公平・透明性のバランスも考慮しながら、STNZ 仲裁パネルが積極的に法的審査を行う権限も認めている。この点は、日本スポーツ仲裁機構（Japan Sports Arbitration Agensy, JSAA）仲裁パネルによる助言や付言が明確な権限規定がなく行われている点とは大きく異なる。

　また、STNZ 仲裁パネルの仲裁判断について CAS への上訴を認めている点は、STNZ 仲裁パネルによる法的審査の合理性を担保する制度といえよう。

　そして「STNZ 仲裁規則」に、そもそも STNZ 仲裁パネルの権限や判断基準、立証責任について明確に示していることが、STNZ の代表選手選考仲裁における法的審査の範囲と限界を率直に表している。「JSAA 仲裁規則」にはこのような定めはなく、いささか JSAA の代表選手選考仲裁における

法的審査の範囲と限界が不明確になり、それぞれの仲裁判断において補足する必要が出てくる。この場合、仲裁パネルが違えば判断が異なる可能性もあり、代表選手選考紛争の安定的かつ早期の解決からは難点となる。一方で、STNZの場合は、すでに「STNZ仲裁規則」が明確である以上、それぞれの仲裁パネルで決定する必要がなく、争いのない前提事項として安定的かつ早期のスポーツ仲裁による法的審査が可能となっている。

第3節 代表選手選考仲裁における仲裁判断

1. 代表選手選考事案の概要と推移

代表選手選考事案の概要

　STNZでの仲裁判断は、2019年4月1日時点で公表されている事案は全208件である〈注19〉が、ドーピング事案ではない71件のうち、代表選手選考事案は31件である。この31件の内訳は次頁の表のとおりである。

　STNZは、オリンピックシドニー大会の代表選手選考トラブルがニュージーランドのスポーツ界にとって大きな負担となったことから設立された経緯があると指摘されている〈注20〉が、実際、2004年の記念すべき1件目も代表選手選考事案であり、2004年の3件はすべてオリンピックアテネ大会事案である。そして、2008年の4件はすべてオリンピック北京大会事案、2012年の1件はすべてオリンピックロンドン大会事案、2014年の3件はすべてコモンウェルスゲームス、2016年の7件のうち、6件はオリンピックリオデジャネイロ大会事案である。

　その他は世界選手権などの国際大会に関する代表選手選考事案であるが、オリンピックやコモンウェルスゲームスというニュージーランドにとって大きな国際大会がある場合に増加する傾向にある。オリンピックリオデジャネイロ大会で増加したのは、オリンピックやコモンウェルスゲームスについて、Nomination and Selection Regulation 2016に、NSOの推薦またはNZOCの代表選手選考どちらでも、STNZの仲裁パネルによって判断されることが明記されたことも1つの理由と思われる。

年	仲裁判断数	うち、取消事案数、事件番号、事件名
2004	3件	2件、SDT 01/04; SDT 02/04, Andrew Murdoch and Others v Yachting New Zealand
2005	1件	0件
2006	3件	0件
2007	0件	
2008	4件	1件、ST 07/08, Liza Hunter-Galvan v Athletics New Zealand
2009	0件	
2010	1件	0件
2011	1件	1件、ST 02/11, Samantha Michael v New Zealand Federation of Roller Sports
2012	1件	1件、ST 02/12, Ryan Taylor v New Zealand Olympic Committee
2013	0件	
2014	3件	0件
2015	4件	1件、ST 05/15, Andrew Roy v Canoe Racing New Zealand ＊選考決定も
2016	7件	1件、ST 07/16, Kane Radford v Swimming New Zealand
2017	0件	
2018	3件	1件、ST 10/18, Mitsuko Nam v New Zealand Federation of Roller Sports Inc
合計	31件	8件

　代表選手選考事案全 31 件が多いか少ないかについては、人口約 487 万人、面積 27 万 534 km² （2018 年）の国において、日本以上の件数が発生しているという意味では、多いといえるのであろう。

NZOC による中央競技団体（NSO）の推薦基準改定の影響

　STNZ における代表選手選考に関する仲裁判断を解説するにあたり、前提として触れておかなければならないのは、NZOC が、2008 年のオリンピック北京大会から、NSO による推薦基準を大きく改定した点である。とくに、代表選手選考の合理性に関して NSO に証拠の提出を求め、立証責任が課され、NSO の代表選手選考の合理性立証の指針が示されたため、NSO では、オリンピックの選考基準だけに限らず、世界選手権に関する選考基準についてまで同様の考え方が浸透していくことになったと思われる。

　実際、STNZ における代表選手選考事案についても、NSO 自体の選考基準が選考対象大会の成績や世界ランキングを証拠として提出しなければなら

なくなったため、このような客観的評価を前提になされることになり、STNZ 仲裁パネルによる法的審査にとっても大きな影響のある変更となった。

　以下、実際の仲裁判断における内容検討を通じて、STNZ の代表選手選考仲裁における法的審査の範囲と限界を解説する。スポーツ仲裁における法的審査の範囲が小さいものから大きいものへ、選考決定が取り消されなかった事案、選考決定が取り消された事案の順に紹介する。

2. 選考決定が取り消されなかった事案

　まず、STNZ の代表選手選考事案全 31 件のうち 23 件の事案は選考決定が取り消されておらず、申立てが棄却されている。

　STNZ はその仲裁規則で原則として取消し事由（「STNZ 仲裁規則」第 42 条）を限定しているため、たとえば、NSO が選考基準を定めており、その選考基準を適正に運用していれば、「STNZ 仲裁規則」が定める限定された取消し事由には該当せず、申立てが棄却されている、ということもできる。

　とくに 2008 年以降、NZOC への推薦基準が客観的評価を前提として、選考対象大会を明示させ、その成績や世界ランキングなどの証拠提出を条件とし、NSO にその基準の導入を求めたことで、上記取消し事由の該当可能性がそれ以前より低くなったといえよう。

　もっとも、選考決定が取り消されていない事案においても、STNZ 仲裁パネルによる法的審査について、いくつか興味深い仲裁判断を行っている事案も存在するので、以下紹介する。

①SDT 16/06, Katrine Lawton v Mountain Bike New Zealand（MBNZ）

　本件は、2006 年マウンテンバイク世界選手権、女子クロスカントリー代表選手選考事案である。2006 年マウンテンバイク世界選手権に向けた最終選考基準（Selection Policy 2006）は、国際大会および国内大会の結果にもとづくものとされ、国際大会を優先する、と記載されていたものの、すべての選考は基準適用とその妥当性によるとされ、MBNZ 選考パネルの裁量にゆだねられると明記されていた。

この点、これまでの実績や世界ランキングは申立人が上回っていた。ただ、STNZ 仲裁パネルは、MBNZ 選考パネルの目的が出場大会についてもっとも強い選手を選考することにあり、選考基準でも MBNZ 選考パネルの裁量が認められていること、違った場所で違った選手と競争し、違った成績を有している選手らを主観的な評価要素なしに決定することはできないこと、MBNZ 選考パネルがコース状況、距離、力量、天候、環境などさまざまな要素を分析しなければならないこと、代表選手選考に関して客観的評価を尽くしたうえでのスポーツ団体が行う裁量については STNZ 仲裁パネルによる法的審査の対象とすべきではないと指摘した〈注21〉。

　そして、その後の STNZ 仲裁パネルによる法的審査、たとえば、SDT 17/06, Timothy Madgwick v Mountain Bike New Zealand, ST 13/10, Garth Shillito v Fencing New Zealand においては、客観的評価の対象となる成績について、国内大会、国際大会など複数の要素があり、そのほかにも世界ランキングなど客観的評価のために検討できる要素がある場合、それらをすべて検討したうえで、どの要素に重点を置くかについても、スポーツ団体の専門性を尊重することが示されている。
　したがって、代表選手選考に関して客観的評価を尽くしたうえでの裁量に踏み込まないことは踏襲されていると考えられる。

②ST 12/15, Kate Henderson v New Zealand Water Polo （NZWP）

　本件は、2015 年 U20 ワールドカップ、女子水球代表選手選考事案である。本件は団体競技の選手選考事案である〈注22〉が、主な論点は、選考基準の問題ではなく、NZWP 選考パネルが手続き規程どおりに指名されていたのか、NZWP 選考パネルの決定に対する NZWP 理事会の承認手続きが規程どおりになされていたかという選考手続きの問題にあり、STNZ 仲裁パネルで結論が 2 対 1 に分かれた事案である。
　NZWP の手続き規程によれば、NZWP 選考パネルは 4 名で、ヘッドコーチ、アシスタントコーチ、その他 NZWP から指名された 2 名とされていた。また、NZWP 選考パネルは、みずからの決定を次の NZWP 理事会で承認を得なければならないものとされており、時間的な余裕がない場合は、E メールか Fax

により 72 時間以内の承認手続きを経ることとされていた（Regulation 第 7.2 条）。この内容は、その後発表された NZWP の選考基準でも繰り返されていた。ただ、実際に行われた代表選手選考においては、NZWP 選考パネルが指名された明確な証拠はなく、NZWP 選考パネルは 3 名であり、また NZWP 理事会での承認が得られていないにもかかわらず、NZWP 選考パネルが発表したという問題が存在したのである。

　STNZ 仲裁パネルの結論に反対意見の仲裁人は、この NZWP 選考パネル指名および人数の瑕疵が、NZWP 選考パネルの権限に関わる本質的な問題であり、ここに瑕疵があった場合、回復不可能な問題と考えられるため、NZWP 選考パネルが行った代表選手選考は取り消されるべきであると意見した。ほか 2 名は、仮にこの NZWP 選考パネル指名や人数の瑕疵、NZWP 選考パネル決定の承認手続きに問題があったとしても、結論の変更可能性がなかったことから、NZWP 選考パネルが行った決定を維持した〈注 23〉。

　なお、結論の変更可能性がなかったことから NZWP 選考パネルの人数の瑕疵の問題で選考パネル決定を取り消さなかった事案としては、ST 08/14 Sarah Her-Lee v Table Tennis New Zealand（TTNZ）がある。こちらは、規程上 3 名の TTNZ 選考パネルが必要であったが 2 名で選考したケースで、仮に 3 番目の選考人が入ったとしても、結論が変わることがなかったことを指摘し、とくに仲裁規則が定める取消し事由である自然的正義の否定にはならない、と結論づけている〈注 24〉。

　本件から明らかになるのは、代表選手選考手続き違反が仲裁判断にどの程度影響を及ぼすかである。もっとも、確かに結論の変更可能性はなかったかもしれないが、反対意見の仲裁人が指摘したように、そもそも選考パネルに権限があるかないかの問題であり、また、新たな 1 人の選考人が入ることによって他の選考人の意見に影響を及ぼすことも考えられよう。少なくとも仲裁判断の中にこのような反対意見が示されており、取消し事由になる可能性もある事項であることは頭に置いておく必要があろう。

3. 選考決定が取り消された事案

　STNZ において、代表選手選考事案全 31 件のうち、選考決定が取り消さ

れた事案は8件となっている。STNZでは仲裁規則において取消し事由が原則的に限定されている中で、結論的に取り消されるのは、スポーツガバナンスの視点からの公平・透明性に問題があったということである。

そこで、STNZの代表選手選考仲裁における法的審査の範囲と限界を解説するうえで、それぞれの事案における、具体的な取消し事由を紹介する。

①SDT 01/04; SDT 02/04, Andrew Murdoch and Others v Yachting New Zealand(YNZ)

本件は、SDTNZ第1号事案であり、2004年オリンピックアテネ大会、ヨット代表選手選考に関する不服申立て事案である。

SDTNZ仲裁パネルでは、レーザー級、470級男子それぞれに関するYNZの選考決定が取り消されたが、上訴のCAS仲裁パネルではSDTNZ仲裁パネルの越権が認定され、SDTNZ仲裁パネルの2つの仲裁判断が取り消した事案である。

CAS仲裁パネルでは、とくにSDTNZ仲裁パネルの権限の範囲が大きく問題となった。

第1審であるSDTNZ仲裁パネルにおいて、SDTNZ仲裁パネルの権限は、代表選手選考の妥当性というスポーツ団体による評価を再度行うことではなく、その過程や手続きに関する法的審査に限定されると指摘されている〈注25〉。

YNZの選考基準には、①10位以内という結果を達成すること（選考基準第4.7.1条（a））、②①を満たさない場合に限り、ニュージーランドにおいてもっとも高い順位の選手を指名する（選考基準第4.3.2条（b））、と定められていた。ただ、SDTNZ仲裁パネルは、この基準の解釈として、YNZ選考パネルによる10位以内という評価について、選考対象大会における「確定的な証拠」（hard evidence）が必要とするなど、YNZ選考パネルの裁量を厳しく制限すべきであると指摘した〈注26〉。

そして、SDTNZ仲裁パネルは、このあてはめとして、レーザー級に関するYNZ選考パネルの決定は、評価すべき証拠が少ないこと、採用した成績が「事実上価値がない」「まったく素晴らしくない」、10位以内という結果を証明するには足らないこと、特定の成績に過度の信頼を寄せすぎていること、選考された選手の可能性、大会までの向上余地など不適切な要素を評価している、などの理由から、10位以内という結果を達成するには十分な証拠がないとし

て、YNZ の決定を取り消した。また、470 級男子に関する YNZ 選考パネルの決定についても、同様に YNZ 選考パネルの評価にたくさんの問題があることを指摘して、YNZ の決定を取り消したのである。

　これに対して、第 2 審の CAS 仲裁パネルは、そもそも SDTNZ 仲裁パネルが申立て内容について管轄を有しなかったことを指摘した〈注 27〉。そして、SDTNZ 仲裁パネルの法的審査について、10 位以内を達成できるかを評価する YNZ 選考パネルの検討材料を著しく制限していること、10 位以内を達成できるかを評価するために選考対象大会の成績を検討するのが YNZ 選考パネルの仕事であることに疑いはなく、どの選考対象大会の成績に重点を置くかは YNZ 選考パネルの専門性や経験にゆだねられる事項であること、その他 SDTNZ 仲裁パネルが、評価すべき証拠が少ない、YNZ 選考パネルが採用した成績について「事実上価値がない」「まったく素晴らしくない」、特定の成績に過度の信頼を寄せすぎているなどと指摘していることは、そもそも YNZ 選考パネルが行う評価権限に踏み込んでいること、などを理由に、SDTNZ 仲裁パネルによる法的審査が与えられた権限を越えているとして、SDTNZ 仲裁パネルの仲裁判断を取り消した。

　本件では、スポーツ仲裁パネルの権限の範囲が論点となっているが、代表選手選考における専門性・自律性と公平・透明性というスポーツガバナンスとの利益衡量を行ううえで、仲裁パネルにどこまでの権限が認められるかは重要な論点である。とくに当時は、まだ YNZ 選考基準に SDTNZ 仲裁パネルへの不服申立てが可能なこと、SDTNZ 仲裁パネルの取消し事由の限定はあったものの、それ以上に SDTNZ 仲裁パネルの権限は明確ではなく、このような論点が発生したのである。

　ただ、CAS での上訴事案も含め、SDTNZ 仲裁パネルの権限内容は、代表選手選考の妥当性というスポーツ団体による評価を再度行うことではなく、成績の意義や軽重などの評価には踏み込まない、代表選手選考の過程や手続きに関する法的審査に限定されるということが本件で明らかになった。そして、後述の ST 07/08, Liza Hunter-Galvan v Athletics New Zealand (ANZ)、ST 05/15, Andrew Roy v Canoe Racing New Zealand (CRNZ) などにおいても引用されていることから、SDTNZ の代表選手選考仲裁（のちの STNZ の代

表選手選考仲裁）における法的審査の範囲と限界にとって一定の基準になっている。

②ST 07/08, Liza Hunter-Galvan v Athletics New Zealand（ANZ）

本件は、2008年オリンピック北京大会、女子マラソン代表選手選考に関する不服申立て事案である。

この点、ANZの選考基準は、オリンピック北京大会からスタートした、いわゆるNZOCへの推薦基準に従い、オリンピック16位以内が達成できる能力を有していること、対象者がこれを証明することとされていたが、あくまで選考パネルの裁量で、ケガや病気その他の事情も検討材料としてもかまわない、との基準であった。

申立人は、2007年のアムステルダムマラソンで、オリンピック出場記録を2分上回る成績を出しており、選考基準に定められた記録はクリアしていたものの、ANZは、過去の成績が十分でないことを理由に選考しなかった。

STNZ仲裁パネルは、過去の成績に関しても、その大会の状況などさらなる調査、検討が必要であると指摘した〈注28〉。そして、2004年、2006年大会の成績に関し、暑さの影響に関する申立人の反証の機会が与えられなかったことなど、暑さによる影響についてもさらなる調査、検討が必要なことを理由にANZの決定を取り消している。

本件は、複数の成績という客観的評価をしているものの、単純な成績の数値だけの検討では足りず、それぞれの大会の状況や、とくに本件では暑さによる影響なども調査、検討すべきことが指摘されている。代表選手選考における客観的評価に関して、単なる数値の評価では足らず、実質的な評価をすべきことが示されている。

③ST 02/11, Samantha Michael v New Zealand Federation of Roller Sports（NZFRS）

本件は、2011年世界選手権、ローラースケート女子Jr.チーム代表選手選考に関する不服申立て事案である。

NZFRSの選考基準は、Criteria for 2011 World Team Selection-July 2010

に定められており、2011年の世界Jr.カテゴリーでトップ10位以内を達成できること、あるいは2012年の世界Jr.カテゴリーでトップ10位以内達成が見込まれることを、NZFRS選考パネルが判断することとなっていた。

NZFRS選考パネルは、申立人が2007年以降国際大会でトップ10位を達成していないこと、選考対象大会での成績をふまえ、国際大会での競争力がないことを理由に申立人を選考しなかった。

STNZ仲裁パネルは、上記SDT 01/04; SDT 02/04; SDT 03/04, Andrew Murdoch and Others v Yachting New Zealand（YNZ）において指摘された、STNZ仲裁パネルの権限が、代表選手選考の妥当性というスポーツ団体による評価を再度行うことではなく、その過程や手続きに関する法的審査に限定されることを前提とした〈注29〉。そして、申立人がシニアランクに移ったときの国際レベル、2008年以降のケガと回復の過程を認定し、NZFRS選考パネルの判断については、世界選手権に向けての最近のトレーニングをふまえた申立人の体調に関して評価していないこと、特定の大会の記録を過度に評価し、申立人が積極性に欠けるなどと評価すべきでないことを理由として、NZFRS選考パネルの決定を取り消した。

本件では、過去の特定の大会の記録を過度に評価するのではなく、ケガや回復状況、体調などの他の評価要素も検討する必要性を示している点で、代表選手選考における客観的評価に関しては、評価対象となる可能性ある要素を広く検討することが必要であることを示している。

④ST 02/12, Ryan Taylor v New Zealand Olympic Committee（NZOC）

本件は、2012年オリンピックロンドン大会、男子50メートルプロンライフル代表選手選考に関する不服申立て事案である。ニュージーランド射撃連盟（New Zealand Shooting Federation, NZSF）ではなく、NZOCが相手方となっている（NZSFも利害関係人には含まれている）。

これは、オリンピックロンドン大会への選手派遣をめぐり、NZSFがNZOCに対して女子エアライフル種目から男子50メートルプロンライフル種目に対象種目の割り当て変更を申し入れたものの、NZOCは、世界ランキングやトップレベルの大会結果を通じて、オリンピックでベスト16位以内を達

成できる能力を有していること、8位内に入る可能性を証明するという推薦基準を定めており、申立人がこれを満たさないとして割り当て変更を認めなかったため（第1決定）、NZOC に対して申立てがなされたものである。

しかし、その後、NZOC は、NZSF から申立人に関する資料が提出され、検討された結果、申立人が上記推薦基準を満たすと評価し、従前の決定を取り消した（第2決定）。

本件は、NZOC 第1決定の際、女子エアライフル種目から女子トラップ種目への割り当て変更が認められており、選出されていた別の選手が利害関係人として本件に参加していたため、NZOC 第1決定について最終的な審査を行うためになされたものである。

NZOC 第1決定において選考された選手は、本件は割り当て変更決定であり、代表選手選考決定ではないので、STNZ 仲裁パネルに管轄がない、と主張した。ただ、STNZ 仲裁パネルは、確かに NZOC と NZSF 間の選考合意において、対象種目の割り当て変更に対する不服申立ての規程はなく、代表選手選考または推薦に関する不服申立てに関する規程しかなかったものの、割り当て変更の結果として代表選手選考の決定がなされている以上、STNZ 仲裁パネルに管轄があることを肯定した。そして、NZOC 第1決定の取消し（第2決定）については、NZOC の権限内であることを理由に、NZOC 第1決定の取消し（第2決定）を肯定した。

なお、本件では、申立人の代表選手選考に関する選考過程や手続き自体については特段論点となっていない。

⑤ST 05/15, Andrew Roy v Canoe Racing New Zealand （CRNZ）

本件は、2015 年 U23 世界選手権、カヌー K1 200 代表選手選考に関する不服申立て事案である。本件では、選考基準の適用や選考手続き両方が問題となっている。

CRNZ の選考手続きに関する規程に関しては、CRNZ 選考パネル自体が、選考会議の実施、議事録の作成と保存、選考投票および記録保存、時間的要件、選考結果報告書の作成などに関する規程に違反したこと、CRNZ 会長も、CRNZ 理事会に提出されるべき報告書の要求や、CRNZ 選考パネルが上記規

程を守る手立てを実施していなかったこと、また、CRNZ 理事会に対して選考の事実を伝えておらず、質疑の機会を設けていなかったことなど、多くの手続き規程違反があった。

結果、CRNZ 理事会でも、選考手続きが適切になされていたか、十分な報告書のない推薦を承認するか適切な質疑が行われていなかった事案であった。

CRNZ はこのような規程違反は無視できる単なる手続き規程違反と主張した。ただ、STNZ 仲裁パネルは、とくに CRNZ 理事会に対して十分な報告なく推薦がなされており、最終決定権者である CRNZ 理事会が適切な審査をできないこと、また、選考パネルによる会議実施や議事録、報告書などの記録の作成は、CRNZ が選考パネルによる恣意的な代表選手選考の可能性を減らすために必要であることを理由に〈注30〉、選手に対して代表選手選考に関する十分な機会を与えていないと指摘して、CRNZ の主張を退けている。

また、選考基準としては、U23 Sprint Selection Policy に、U23 カテゴリーにおいて、2015 年、2016 年の大会で 9 位以内を達成できること、あるいはその可能性を示す相当なパフォーマンス向上が見られること、と定められていた。これにもとづき、CRNZ は達成できる者がいないと決定し、選考を見送った。

しかしながら、STNZ 仲裁パネルは、CRNZ が、選考対象大会とされていた U23 オーストリア GP2 大会での K1 200 種目の B 決勝で申立人が 2 位であったこと、オーストラリア GP1 大会での K1 200 種目でも申立人が 9 位であったことなどを過小評価していたことや、またケガが治っていたにもかかわらず、2015 年 U23 世界選手権の選考対象大会であった 2014 年世界選手権の K2 200 種目に申立人を参加させていなかったこと、2015 年の U23 選考会においても、水上でのトライアルがなかったばかりか、それ以外のトライアルでの申立人のめざましいパフォーマンスも過小評価されていたこと、申立人の行動や性格について、いい加減で攻撃的などの不公平な評価がなされていたこと、2015 年のニュージーランド選手権について、コース状況の問題で K1 200 種目で申立人が 5 位であったことや U23 K1 200 種目の決勝では申立人が 45 分遅れの 3 位であったことを過度に評価されたこと、などを理由に、申立人のパフォーマンスに対する検討不足があるとして、こちらも CRNZ の主張を認めなかった。

そのうえ、STNZ 仲裁パネルは、CRNZ の選考手続き規程に関する数多くの違反（とくに CRNZ 理事会に選考の事実や理由が知らされていなかった点）や、選考パネルに申立人のパフォーマンスに対する検討不足があることを理由として、CRNZ の決定を取り消すだけでなく、さらには、CRNZ による適正な代表選手選考が期待できないとして、「STNZ 仲裁規則」第 49 条（b）（ⅱ）を用い、STNZ 史上初めて、申立人を選考する仲裁判断も行っている〈注31〉。

　STNZ 仲裁パネルは、「STNZ 仲裁規則」第 49 条（a）によりスポーツ団体への差戻しが原則であることや、STNZ が代表選手選考に関する十分な知識と専門性を有しないこと、上記 SDT 01/04; SDT 02/04; SDT 03/04, Andrew Murdoch and Others v Yachting New Zealand（YNZ）における CAS の仲裁判断では、「STNZ 仲裁規則」第 49 条（b）の適用は選考基準に沿うことが期待できない場合に限定すべきだと指摘されていることにも言及している。

　ただ、このような慎重な検討の中でも、CRNZ による代表選手選考における選考手続きおよび選考基準双方の問題点を重視し、申立人を選考する仲裁判断まで行った。

　本件では、選考手続き規程違反のうち、とくに理事会に対する選考結果およびその理由の報告がなく、理事会において審査ができなかったことや、CRNZ 選考パネルによる決定において、一部の選考対象大会の結果だけに著しく重点を置いた点が問題とされ、CRNZ の決定が取り消されている。

　これはすなわち、手続き規程違反についても、CRNZ 選考パネルの恣意的選考を防ぐ視点から定められている理事会の実質的レビューの重要性を示すものである。また、選考基準における選手の評価に関しても、単純に一部の選考対象大会の成績だけで形式判断するのではなく、その内実や他の客観的評価要素もすべて評価対象にすべきとしている点では、客観的評価に関しても、その対象範囲および具体的事情についてはすべて検討が必要であることが示されている。

　また、申立人自体を選考する仲裁判断を行ったことは、より踏み込んだレベルでの法的審査を行った、ということであり、複数にわたる選考手続きに関する瑕疵や、とくに理事会による実質的なレビューができていないことが、代表選手選考の公平・透明性の視点からいかに重要であるかを明らかにしたといえよう。

⑥ST 07/16, Kane Radford v Swimming New Zealand （SNZ）

本件は、2016 年オリンピックリオデジャネイロ大会、男子オープンウォーター 10 キロ代表選手選考に関する不服申立て事案である。

SNZ の選考基準としては、いわゆる NZOC への推薦基準、①オリンピックで 16 位以上を達成できる能力を有し、8 位以内に入る可能性を有していること、②①のレベルを証明する十分な成績記録を有していることにしたがった内容であったが、選考パネルは、2016 年のポルトガルでの選考対象大会での成績（トップと 34 秒差の 19 位）、2015 年の世界選手権以外に近年のワールドカップでの成績があまりないこと（出場していないこと）を理由に、②の要件にある十分な成績記録がないとして、選考しなかった。

しかしながら、STNZ 仲裁パネルは、申立人が、選考対象大会ではないものの、2015 年 6 月のポルトガルワールドカップの成績（トップと 8 秒差の 11 位）、2015 年 5 月のメキシコワールドカップの成績（トップと 16 秒差の 16 位）、その他 2014 年 8 月のハワイパンパシフィック大会の成績（トップと 2 秒差の 3 位。2 位の選手はオリンピックに出場）などの成績記録を有していることや、SNZ のハイパフォーマンス育成コーチのレポートも適切な評価要素とすべきこと、2016 年の選考対象大会の成績は、ラスト 250 メートルの時点では 10 位であったものの、他国のスイマーの妨害により推進力を失い、タイムを損したことや、専門家がそのタイムロスは 15 秒ほどになるという評価をしていることなどを理由に、SNZ の決定を取り消した。

本件は、上記 ST 05/15, Andrew Roy v Canoe Racing New Zealand （CRNZ）と同様に、代表選手選考の客観的評価に関しても、その対象を単純に選考対象大会の成績だけに限るのではなく、他の客観的な評価要素全般を行うべきであること、選考対象大会の成績に至った経緯も評価要素であることを示した事案である。単純に大会成績だけで形式判断するのではなく、その内実や他の客観的評価要素もすべて評価すべきとしている点では、客観的評価に関する法的審査の範囲と限界として興味深い。

第4節 代表選手選考仲裁における 法的審査の範囲と限界

　以上をふまえ、スポーツ団体が実施する代表選手選考における専門性・自律性と公平・透明性というスポーツガバナンスとのバランスの視点から、STNZ の代表選手選考仲裁における法的審査の範囲と限界について、その特徴を解説する。

1. STNZ 仲裁パネルの審査対象、権限、判断基準、立証責任

STNZ 仲裁パネルの審査対象

　STNZ 仲裁パネルの審査対象としては、(a) NSO と NZOC の決定に対する不服申立て（SADA 第 38 条 (c)、「STNZ 仲裁規則」第 41 条 (a)）、(b) (a) が本質的にかかわる SADA 第 38 条 (b) に定める範囲内のスポーツ関連紛争（「STNZ 仲裁規則」第 41 条 (b)）とされている。

　もっとも、STNZ で取り扱われた代表選手選考事案を検討すると、ほとんどの事案が (a) の不服申立て事案であり、STNZ における代表選手選考事案は、行政訴訟型のスポーツ仲裁事案であるといってよいだろう。

　これは、代表選手選考基準が代表選手選考に関するスポーツ団体と選手の有効な法的合意ととらえていることの影響もあると思われる。すなわち、有効な法的合意の場合、当事者にとって争いのないものとして STNZ 仲裁パネルによる審査対象とならない。代表選手選考基準が有効な法的合意と認められれば、(b) の事案として争われることも少なくなる。また、STNZ 仲裁パネルの審査対象としないのは、代表選手選考基準が代表選手選考をめぐる当事者であるスポーツ団体と選手双方の意思を反映されたものとして、代表選手選考における専門性・自律性を尊重しているともいえよう。

STNZ 仲裁パネルの権限──スポーツ団体の専門性・自律性への尊重

　STNZ 仲裁パネルによる法的審査の限界について、「STNZ 仲裁規則」第49 条において、選手選考事案においては例外的に、スポーツ団体への差戻しを原則とし、STNZ 仲裁パネルの権限を限定している。STNZ 仲裁パネル

による法的審査においては、代表選手選考の専門性を尊重し、とくに差戻しを原則とすることからすれば、スポーツ団体の自律性を尊重することが明確になっている。

また、選考決定が取り消された事案①の SDT 01/04; SDT 02/04; SDT 03/04, Andrew Murdoch and Others v Yachting New Zealand（YNZ）、同事案③の ST 02/11, Samantha Michael v New Zealand Federation of Roller Sports（NZFRS）では、STNZ 仲裁パネルの権限としては、代表選手選考の妥当性というスポーツ団体による評価を再度行うことではなく、その過程や手続きに関する法的審査に限定されることが示されている。

これは、スポーツ仲裁による法的審査がスポーツ団体の専門性・自律性を尊重し、たとえば、選考対象大会の成績や世界ランキングの意義、軽重などの評価については踏み込まず、取消し事由にしない、ということであるが、他の代表選手選考事案でも踏襲されていると考えられるだろう。

この点については、JSAA でも同様にとらえられているところであり、代表選手選考の妥当性については、スポーツ団体の専門性・自律性が尊重され、スポーツ仲裁による法的審査は及ぼさない、という共通項が見出せる。

STNZ 仲裁パネルの判断基準と立証責任の帰属の明定

STNZ 仲裁パネルの判断基準は、JSAA と異なり、「STNZ 仲裁規則」第42 条において定められている。とくに代表選手選考事案について、その取消し事由は、選考基準に適切に従っていない場合、選考基準を検討する十分な機会が与えられていない場合、選考決定が明らかな偏見にもとづく場合、選考決定の合理性を基礎づける証拠がない場合、などが明確に示されている。また、立証責任についても、「STNZ 仲裁規則」第 46 条（c）において、明確に申立人に帰属することが明記されている。

仲裁において、各仲裁判断でどのような判断をするのかは、各仲裁事案の当事者、仲裁パネルにゆだねられている。ただ、このように仲裁規則において明確に取消し事由や立証責任が定められた場合、これが仲裁パネルの判断基準や判断手法に関する統一的な基準として機能し、安定的な仲裁判断を実現することができる。

前述のとおり、STNZ 仲裁パネルの権限として、スポーツ団体が実施する代表選手選考における専門性・自律性を尊重しながらも、STNZ 仲裁パネル

の取消し事由や立証責任を定め、公平・透明性というスポーツガバナンスが及ぶ範囲を明確にしているといえよう。

　一方で、STNZ 仲裁パネルの審査対象、権限、立証責任を明確にし、また取消し事由を限定することで、スポーツ仲裁による判断手法が明確に示されており、代表選手選考を行うスポーツ団体にとって公平・透明性を担保するために何を留意すべきなのか、代表選手選考の過程や手続き、取消し事由とされる 4 要件が重要であることをあえて示しているともいえる。

2. STNZ 仲裁パネルによる法的審査の程度

客観的評価における取消し事由

　STNZ 仲裁パネルによる法的審査では、スポーツ団体が行う代表選手選考に関する客観的評価について、前述のとおりスポーツ団体の専門性・自律性の視点から妥当性の審査には踏み込まないが、取消し事由がまったく認められていないわけではない。

　まず、選考決定が取り消された事案②の ST 07/08, Liza Hunter-Galvan v Athletics New Zealand（ANZ）、同事案⑤の ST 05/15, Andrew Roy v Canoe Racing New Zealand（CRNZ）、同事案⑥の ST 07/16, Kane Radford v Swimming New Zealand（SNZ）で指摘されていたとおり、選考対象大会や世界ランキングなどの数値だけを形式的に評価するだけでは足りず、その大会状況やケガからの回復状況など、実質的な評価についても検討をしなければ取消しになることが示されている。

　また、同事案③の ST 02/11, Samantha Michael v New Zealand Federation of Roller Sports（NZFRS）、同事案⑤の ST 05/15, Andrew Roy v Canoe Racing New Zealand（CRNZ）、同事案⑥の ST 07/16, Kane Radford v Swimming New Zealand（SNZ）で指摘されているとおり、客観的評価の対象となる要素のうち、特定の要素だけを採用し、他の要素の評価を怠ることが取消し事由になることも示されている。

　これはすなわち、代表選手選考に関する客観的評価について、評価の仕方、方法に関しては、スポーツ仲裁による法的審査の対象となり、少なくとも数字だけの形式的な評価や評価要素の検討不足は、公平・透明性というスポーツガバナンスから取消し事由になることが示されている。JSAA では、事案

の少なさもあり、客観的評価に関してここまで取り消した事案が多くないが、客観的評価における取消し事由に大きな違いがあるといえよう。

客観的評価を尽くしたうえでの裁量の取り扱い

選考決定が取り消されなかった事案①の SDT 16/06, Katrine Lawton v Mountain Bike New Zealand で指摘されていたように、STNZ 仲裁パネルは、代表選手選考に関する客観的評価を尽くしたうえでの裁量については、スポーツ団体の専門性を尊重する姿勢が明確に示されている。

また、SDT 17/06, Timothy Madgwick v Mountain Bike New Zealand, ST 13/10, Garth Shillito v Fencing New Zealand においては、客観的評価の対象となる要素が複数あり、それらをすべて検討したうえで、どの客観的評価を用いるのかが裁量にゆだねられるのであれば、スポーツ団体の専門性を尊重するとされている。

この点、もちろん完全に選考パネルの裁量にゆだねられてしまうと、選考パネルの恣意的な選考の可能性も生まれ、スポーツガバナンスの視点からの公平・透明性に問題が生じる（なお、本書の検討対象とした STNZ 事案に関しては、JSAA 事案のような、何ら客観的な選考基準がない、または主観的な選考基準しかないという事案はなかった）。もっとも、選考パネルにより客観的評価が尽くされたのであればこのような可能性も小さくなり、スポーツ団体の裁量における公平・透明性は担保されるということであろう。

手続き規程違反における取消し事由

代表選手選考に関する手続き規程違反については、STNZ 仲裁パネルによる法的審査の対象になるものの、結論の変更可能性がないことや代表選手選考そのものの妥当性を失わせないとして、スポーツ団体の専門性・自律性を尊重し、取消し事由にならない〈注32〉（この点に関してだけいえば、JSAA 事案も同様の特徴がみられる）。もっとも、中には取消し事由になる事案も存在する。

たとえば、選考決定が取り消された事案⑤の ST 05/15, Andrew Roy v Canoe Racing New Zealand（CRNZ）においては、複数にわたる手続き規程違反があっただけでなく、とくに代表選手選考の公平・透明性を担保するために設けられている、スポーツ団体の理事会の最終判断の機会に関して、

十分な情報提供と検討がなされていないことが取消し事由になっている。

その他、選考決定が取り消されなかった事案②の ST 12/15, Kate Henderson v New Zealand Water Polo (NZWP) においては、STNZ 仲裁パネル全員一致の取消し事由にならなかったものの、反対意見として、選考パネルの指名手続きが行われた証拠がなかったことや選考パネルの人数が足らなかったことが取消し事由になることが示されている。選考パネルの管轄の問題が代表選手選考の公平・透明性というスポーツガバナンスの視点に関して留意すべきことが指摘されているといえよう。

NZOC の推薦基準改定による利益衡量の高度化

最後に、代表選手選考に関する STNZ 仲裁パネルによる法的審査において、2008 年オリンピック北京大会から改定された NZOC への推薦基準は、大きな影響があった。

それまでの STNZ 仲裁パネルの仲裁判断においては、いささかスポーツ団体の選考基準自体が不明確な事案や、選考パネルの裁量の範囲が明確でない事案もあったものの、全体として代表選手選考の結論が不合理でないことなどを理由に、スポーツ団体の専門性・自律性を尊重する傾向がみられた。

もっとも、NZOC への推薦基準が改定されてからは、そもそもスポーツ団体が客観的評価をベースとし、主観的評価の対象も明確な選考基準を用いるようになったため、STNZ 仲裁パネルの仲裁判断においても、むしろ客観的評価の対象となる要素の範囲や具体的事情の検討の有無、重点の置き方などに論点が高度化することになっている。STNZ 仲裁パネルによって、よりこまかな利益衡量が行われるようになっているということであり、望ましい方向といえよう。

JSAA でも代表選手選考に関する仲裁判断は積み重ねられてきているが、日本オリンピック委員会（Japanese Olympic Committee, JOC）が中央競技団体に対してこまかい推薦基準を指し示すことはないため、中央競技団体の代表選手選考の法的精度が向上せず、いまだに稚拙な代表選手選考が行われ、JSAA に対して仲裁申立てがなされていることと大きな違いがある。

第5節 本章のまとめ

第2章においては、スポーツ団体が実施する代表選手選考における専門性・自律性と公平・透明性というスポーツガバナンスとのバランスの視点から、ニュージーランドのSTNZの代表選手選考仲裁における法的審査の範囲と限界を解説した。

STNZ仲裁パネルの審査対象は、代表選手選考事案のほとんどの事案でNSOとNZOCの決定であり、行政訴訟型のスポーツ仲裁となっている。また、オリンピックとコモンウェルスゲームス（ユースオリンピックなども含む）においては、NSOの推薦やNZOCの代表選手選考について、選手に不服を申し立てる権利を認め、それをSTNZ仲裁パネルによって審査することとしている。

ニュージーランドでは、代表選手選考に関するスポーツ団体と選手の法的合意を前提とした議論がみられ、また、国家裁判所による司法審査の対象ともなってきた。ただし、スポーツ団体が私的団体であることから、司法審査は謙抑的であった。

STNZ仲裁パネルの権限は、「STNZ仲裁規則」第49条において、代表選手選考事案についてスポーツ団体への差戻しを原則とし、STNZ仲裁パネルによる権限を限定している。また、これまでの仲裁判断では、STNZ仲裁パネルの権限は、代表選手選考の妥当性というスポーツ団体による評価を再度行うことではなく、その過程や手続きに関する法的審査に限定されている。代表選手選考の妥当性には、スポーツ団体の専門性・自律性が尊重され、スポーツ仲裁による法的審査は及ぼしていないのである。STNZの代表選手選考事案が行政訴訟型のスポーツ仲裁であることからも、自然な帰結と思われる。

STNZ仲裁パネルの判断基準は、「STNZ仲裁規則」第42条において明確に定められている。とくに選手選考事案については、選考基準に適切に従っていない場合、選考基準を検討する十分な機会が与えられていない場合、選考決定が明らかな偏見にもとづく場合、選考決定の合理性を基礎づける証拠がない場合などが取消し事由として示されている。また、立証責任につい

ても、「STNZ仲裁規則」第46条（c）において、明確に申立人に帰属することが明記されている。一般的な仲裁において、各仲裁判断でどのような判断をするのかは、各仲裁事案の当事者、仲裁パネルにゆだねられている。しかし、STNZのように仲裁規則において明確に権限、判断基準、立証責任が定められた場合、代表選手選考仲裁における法的審査の範囲と限界が安定的かつ明確になる。

　そして、これらの権限、判断基準、立証責任の負担をふまえた実際のSTNZ仲裁パネルの判断としては、以下のようになっている。

- 代表選手選考に関する客観的評価について、評価の仕方、方法に関してはスポーツ仲裁による法的審査の対象となり、少なくとも数字だけの形式的な評価や評価要素の検討不足は取消し事由になっている
- 代表選手選考において、客観的評価を尽くしたうえでの裁量の取扱いについては、客観的評価を尽くしたうえであれば選考パネルによる恣意的な選考の可能性も小さくなり、スポーツ団体の裁量における公平・透明性は担保されるため、スポーツ団体の裁量を尊重している
- 代表選手選考に関する手続き規程違反については、STNZパネルの法的審査の対象になるものの、結論の変更可能性がないことや代表選手選考そのものの妥当性を失わせない場合は、スポーツ団体の専門性・自律性が尊重され、取消し事由にならない

〈注〉

1　最新の2020年版について http://www.olympic.org.nz/assets/Uploads/Selection-Regulation-February-2020.pdf、2019年4月1日アクセス。
2　SADA第4条には、national sporting organisation means a body that represents members involved in a particular type of sporting event or activity in New Zealand and, if a national organisation does not exist for a sport, includes a local, regional, or other sporting organisation と定められている。
3　NZOCのウェブサイトにおいて、2020年オリンピック東京大会では、特設ページにおいて、Selection の項目が設けられ、NZOC Selection Policy for Tokyo 2020 として代表選手選考に関する規程類や、Specific Sport Nomination Criteria として各中央競技団体（NSO）の推薦基準が掲載されている。http://www.olympic.org.nz/games/tokyo-2020/selection/、2019年4月1日アクセス。
4　なお、当該規則においては、NZOCと中央競技団体（NSO）間の当該規則の解釈および適用に関する紛争もSTNZのスポーツ仲裁が義務付けられている（同第17.2条）。

5　Toomey, Elizabeth. and Fife, Colin. New Zealand, *International Encyclopaedia for Sports Law, Kluwer Law International BV*, 2008, p. 33.

6　Lloyd, Aaron. "NEW ZEALAND", Gurovits, András. *The Sports Law Review*（Edition 3）, 2018, Chapter. 14, p. 175.

7　文部科学省「平成 22 年度諸外国におけるスポーツ振興政策についての調査研究」（ニュージーランド）、2011 年。http://www.mext.go.jp/component/a_menu/sports/detail/__icsFiles/afieldfile/2011/08/03/1309352_016.pdf、2019 年 4 月 1 日アクセス。

8　このような見解を前提にした研究として、Thorpe, David. CONTRACT AND ATHLETE SELECTION, *Australian and New Zealand Sports Law Journal*, Volume 3, No. 1, 2008, pp. 37-68、Sullivan QC, Allan. I didn't make the team. What can I do? An overview of selection jurisprudence, *Australian and New Zealand Sports Law Journal*, Volume 10, No. 1, 2015, pp. 1-45 など。

9　Toomey and Fife, op. cit., pp. 62-75、Lloyd, op. cit., p. 177 など。

10　http://www.olympic.org.nz/about-the-nzoc/nzoc-commissions/athletes-commission/、2019 年 4 月 1 日アクセス。

11　Toomey and Fife, op. cit., p. 33.

12　Toomey and Fife, op. cit., p. 51.

13　文部科学省「平成 22 年度諸外国におけるスポーツ振興政策についての調査研究」（ニュージーランド）、2011 年。http://www.mext.go.jp/component/a_menu/sports/detail/__icsFiles/afieldfile/2011/08/03/1309352_016.pdf、2019 年 4 月 1 日アクセス。

14　なお、ニュージーランド仲裁法の適用があることについては、David, Paul. Hearing Anti-Doping Cases in New Zealand, Haas, Ulrich. and Healey, Deborah. *Doping in Sport and the Law, Bloomsbury Publishing*, 2016, p. 138, note. 63.

15　Davis, Nick. Teague, Marinka. and Ogier, Sonia. *Dispute Resolution in the Sport and Recreation Sector and the Role of the Sports Tribunal Final Report*, p. 58.

16　http://www.sportstribunal.org.nz/assets/Uploads/Rules-sports-tribunal-2012.pdf、2019 年 4 月 1 日アクセス。

17　道垣内正人「スポーツ仲裁・調停」（道垣内正人・早川吉尚編著『スポーツ法への招待』ミネルヴァ書房、2011 年、p. 65）。

18　Toomey and Fife, op. cit., p. 63.

19　スポーツ仲裁規則に全件公表が義務づけられているわけではなく（「STNZ 仲裁規則」第 25 条(b)）、非公表の事案も存在している。

20　Toomey and Fife, op. cit., p. 51.

21　SDT 16/06, DECISION OF TRIBUNAL, para. 31, 34.

22　選手選考自体については、選考パネルが、優先順位として、スペシャリストポジションについてベストな選手、複数のポジションがこなせる選手、その後、いい守備ができる選手との順番でアプローチを行っており、この選考方法自体は合理的な方法であり、選手に透明性のあるかたちで選考パネルの専門性を活用しているため、問題ないと判断している。

23　ST 12/15, DECISION OF SPORTS TRIBUNAL, para. 22, 23.

24　ST 08/14, DECISION OF SPORTS TRIBUNAL, para. 27.

25　SDT 01/04; SDT 02/04; SDT 03/04, WRITTEN DECISION（S）OF THE TRIBUNAL, para. 33.

26　SDT 01/04; SDT 02/04; SDT 03/04, WRITTEN DECISION（S）OF THE TRIBUNAL, para. 53, 54.

27　CAS, REASONS FOR AWARD RENDERED ON 2 APRIL 2004, para. 6.3, 6.14, 6.34, 6.48.

28　ST 07/08, DECISION OF TRIBUNAL, para. 118.

29 ST 02/11, DECISION OF THE SPORTS TRIBUNAL, para. 88, 89.
30 ST 05/15, DECISION OF SPORTS TRIBUNAL, para. 28.
31 ST 05/15, DECISION OF SPORTS TRIBUNAL, para. 49.
32 SDT 09/06, Daisy Thomas v Surfing New Zealand など。

SDRCC
カナダスポーツ紛争解決センター（SDRCC）の代表選手選考仲裁における法的審査の範囲と限界

第1節 代表選手選考制度の概要と法的性質

1. 概要

　カナダの代表選手選考制度については、たとえば、オリンピックでは、中央競技団体（National Sport Organisation, NSO）からの推薦に応じて、カナダオリンピック委員会（Canada Olympic Committee, COC）が代表選手選考を行う枠組みになっている。各スポーツの世界選手権のように、オリンピックのような代表選手派遣組織がない場合は、NSO 自体が代表選手選考を行う〈注1〉。

　加えて、カナダ連邦政府より資金提供を受けている国内スポーツ団体は、内部紛争解決方法の中に、カナダスポーツ紛争解決センター（Sport Dispute Resolution Centre of Canada, SDRCC）のスポーツ仲裁手続を導入する必要があるとされており、ほとんどの NSO〈注2〉は資金提供を受けているため、SDRCC による仲裁を導入することが義務となっている〈注3〉（スポーツ仲裁規則（Canadian Sport Dispute Resolution Code。以下、「SDRCC 仲裁規則」と略記）第3.1条（b）においては、代表選手選考事案など NSO に関連する紛争の場合、NSO におけるすべての団体内紛争解決手段を使い果たしていることが条件となっている〈注4〉）。COC ではなく、国であるカナダ連邦政府が SDRCC のスポーツ仲裁の導入を義務づけている点は、カナダの大きな特徴である。

　そして、NSO は、カナダ連邦法である Not-for-profit Corporations Act にもとづく私的団体であるため〈注5〉、NSO の代表選手選考自体は、私的団体が行う意思決定という法的性質を有している。

　なお、カナダでは、国家としての「国民統合」「多文化主義」「社会的結合」などの課題を解決するため、「スポーツ」に特別な価値が見出され、とくに 1960 年代以降、連邦政府が積極的にスポーツ分野に関与するようになった、とされる。スポーツに対する国家予算の拠出状況としては、少し古いデータになるが、スポーツカナダの 2010 年度の予算は 2 億 500 万カナ

ダドル（約172億2,000万円）で、内訳はスポーツ団体・組織に資金交付を行う「スポーツ援助プログラム」（Sport Support Program, SSP）に71％、スポーツカナダから競技者に直接金銭的支援をする「競技者支援プログラム」（Athlete Assistance Program, AAP）に13％などとなっている〈注6〉。

2. 代表選手選考決定に至るスポーツ団体と選手間の法的合意

カナダの代表選手選考決定をめぐる紛争においては、第2章のニュージーランドと同様に、スポーツ団体の代表選手選考決定については、代表選手選考がスポーツ団体と選手間の法的合意にもとづくととらえるものもある〈注7〉。このような見解を前提とすると、カナダの代表選手選考決定が国家裁判所において司法審査の対象となるととらえることも可能である。ただし、私的団体であるスポーツ団体の決定に関する司法審査については、団体内ルールにもとづく決定であることから、謙抑的な姿勢がとられている〈注8〉。

また、代表選手選考基準自体が有効な合意なのであれば、当事者にとって争いのないものとして、スポーツ仲裁による法的審査対象にはならないということになる。このような法的影響を考えると、代表選手選考に関するスポーツ団体と選手の合意を有効な法的合意とみるか否かは、法的審査の範囲と限界を解説するにあたって重要な事項となる。

第2節 SDRCC の組織概要とスポーツ仲裁規則の概要

1. 組織概要・設立経緯

SDRCC の設立は2004年であるが、この設立準備にあたっては、2000年から検討プロジェクトが始まり、2002年から「ADRsportRED Program」と呼ばれるスポーツ紛争解決サービスがスタートしていた〈注9〉。

このような中で、2003年、カナダ連邦法 BILL C-12 として制定された、「身体活動・スポーツ法」（Act to promote physical activity and sport）を

根拠法として、非営利法人としての SDRCC が設立された。

このきっかけは、検討プロジェクトの報告書〈注10〉によれば、カナダのスポーツ界では、不透明な代表選手選考、不当な懲戒処分・ドーピング処分、誤った情報にもとづく解雇などの典型的なトラブルが存在したものの、1990 年代からスポーツ団体内に任意に設置された紛争解決機関、国家レベルで設置された紛争解決制度なども十分に機能しなかったため〈注11〉、スポーツ団体の理解をともなったかたちで進めるための立法政策の必要性が生まれたことが指摘されている〈注12〉。

SDRCC は、同法にもとづきカナダ連邦政府がほぼ全額出資する法人であるが、政府機関ではない「独立機関」とされる〈注13〉。

SDRCC の組織の根本的な定めは根拠法である身体活動・スポーツ法第 9 条以下に規定されており、SDRCC のチェアマン、理事は、その資格要件にもとづき、カナダ首相が任命するとされている（同法第 14 条、第 18 条）。理事長は、理事が決定する（同法第 21 条）。

SDRCC の権限については、根拠法である身体活動・スポーツ法第 10 条にそのミッションが定められているものの、それ以上に明確な権限を定める条項はなく、むしろ同法第 17 条にもとづき理事が定める付属定款において定めることとなっている。

以上、SDRCC の設立経緯においては、カナダスポーツ界の紛争実態、これに対するスポーツ団体内の紛争解決制度の課題などを十分にふまえ、立法政策として根拠法に SDRCC が明確に規定されることで、スポーツ仲裁による法的審査の法的位置づけが明確になっている〈注14〉。

また、前述のとおり、カナダ連邦政府より資金提供を受けている国内スポーツ団体は、内部紛争解決方法の中に、SDRCC のスポーツ仲裁手続きを導入する必要があるとされており、ほとんどの NSO は資金提供を受けているため、SDRCC による仲裁が義務となっている。これは、日本スポーツ仲裁機構（Japan Sports Arbitration Agency, JSAA）には根拠法の定めがなく、しかも中央競技団体が JSAA による仲裁を法律で義務づけられていないことと比較すると、スポーツ仲裁による法的審査の法的位置づけがまったく異なるのである。

また、SDRCC の定めは、根拠法である身体活動・スポーツ法第 9 条から

第36条まで規定されている。これは、1961年のフィットネス・アマチュアスポーツ法（Fitness and Amateur Sport Act）というスポーツ政策の根本法を改正して定められたものである。身体活動・スポーツ法の全40条のうち、28条をSDRCCの規定が占めていることは、カナダのスポーツ政策において、紛争解決センターとしてのSDRCCの設置、スポーツ仲裁による法的審査が重要であったことを示すものといえよう。

2. 代表選手選考事案に関する仲裁規則

そして、SDRCCは、上記身体活動・スポーツ法第17条第1項（i）にもとづき、スポーツ仲裁手続きに関する運用ルールである「SDRCC仲裁規則」を定めている。SDRCCは、スポーツ仲裁裁判所（Court of Arbitration for Sport, CAS）をモデルにしたとされている〈注15〉。検討段階では「CASスポーツ仲裁規則」〈注16〉をベースにした仲裁規則も策定されていた〈注17〉が、最終的な「SDRCC仲裁規則」においては、SDRCC独自のスポーツ仲裁規則となっている。

この中で、とくに代表選手選考に関する規定としては、たとえばニュージーランドスポーツ仲裁裁判所（Sports Tribunal of New Zealand, STNZ）のスポーツ仲裁規則（RULES OF THE SPORTS TRIBUNAL）と異なり、代表選手選考事案の判断基準を示す規定〈注18〉自体は定められていない。ただ、「SDRCC仲裁規則」にも、いくつか代表選手選考事案に適用される特別な条項が存在する。

代表選手選考紛争の取り扱い

SDRCC仲裁パネルの審査対象（「SDRCC仲裁規則」第2.1条（b）項）となるスポーツ関連紛争の定義が定められた「SDRCC仲裁規則」第1条（mm）項においては、スポーツプログラム、スポーツ組織への参加に影響する紛争の1つとして、「選手選考」（team selection）が明記されている（同（mm）項（i）号）。これは、同（ii）号にNSOの決定という項目があるにもかかわらず、あえて（i）号に「選手選考」が明記されている点が特徴的である。その具体的な詳細は明記されていないため、選手選考に関する紛争一般が含まれるとも考えられるが、NSOの決定に対する不服申立て

を対象にする場合は、行政訴訟型の仲裁手続きになると理解することができる。

代表選手選考仲裁における立証責任

　「SDRCC仲裁規則」第6.7条においては、代表選手選考事案において、選手が申立人として手続きに関与した場合、選考基準が適切に策定されたことや、対象となる代表選手選考決定がそのような選考基準にもとづきなされていることの立証責任は相手方、すなわち代表選手選考決定を実施したNSOに課されることが規定されている。

代表選手選考仲裁の関係当事者への対応

　「SDRCC仲裁規則」第6.12条において、申立人あるいは相手方が代表選手選考仲裁の結果にて影響を受ける関係当事者を特定している場合は、SDRCCから当該当事者に対して通知がなされ、介入する機会が与えられる。また、同条において、申立人あるいは相手方が特定していなくてもSDRCCがその裁量で通知する権限を有することが明記されている。影響を受ける関係当事者に対しても手続き保障を充実させ、紛争を1回の手続きで解決すること（一回的解決）を主眼としたものである。

SDRCC仲裁パネルの権限

　「SDRCC仲裁規則」第6.17条においては、そもそもSDRCC仲裁パネルの権限が事実の適示と法令の適用に関して完全なる権限を有することが明記されている。そして、（ⅰ）判断対象となったNSOの決定を取り替えたり、（ⅱ）SDRCC仲裁パネルが公平公正と考える措置や救済方法をとることが可能であると定められている（同第6.17条（a）項）。加えて、（ⅰ）NSOが内部不服申立て手続きを実施しない、あるいは弁明の機会なしに不服申立ての権利を否定する場合や、（ⅱ）対象紛争が緊急な場合で、NSOの内部不服申立て手続きが不服申立て規則に従っていない、あるいは自然的正義に反するとSDRCC仲裁パネルが決定する場合に、新たに最初から手続きを実施する権限を有することも定められている（同第6.17条（b）項）。なお、SDRCC仲裁パネルの仲裁判断については、それ以前のSDRCC仲裁パネルの仲裁判断を含む、一切の仲裁判断に拘束されないことが定められている

（同第 6.21 条 (k) 項）。

代表選手選考に関する「SDRCC 仲裁規則」の特徴

　以上の「SDRCC 仲裁規則」における特徴的な規定をみるに、代表選手選考紛争を NSO の決定という紛争類型からあえて切り出し、特別に明記している。この点は、カナダにおいて代表選手選考紛争が SDRCC 設立前から存在する典型的なスポーツ紛争であり、後述のとおり、SDRCC が取り扱ってきた紛争の中で大きな割合を占める紛争類型であるため、スポーツ仲裁による法的審査の対象となることをあえて明確化しているといえよう。

　「JSAA 仲裁規則」第 2 条においてこのような規定はなく、「スポーツ競技又はその運営に関して競技団体又はその機関が競技者等に対して行った決定（競技中になされる審判の判定は除く）」と明記されているにすぎないため、代表選手選考事案に対する意識の違いが感じられる。

　また、弁論主義や立証責任の帰属に関して当事者自治が妥当する仲裁手続きの中で、あえて選手が申立人として手続きに関与した場合に、代表選手選考仲裁における NSO の決定の法的合理性の立証責任を NSO に課す規定を定めるのは、その立証ができなければ代表選手選考決定が取り消されることになる、という意味を明確にする点で、スポーツ仲裁による法的審査が広く及ぶことを示している。

　JSAA においては、代表選手選考仲裁における立証責任の帰属が明確ではなく、これにともなって敗訴リスクを避けるためには申立人である選手が事実上の立証責任を負うことになってしまう。このように JSAA の状況とは大きな違いがある。

　そして、SDRCC 仲裁パネルの権限に関する規定からは、NSO の決定を取り替えたり、公平公正と考える措置や救済方法を取ることが可能であること、一定の場合には不服申立て手続きを最初から実施する権限があることがあえて明記されているため、スポーツ仲裁によるより広範な法的審査が期待されていることが明らかである。「JSAA 仲裁規則」は、代表選手選考仲裁について、特段 JSAA 仲裁パネルの権限を制限する規定を設けているわけではないものの、SDRCC のような規定もないため、どこまでスポーツ仲裁による法的審査を及ぼすべきかは、各事案の JSAA 仲裁パネルにゆだねられている。仲裁規則において、このような規定がなければ JSAA 仲裁パネ

ルの判断によっては限定的な法的審査しかしなくなる可能性も高まる。

3. SDRCC の提供するそのほかのサービス

　また、SDRCC においてスポーツ仲裁機関として特徴的な点は、SDRCC が単なる紛争解決サービスだけを提供しているのではなく、紛争予防サービスも提供している点である。

　とくに、SDRCC のウェブサイトには、代表選手選考紛争に関する情報ポータルサイトとして、「Team Selection」という特集ページが設けられている。「Selection Criteria」、すなわち代表選手選考基準に関するガイドラインや「Team Selection Checklist」、すなわちスポーツ団体がきちんと代表選手選考を取り組めているかのチェックリスト等の情報提供がなされている。カナダの NSO は、この公表されたツールを活用して、代表選手選考を強化できるかたちになっている。

　このほか、2007 年 9 月には、選手代表向けの代表選手選考セミナーを開催しており、紛争予防サービスを充実させているのが、スポーツ仲裁機関としては特徴的である。

　これらの紛争予防サービスについては、確かに紛争解決サービスにおけるスポーツ仲裁による法的審査とは別の機能ではあるものの、スポーツ仲裁による法的審査によって得られた知見をスポーツ界に還元しているという意味では、スポーツ仲裁による法的審査の実効性をより高めているともいえよう。

第3節　代表選手選考仲裁における仲裁判断

1. 代表選手選考事案の概要と推移

代表選手選考事案の概要

　SDRCC のデータベースによれば、SDRCC における仲裁判断は、2019 年 4 月 1 日時点で公表されている事案は全 315 件ある〈注 19〉。そのうち、「Selection」という紛争類型で検索表示される代表選考事案は 123 件である。

年	仲裁判断数	代表選手選考決定の取消事案数 （申立人の選考決定までされた事案数）
2004	14件	6件（3件）
2005	1件	0件
2006	2件	1件（1件）
2007	4件	2件（1件）
2008	11件	3件（1件）
2009	0件	
2010	5件	0件
2011	4件	2件（2件）
2012	8件	1件（1件）
2013	10件	4件（3件）
2014	9件	4件（2件）
2015	9件	1件（1件）
2016	13件	1件（1件）
2017	4件	1件
2018	3件	1件
合計	97件	27件（16件）

　この123件のうち、出場資格事案を除く代表「選手」選考事案、スポーツ団体の代表選手選考決定の取消し事案（当初の選考が維持されなかった事案を含む）の内訳は、上表のとおりである。

　申立て認容事案ではなく、スポーツ団体の代表選手選考決定の取消し事案をあえて抽出した理由は、カナダのNSOの多くではもともと団体内紛争解決機関が存在しており〈注20〉、当該機関の決定に対する不服申立て事案も多い。したがって、スポーツ団体の代表選手選考決定の取消し事案のみを抽出しなければ、スポーツ団体が実施する代表選手選考における専門性・自律性と公平・透明性というスポーツガバナンスとのバランスの中で、具体的に何が取消し事由とされているのか、代表選手選考仲裁における法的審査の範囲と限界を正確に解説できないためである。

代表選手選考事案の推移

　SDRCCの代表選手選考事案を振り返ってみると、2004年、2008年などオリンピック・パラリンピック開催時のみ増加傾向にあったが、近年は全体として増加傾向にある。具体的な事案としても、世界選手権だけでなく、

ジュニア世界選手権、ユニバーシアードなど、対象となる国際大会の種類も増え、また州単位の代表選手選考も対象になるなど拡大傾向にある。人口約3,515万人（2016年国勢調査、日本の約4分の1）、面積998.5万km²（日本の約27倍）の国において、日本よりはるかに多い97件もの事案が発生しているという意味では、代表選手選考事案に対するスポーツ仲裁による法的審査がかなり活発に行われているといえよう。

なお、SDRCCの代表選手選考事案は97件のうち、27件がスポーツ団体の代表選手選考決定の取消し事案である。このスポーツ団体の代表選手選考決定が取り消された27件のうち、16件は申立人を選考決定しており、その割合は約59.2%にのぼる。確かに「SDRCC仲裁規則」第6.17条（a）項によってSDRCC仲裁パネルに対してNSOの決定を取り替え、選考決定まで行う権限も認められているものの、SDRCC仲裁パネルの仲裁判断を見れば、これはSDRCC仲裁パネルみずからが代表選手選考の妥当性を検討しているのではない。実態としては、スポーツ団体が定めている選考基準がすでに明確で、当該選考基準その他の客観的な証拠によれば、申立人を選考決定することが明らかであり、紛争の一回的解決のために申立人を選考決定している。

以下、実際の仲裁判断における内容検討を通じて、SDRCCの代表選手選考仲裁における法的審査の範囲と限界を解説する。

まずは、SDRCC仲裁パネルによる代表選手選考決定に対する判断基準の形成を追ってから、スポーツ仲裁における法的審査の範囲が小さいものから大きいものへ、スポーツ団体の代表選手選考決定が取り消されなかった事案、取り消された事案の順に紹介する。

2. 仲裁パネルの権限、判断基準が示された事案

前述のとおり、「SDRCC仲裁規則」第6.17条（a）項において、SDRCC仲裁パネルの権限は、（ⅰ）判断対象となったNSOの決定を取り替えたり、（ⅱ）SDRCC仲裁パネルが公平公正と考える措置や救済方法をとることが可能であると定められている。ただ、「SDRCC仲裁規則」において、たと

えば、ニュージーランドのスポーツ仲裁機関であるSTNZのように、代表選手選考事案の取消し事由を示す規定自体は定められていない。

となると、SDRCC仲裁パネルが、そもそも代表選手選考事案でどのような権限を有するのか、どのような判断基準で審査すべきかをまず確定することが課題であったが、SDRCCにおけるそれぞれの仲裁判断を通じて、徐々に形成されてきている。

そこで、まず代表選手選考決定に対するSDRCC仲裁パネルの権限、判断基準が示された代表的な事案を紹介する。

①SDRCC 04-0008, Island & Adam v. Equine Canada(EC)

本件は、2004年パラリンピックアテネ大会、馬術代表選手選考について、アテネ大会の選考資格を満たしていると考えられていた申立人2人が、選考基準にさらに付録の選考基準〈注21〉を追加され、申立人の1人を補欠として選考、もう1人は選考無しとされたECの決定に対する不服申立て事案である。

SDRCC仲裁パネルの判断の中で、スポーツ団体の選考決定の取消し基準として、①選考過程が不公平な方法でなされている場合、②選考が恣意的、差別的、信義にもとる場合のみである、という判断基準が提示された〈注22〉。

なお、事案としては、選考基準に追加された付録の選考基準が選手に提示されたこともなければ、選手の関与のもとに作成されたことも認められず、追加された選考基準が無効だとして、ECの代表選手選考決定が取り消されている。また、取り消し後なされたECの選考決定からさらに漏れたDax Adam選手がSDRCCにさらに不服申立てを行った事案（SDRCC 04-0018）についても、選考基準どおりに選考されていないことが認められ、選考決定が取り消されている。

②SDRCC 06-0044, Béchard v. Canadian Amateur Boxing Association(CABA)

本件は、2006年女子ボクシング世界選手権代表選手選考について、申立人が、選手選考が選考基準どおりに行われていないこと、偏見に満ちたものであることを理由に、CABAの決定に対して不服申立てを行った事案である。

SDRCC仲裁パネルの判断の中で、スポーツ団体の選考パネルは、さまざまな可能性の中から選手を選考する特別な知見を有すると推測されること、選考

パネルの決定を法的に審査するとき、SDRCC 仲裁パネルは、選考パネルに対して敬意を表すべきであり、SDRCC 仲裁パネルが自動的に選考パネルの決定を取り替える権限を有するものではないこと、が示された〈注23〉。

なお、事案としては、申立人の主張を裏付ける証拠が認められなかったため、CABA の選考決定は取り消されていない。

③SDRCC 08-0074, Mayer v. Canadian Fencing Federation （CFF）

本件は、2008 年オリンピック北京大会、フェンシングパンアメリカン地区予選出場選手選考について、CFF の選考決定、上訴パネル決定に対する不服申立て事案である。

SDRCC 仲裁パネルの判断の中では、前述の仲裁パネルの権限、判断基準が示された事案①SDRCC 04-0008, Island & Adam v. Equine Canada（EC）を引用し、選考過程が不公正な方法で行われている場合、たとえば、選考基準にしたがっていない場合、あるいは選考基準を変更している場合にのみ選考決定を取り消すことができる、そして本件の選考基準の変更が手続き的公平を欠く場合、SDRCC 仲裁パネルは中央競技団体（NSO）の決定を取り替えることができる、と示されている〈注24〉。

事案としては、2006 年から 2008 年の選考基準において、期間途中の 2007 年に選考基準が変更され、当初含まれていた特定の大会が除外されていた。大会開催後の選考基準変更は禁止されており、CFF の選考基準変更決定が選考基準変更ルールに違反していることから、CFF の選考決定、上訴パネル決定を取り消したうえで、申立人の選考を命じた。

④SDRCC 12-0178, DuChene & Marchant v. Athletics Canada（AC）

本件は、2012 年オリンピックロンドン大会、マラソン代表選手選考について、当初から選考最低基準に満たなかった申立人らが求めた AC の再考による選考決定、AC 上訴パネルの決定に対する不服申立て事案である。

本件では、SDRCC 仲裁パネルの役割は、SDRCC 08-0080, Hank v. Athletics Canada（AC）を引用しながら、スポーツ団体の選考パネルの専門性や特別な知見に対する敬意を払い、そのような選考パネルが行った決定を取り替

えること、加えて、違う選考基準をつくることも SDRCC 仲裁パネルの機能で
はなく、あくまで判断基準は法的合理性にすぎないこと、が示された〈注25〉。

　結論としては、AC の選考決定に偏見や手続き的問題はなかったと判断され、
AC の選考決定は取り消されていない。

⑤SDRCC 13-0199, Beaulieu v. Speed Skating Canada (SSC)

　本件は、2013 年ショートトラック代表チーム選手選考について、ショート
トラックハイパフォーマンスセンター（HPCST）が申立人を選考しなかった
決定、申立人に申立て権限がないとして却下した SSC 内部パネル決定に対す
る不服申立て事案である。

　SDRCC 仲裁パネルの権限について、SDRCC への不服申立ての根拠理由は
原則として、選考の妥当性にはなく、あくまで選考基準が公平かつ正確に適用
されているかであること、SDRCC 仲裁パネルは選考基準の適用が公平かつ正
確でない場合にのみ、選考決定に介入すべきであること、を示されている
〈注26〉。

　事案としては、HPCST 決定について、選考メンバーに利益相反があること
や選考基準に申立人を選考できる例外的余地があることなどを理由に取り消さ
れている。また、SSC 内部パネル決定についても、そもそもの内部パネル決
定判断に規程の解釈、事実認定に問題があるとして取り消されている。

⑥SDRCC 16-0298, Christ v. Speed Skating Canada（SSC）

　本件は、2016 年 SSC のショートトラックハイパフォーマンス委員会
（HPCST）が行った国内強化チームへの代表選手選考決定に対する不服申立て
事案である。

　SDRCC 仲裁パネルは、まず、「SDRCC 仲裁規則」第6.7条において代表
選手選考に関する立証責任が NSO に課されている規定を確認した〈注27〉。そ
のうえで、SDRCC 仲裁パネルが行うべき判断基準としての法的合理性につい
て、SDRCC 15-0255, Larue v. Bowls Canada Boulingrin や SDRCC
15-0265, Richer v. The Canadian Cerebral Palsy Sports Association を参
照し、①明確な誤りをなくすこと、②選考基準の修正禁止、③SDRCC 仲裁パ
ネルの権限はあくまで選考基準どおりに決定されているかだけに留意すること

や、客観的な基準や試合結果などで決定できない、パフォーマンス基準やチームづくりなどの判断要素については、原則的には、誤りや偏見はなく、専門性と経験をもってなされているととらえるべきことを指摘した〈注28〉。

そのうえで、SDRCC 仲裁パネルの権限は、確かに「SDRCC 仲裁規則」第6.17条では完全な権限が規定されているものの、SDRCC 11-0145, Blais-Dufour v. Speed Skating Canada や後述の選手選考が取り消された事案④SDRCC 13-0209, Bastille v. Speed Skating Canada を参照し、代表選手選考事案ではみずからの代表選手選考決定に関する判断を押しつけてはならないこと、中央競技団体（NSO）やその内部パネルの専門性を尊重し、その選考基準に従っている限りは、SDRCC 仲裁パネルは介入すべきではないことを確認した〈注29〉。

ただ、選考基準では、長期間表彰台をねらえるパフォーマンス、過去の国際大会でのパフォーマンス、国内大会でのパフォーマンスという3つの基準について、HPCST が長期間表彰台をねらえるパフォーマンスという要素に重きを置くことは明記されておらず、むしろ3つの基準を公平に考慮すべきであること、国際大会でのパフォーマンスや申立人がより上位である国内ランキングをそのまま適用すれば、申立人が選ばれるべきであったことを指摘し、HPCST の決定が取り消されている。加えて、申立人を国内強化チームに選考すべきとの判断も下されている。

⑦SDRCC 17-0321, Cross Country Canada（CCC）v. Moncion-Groulx

本件は、2017年国際スキー連盟（FIS）クロスカントリー世界選手権ファイナルの代表選手選考について、CCC が行った選考決定を取り消した CCC 内部パネル決定について、CCC が SDRCC に不服を申し立てた事案である。

SDRCC 仲裁パネルは、SDRCC 12-0191/92, Mehmedovic et al. v. Judo Canada や SDRCC 13-0214, Beaulieu v. Gardner を引用し、SDRCC 仲裁パネルの権限を従前のとおり、スポーツ団体の専門性と経験を尊重し、その仲裁判断基準は法的合理性であること、選考基準自体の策定や評価は原則的に範囲外であること、例外となる取消し事由は、信義違反、権限外、法令その他選考基準違反、偏見、明確性を欠く恣意的な判断であることを確認した〈注30〉。

そして、本件では、選考基準において選考対象期間に含まれない大会の取り

扱いが問題になった。ただ、選考大会の選択を含めて、CCC の選考決定が選考基準を適切に適用したものであり、取り消すべき例外事由にも当たらないとして、CCC 内部パネル決定を覆し、CCC の選考決定が是認されている。

3. 選考決定が取り消されなかった事案

　SDRCC の代表選手選考事案全 93 件のうち、65 件の事案は、スポーツ団体の代表選手選考決定が取り消されていない。

　「SDRCC 仲裁規則」上、NSO の決定を取り替える権限まで付与されている SDRCC 仲裁パネルではあるものの、これらの事案で代表選手選考決定が取り消されない理由は、このような事案の詳細をみていく必要があろう。以下、紹介する。

①SDRCC 04-0016, Gagnon v. Racquetball Canada（RC）

　本件は、2004 年ラケットボール世界選手権代表選手選考について、RC 選考委員会により申立人が選考決定された。ただ、これにより選考されなかった関係当事者からの不服申立てがあり、RC 内部パネルにより選考決定が取り消されたため、逆に申立人が SDRCC に不服を申し立てた事案である。

　選考基準においては、ヘッドコーチに最終的な権限があることが明記されており、シングルス、ダブルス両方の選考資格を持った選手は、ヘッドコーチが正式に発表するまでは、自動的にシングルスとして選ばれるとの規程があった。ただ、実際の選考決定において、シングルス、ダブルス両方の資格を得た選手はヘッドコーチの裁量でダブルスとして選考され、シングルスで次順位であった申立人が選考されていた。

　SDRCC 仲裁パネルの判断においては、確かにヘッドコーチの選考は一般的な選考ではなかったものの、二重の資格を持つ選手に対する選考の裁量の範囲内であったことから選考基準どおりの選考であったことが認められている。また、関係当事者からの偏見が含まれていた、という主張に対しては、当該主張に対する詳細な証拠による実証を要求し、これが認められないと判断されている。その他、RC 内部パネル決定の手続き的問題も指摘され、RC 内部パネル決定が取り消されたため、RC 選考委員会の決定どおり、申立人が選考された。

②SDRCC 07-0059, Rowland v. Equine Canada(EC)

本件は、2007年パンアメリカンゲームス、馬術代表選手選考について、選考されなかった申立人が不服を申し立てた事案である。

2006年の段階では、申立人および申立人の馬は、2007年パンアメリカンゲームスの選考資格を満たしていたものの、2007年の別の大会時に、申立人の馬の健康状態に疑義が示された。その後、2人の獣医からチェックを受けた結果、問題の状況が今後改善の見込みがないと診断されたため、選考決定されなかった。

SDRCC仲裁パネルの判断において、選手と馬のコンビネーションに対する評価は、選考権者の主観的評価にゆだねられる性質を有するものであり、明らかな誤り、不作為、公平や思慮深さが失われているという証拠がない限り、スポーツ団体の選考パネルの決定を取り消すことはできない、との判断基準が示された〈注31〉。

そして、ECが、健康状態という主観的評価について、十分に客観的な証拠を提出していることから、選考パネルの決定は取り消されなかった。

代表選手選考の選考基準においては、主観的評価が含まれることは多々あるが、その決定過程においては客観性が求められるということだろう。

③SDRCC 12-0182, Veloce v. Cycling Canada Cyclisme (CCC)

本件は、2012年オリンピックロンドン大会、男子ケイリン代表選手選考に関して、CCC選考委員会で選考された申立人による、当該選考を覆したCCC上訴パネル決定に対する不服申立て事案である。本件では、選考基準に明記されていないタイムトライアルが実施され、申立人の選考決定がなされていた。ただ、CCC上訴パネルはこのタイムトライアルの実施を問題視し、CCC選考委員会の決定を取り消していた。

SDRCC仲裁パネルの判断においては、選考基準の解釈およびその適用が問題となった〈注32〉。タイムトライアルは確かに選考基準に明記されていなかったものの、追加する選考を行う場合に選考委員会の裁量で決定できると記載された基準の存在が認定された。そして、関係当事者に通知されて行われたタイムトライアルを開催し、代表を選考する決定は、この選考基準にもとづく選考委員会に権限が与えられた裁量の合理的な行使であり、選考基準の修正にはな

らないことや、タイムトライアルは選考決定の材料にすぎないこと、が指摘され、CCC 上訴パネルの決定が取り消されている。

④SDRCC 13-0200, Milovitch v. Canadian Amateur Wrestling Association(CAWA)

　本件は、2013年夏季ユニバーシアード大会、レスリング 59 kg 級代表選手選考について選考決定された申立人が、選考されなかった関係当事者から申し立てられた CAWA 内部パネル決定により取り消されたため、SDRCC に不服を申し立てた事案である。

　SDRCC 仲裁パネルの判断において、選考基準に定められた適切な選考規定が存在する場合、選考パネルも内部パネルもこれにしたがう必要があること、SDRCC 仲裁パネル自身の権限は NSO の選考基準が合法で、それにしたがっているかを確認することであり、もっとも結果が出せる選手を選択することではないこと、が示された〈注33〉。そのうえで、選考基準に明確に記載された資格証明を出していなかった関係当事者の選考を認めた CAWA 内部パネルの選考規程違反が認定され、この内部パネル決定が取り消された。結局、もともとの選考基準にしたがった選考決定どおりに申立人が選考されている。

⑤SDRCC 14-0217, Ammar v. Cross Country Canada(CCC)

　本件は、2014年冬季オリンピックソチ大会、クロスカントリー代表選手選考について、国際スキー連盟（FIS）から追加で増枠されたにもかかわらず、選考されなかった申立人からの、CCC 選考パネル決定、CCC 内部パネル決定に対する不服申立て事案である。

　SDRCC 仲裁パネルの判断において、SDRCC 仲裁パネルの権限は、選手が適切か否かではないことが指摘されているものの〈注34〉、「SDRCC 仲裁規則」第6.17条において中央競技団体（NSO）の決定を取り替える権限まで認められていることが強調された〈注35〉。

　そのうえで、申立人の成績からすると、選考された選手との違いがないことやチームケミストリーなどの問題もないこと、派遣予算はオリンピック委員会の負担となるので CCC の負担とならないことや、FIS からの増枠を選手のために使用すべきこと、CCC 選考パネルの権限は、FIS から指定されているメ

ンバー枠を超えて選考してはならないことだけであること、などの理由が指摘され、CCC に対する派遣枠増と申立人の追加選考が命じられた。

　なお、当初の CCC 選考決定において選考された選手は、そのまま代表に選考されているため、取り消されてはいない。当初の選手に関する選考自体については、特段問題がなかった、ということであろう。

　SDRCC 仲裁パネルが「SDRCC 仲裁規則」第 6.17 条における NSO の決定を取り替える権限を強調し、CCC に派遣枠増まで命じる珍しいケースである。

4. 選考決定が取り消された事案

　SDRCC の代表選手選考事案は、93 件のうち 28 件がスポーツ団体の選考決定の取り消し事案である。結論的に取り消されるのは、スポーツガバナンスの視点からの公平・透明性に問題があったということであるが、具体的にどのような問題があったのか。

　そこで、SDRCC の代表選手選考仲裁における法的審査の範囲と限界を解説するうえで、それぞれの事案における取消し事由を紹介する。

①SDRCC 04-0007, Zeilstra v. Softball Canada および SDRCC 04-0015, Wilton v. Softball Canada(SC)

　本件は、2004 年オリンピックアテネ大会、ソフトボール代表選手選考について、控えメンバーとして選考された申立人による不服申立て事案である。

　ソフトボールはチームスポーツであり、選考基準では、チームケミストリーや団結の重要性などの主観的評価、選考権者の裁量も認められていたものの、ヘッドコーチが選考可能性のある選手らが所属する大学のヘッドコーチだったため、利益相反の視点から、代表選手選考委員会（NTC）がレビューを行うとされていた。

　ただ、実際の選手選考において、ヘッドコーチは他のコーチとともに適切な選考を行っていたものの、NTC のメンバーは一部の 2 人だけがレビューしていたにすぎず、選手代表は一切 NTC の会議に参加していなかった。したがって、SDRCC 仲裁パネルは、NTC のレビューが適切に機能していなかった点について、選考基準にしたがっていないことを認定し、選考決定が取り消された。

　この仲裁判断において、代表選手選考における主観的評価について特段問題

がある旨の指摘はなく、チームスポーツではチームケミストリーや団結の重要性など代表選手選考における主観的評価も含めて判断する必要があるため、ヘッドコーチなどの選考権者の裁量が発生することは必ずしも不適切ではないと考えられているといえるだろう。

　一方で、ヘッドコーチの裁量行使の際の法的合理性を損ねる理由、たとえば利益相反などが発生する場合に、その法的合理性を手続きとして担保する第三者によるレビューを重視した結果になっている。

②SDRCC 07-0061, Movshovich v. Shooting Federation of Canada（SFC）

　本件は、2007年パンアメリカンゲームス、50mピストル射撃代表選手選考について、本来、選考基準の期間外の大会成績にもとづき、候補リストから申立人を外してしまったにもかかわらず、SFCが直前のワールドカップで上位であった申立人を選考決定した。その後、当該決定で影響を受ける関係当事者がSFCに不服申立てをし、申立人の代表選手選考が取り消されたため、申立人がさらに不服を申し立てた事案である。

　この事案では、代表選手選考の法的合理性について、その立証責任を負っていたNSOが、みずから行った代表選手選考決定が選考基準にしたがっていなかったことを認め、その立証を放棄したことから、SFCの選考決定が取り消されている。そして、選考基準どおりであれば申立人が選考されるべきであったため、SDRCC仲裁パネルにおいて、申立人を選考することが命じられている。

③SDRCC 13-0205, Kazemi v. Taekwondo Canada（TC）

　本件は、2013年テコンドー世界選手権、プムセ代表選手選考について、TCの選考決定によって選考されなかった申立人の不服申立て事案である。

　この事案において、TCが定める選考基準では、選考対象大会結果にもとづくポイント加算で選考決定を行うこととされており、カナダオープンは銅メダル8ポイントとされていた。ただ、3位と4位がともに銅メダル換算される内容となっていた。

　SDRCC仲裁パネルの判断においては、まず、「SDRCC仲裁規則」第6.7条によってNSOであるTCに、選考基準が適切に策定されたかを立証する責任があることが指摘された〈注36〉。

そして、明らかに点数によって差がつくプムセという種目にもかかわらず、3位と4位に同じポイントを与える選考基準そのものが適切に策定されていなかったと認定され、TCの選考決定が取り消された。そして、選考決定におけるポイント付与の基準については、種目特性や他の選考基準における3位と4位の違いなど、客観的な証拠にもとづき認定し、加算したポイントにもとづき申立人本人の選考が命じられている。

④SDRCC 13-0209, Bastille v. Speed Skating Canada (SSC)

本件は、2014年冬季オリンピックソチ大会、ショートトラック代表選手選考について、SSC選考委員会によって選考されなかった申立人が、SSC内部パネルに不服申立てをしたものの棄却されたため、SDRCCに不服を申し立てた事案である。

SDRCC仲裁パネルの判断において、選手が申し立てた代表選手選考事案では、選考決定の法的合理性をまずNSOが立証する責任を負うと指摘された〈注37〉。

そして、SSC選考委員会が選考基準に正確かつ公平に適用したかという論点について、SSCが選考基準における過去12か月という選考対象期間以前を考慮するため、過去12か月では十分でない事情について立証できていないことや、選考期間外の特定の大会の結果のみを選択する根拠について立証できていないことを理由として、SSCの決定、SSC内部パネルの決定が取り消されている。

ただ、このうえでSDRCC仲裁パネルは、SSC選考委員会に本件を差し戻した。そして、選考決定にあたって、①選考期間として過去12か月にわたる大会を対象とすることで十分か、②そうでないのであればその理由、③選考期間外の大会を選択した内容について、検討することを求めた。

選考基準にあいまいな点が残っていたという課題もあり、「SDRCC仲裁規則」上の立証責任の視点から選考決定が取り消されているものの、選考決定におけるスポーツ団体の専門性と経験を尊重し、あえてスポーツ団体の選考決定にゆだねている事案と考えられる。

⑤SDRCC 14-0237, Jarvis v. Canadian Amateur Wrestling Association（CAWA）

　本件は、2014年レスリング世界選手権代表選手選考について、カナダ選手権で優勝し、選考資格を有していた申立人に対して、ケガをした他の選手への救済措置ルールを事後的に策定したCAWA会長決定、CAWA役員会決定双方に関する不服申立て事案である。

　SDRCC仲裁パネルの判断において、SDRCC仲裁パネルの権限については、選手の能力を評価することではなく、選手選考が基準どおりに実施され、自然的正義が実現されているかを証明する証拠を審査することであると指摘された〈注38〉。

　そのうえで、事後的なルール策定について、対象大会後の遡及適用が申立人や他の選手にとってもきわめて不公平であること、選考基準にある例外的な救済措置を策定する場合の明確な証拠がないことなどを理由に、CAWA会長決定、CAWA役員会決定双方が取り消された。

　選考基準において例外的な措置を講じる手続きを満たしていないと判断されているもので、選考手続きの厳格性を裏付けている。

⑥SDRCC 15-0264, Jensen v. Water Polo Canada（WPC）

　本件は、2015年ユニバーシアード大会、水球女子代表選手選考について、選考されなかった申立人からの不服申立て事案である。

　SDRCC仲裁パネルの判断では、まず、「SDRCC仲裁規則」第6.7条にもとづき、WPCに選考基準どおりに選考を行ったかについて立証責任があり、WPCが立証責任を尽くした場合に、申立人に選考基準によって選手が選考されるべきであることを立証する責任を負うこと、立証責任の程度は証拠の蓋然性であることが指摘された〈注39〉。

　そして、選考基準に記載されていた評価要素について、カナダやアメリカ合衆国の大学で行われた試合など複数の評価要素が考慮されていなかったことや、評価はされていても、評価の機会の回数の違いや特定の選手に特別な評価機会を与えていたことをふまえ、WPCの選考決定が選考基準に違反していたと認定し、WPCの選考決定が取り消された。ただし、WPC選考決定で選ばれた者も、申立人も、選考することが命じられている。

⑦SDRCC 18-0344, Dutton v. Speed Skating Canada (SSC)

　本件は、2018年冬季オリンピック平昌大会、スピードスケート500メートル代表選手選考について、選考資格がなかった申立人からの不服申立て事案である。

　ロシアの国家的ドーピング問題によるロシアオリンピック委員会（ROC）資格停止に関する事案である。というのも、国際スケート連盟（ISU）のルールでは、当該大会の出場資格は、ISUランキング16位以内という条件が必要であり、申立人は、トップ16人を決めるレースで18位だった。その後、国際オリンピック委員会（IOC）から、ROCの資格停止が発表され、ISUランキング16位以内の2名のロシア人選手が出場できなくなったにもかかわらず、SSCがこの出場資格に関して問題を見出さなかったため、申立人は、出場資格の変更を求めて申し立てた。

　仲裁人は、みずからの権限としてSSCに対して、選考基準を変更させる権限はないと指摘したうえで、SSCのフェアプレイポリシーによってSSCが選考基準を変更する必要があったのか、SSCが申立人に対し手続きとして不公平な対応をとったのかを論点とした〈注40〉。

　そして、仲裁人もSSCもISUランキングを変更する権限を有しないことを確認したうえで、SSCのフェアプレイポリシーの考え方からすれば、SSCに少なくともROCの資格停止発表後、新しい情報を熟考する責任はあったこと、SSCがみずからの基準や出場禁止になったロシア人選手2名の取り扱いを検討する能力はあったこと、申立人にどのような検討、対応をしたのか説明する責任があったと指摘した〈注41〉。

　しかしながら、SSCが十分な検討を行わなかったことや、申立人に対する説明が不十分であったことを認定し、SSCが申立人に対し手続きとして不公平な対応を取ったと結論づけた〈注42〉。また、仲裁人に申立人が選考資格を有するかを判断する権限がないことをふまえて、SSCに本件を差し戻した。

第4節 代表選手選考仲裁における 法的審査の範囲と限界

　以上をふまえ、スポーツ団体が実施する代表選手選考における専門性・自律性と公平・透明性というスポーツガバナンスとのバランスの視点から、SDRCC の代表選手選考仲裁における法的審査の範囲と限界について、その特徴を解説する。

1. SDRCC 仲裁パネルの審査対象、権限、判断基準、立証責任

SDRCC 仲裁パネルの審査対象

　SDRCC 仲裁パネルの審査対象としては、「SDRCC 仲裁規則」第 1 条（mm）項（ⅰ）号において「選手選考」（team selection）が明記されている。その具体的な詳細は明記されていないため、選手選考に関する紛争一般が含まれるとも考えられるが、SDRCC で取り扱われた代表選手選考事案を検討すると、ほとんどの事案が NSO の決定に対する不服申立て事案であり、SDRCC における代表選手選考事案は、行政訴訟型のスポーツ仲裁事案であるといってよいだろう。

　これは、代表選手選考基準がスポーツ団体と選手の有効な法的合意ととらえていることの影響もあると思われる。すなわち、有効な法的合意の場合、当事者にとって争いのないものとして SDRCC 仲裁パネルによる審査対象とならない。また、SDRCC 仲裁パネルの審査対象としないのは、代表選手選考基準が当事者であるスポーツ団体と選手双方の意思が反映されたものとして、代表選手選考における専門性・自律性を尊重しているともいえよう。

SDRCC 仲裁パネルの権限——スポーツ団体の専門性と自律性の尊重

　「SDRCC 仲裁規則」第 6.17 条（a）項において、SDRCC 仲裁パネルは、（ⅰ）判断対象となった NSO の決定を取り替えたり、（ⅱ）SDRCC 仲裁パネルが公平公正と考える措置や救済方法をとることが可能であると定められている。また、同第 6.17 条（b）項では、（ⅰ）NSO が内部不服申立て手続きを実施しない、あるいは弁明の機会なしに不服申立ての権利を否定する

場合や、（ⅱ）対象紛争が緊急な場合で、NSO の内部不服申立て手続きが不服申立て規則に従っていない、あるいは自然的正義に反すると SDRCC 仲裁パネルが決定する場合に、新たに最初から手続きを実施する権限を有することとも定められている。そのため SDRCC 仲裁パネルには広範な判断裁量が認められそうではあるが、SDRCC のこれまでの仲裁事案を検討すると、当初から SDRCC 仲裁パネルの権限については慎重な仲裁判断が蓄積されてきている。

　前述の仲裁パネルの権限、判断基準が示された事案では、以下のように指摘されている。

- 同事案②SDRCC 06-0044, Béchard v. Canadian Amateur Boxing Association （CABA）においては、SDRCC 仲裁パネルは、スポーツ団体の選考パネルに対して敬意を表すべきであり、SDRCC 仲裁パネルが自動的に選考パネルの決定を取り替える権限を有するものではない

- 同事案④SDRCC 12-0178, DuChene & Marchant v. Athletics Canada （AC）においては、SDRCC 仲裁パネルの役割は、スポーツ団体の選考パネルの専門性や特別な知見に対する敬意を払い、そのような選考パネルが行った決定を取り替えること。加えて、違う選考基準をつくることも SDRCC 仲裁パネルの機能ではなく、あくまで判断基準は法的合理性にすぎない

- 同事案⑤SDRCC 13-0199, Beaulieu v. Speed Skating Canada （SSC）においては、SDRCC 仲裁パネルの権限について、SDRCC への不服申立ての根拠理由は原則として、選考の妥当性にはなく、あくまで選考基準が公平かつ正確に適用されているかであること、SDRCC 仲裁パネルは選考基準の適用が公平かつ正確でない場合にのみ、選考決定に介入すべきである

- 同事案⑥SDRCC 16-0298, Christ v. Speed Skating Canada （SSC）では、SDRCC 仲裁パネルの権限は、確かに「SDRCC 仲裁規則」第 6.17 条では完全な権限が規定されているものの、代表選手選考事案ではみずからの代表選手選考決定に関する判断を押しつけてはならず、NSO やその内部パネルの専門性を尊重し、その選考基準にしたがっている限りは、SDRCC 仲裁パネルは介入すべきではない

- 同事案⑦SDRCC 17-0321, Cross Country Canada （CCC） v. Moncion-

Groulx においては、その仲裁権限は法的合理性であり、選考基準自体の策定や評価は原則的に範囲外である

確かに「SDRCC 仲裁規則」では SDRCC 仲裁パネルにきわめて広範な権限を認めているものの、スポーツ団体が実施する代表選手選考における専門性、経験の視点から、とくに、選考決定の妥当性、選考基準自体の策定や評価については、原則として、スポーツ仲裁による法的審査を及ぼさないことが示されている。このような代表選手選考における専門性や経験への尊重については、JSAA の事案でも指摘されてきているところであり、代表選手選考の妥当性については、スポーツ団体の専門性が尊重され、スポーツ仲裁による法的審査は及ぼさない、という共通項が見出せる。

ただし、SDRCC 仲裁パネルの権限として数少ない事案ではあるが、スポーツ団体が策定する選考基準自体の問題に踏み込んだ事案も存在する。前述の選考決定が取り消された事案③SDRCC 13-0205, Kazemi v. Taekwondo Canada（TC）では、プムセと呼ばれる客観的な数字によって優劣がつけられ、選考対象大会での結果のポイント加算で選考決定を行う種目であったためと思われるが、選考基準自体が明らかに不公平な内容であったため、スポーツ仲裁による法的審査の対象となっている。そのほかにも、選考基準が選考対象者の地理的視点から明らかに不公平な事案で選考決定が取り消されたケース〈注43〉も存在する。

前述のとおり、スポーツ団体の専門性、経験の視点から、スポーツ仲裁による法的審査を及ぼさないのが原則であるが、このように選考基準自体について客観的に明らかに不公平な内容がある場合は、公平・透明性の視点からスポーツ仲裁による法的審査の対象になることが示されている。

一方で、SDRCC 仲裁パネルの権限が仲裁規則上広範に定められていることから、広い法的審査を及ぼしたと思われる事案もある。

SDRCC 仲裁パネルの権限については、これまで事案の積み重ねはあるものの、前述の仲裁パネルの権限、判断基準が示された事案をみればわかるように、一定の基準で統一されているわけではない。一定の基準で統一されているわけではないとなると、代表選手選考決定に対してどのような権限で法的審査を行うかは、各事案で選任された SDRCC 仲裁パネルの選択次第とな

る。

　それぞれの SDRCC 仲裁パネルにおいては、基本的には従前の事案の仲裁パネルの権限を踏襲する傾向はあると考えられるものの、選考決定が取り消されなかった事案⑤SDRCC 14-0217, Ammar v. Cross Country Canada（CCC）などでは、「SDRCC 仲裁規則」第 6. 17 条に定められた広範な裁量権を行使し、追加増枠に選考されなかった選手についてスポーツ団体が行った選考を超えて、追加の選手の選考決定を行っている事案も存在した。

SDRCC 仲裁パネルの判断基準の蓄積

　代表選手選考決定に対する SDRCC 仲裁パネルの判断基準とは、STNZ のように、代表選手選考事案の取消し基準を示す規定自体は定められていない。ただ、前述の仲裁パネルの権限、判断基準が示された事案において、以下のとおり蓄積されてきている。

- 同事案①SDRCC 04-0008, Island & Adam v. Equine Canada（EC）で示された、スポーツ団体の選考決定の取消し事由として、①選考過程が不公平な方法でなされている場合、②選考が恣意的、差別的、信義にもとる場合のみである、との基準

- 同事案⑥SDRCC 16-0298, Christ v. Speed Skating Canada（SSC）で示された、法的合理性の判断は、①明確な誤りの欠如、②選考基準の修正禁止、③SDRCC 仲裁パネルの権限はあくまで選考基準どおりに決定されているかだけに留意することや、客観的な基準や試合結果などで決定できない、パフォーマンス基準やチームづくりなどの判断要素については、原則的には、誤りや偏見はなく、専門性と経験をもってなされているととらえるべきである、との基準

- 事案⑦SDRCC 17-0321, Cross Country Canada（CCC）v. Moncion-Groulx において示された、その仲裁権限は法的合理性であり、選考基準自体の策定や評価は原則的に範囲外であること、例外となる取消し事由は、信義違反、権限外、法令その他選考基準違反、偏見、明確性を欠く恣意的な判断である、との基準

　このように、同事案⑦の判断基準が今までの事案を総括したと思われる判断基準にはなっている。

　これは選考決定に対する判断基準についても、総括としては、スポーツ団

体の専門性と経験を尊重することを基本として、信義違反、権限外、法令その他選考基準違反、偏見、明確性を欠く恣意的な判断にのみ取り消しを行い、公平・透明性というスポーツガバナンスとのバランスが示されている。

選考決定に対する判断基準については、JSAA が代表選手選考事案においてほぼ確定的な判断基準が示されているほどではないものの、SDRCC の判断基準は、事案の蓄積の中で徐々に判断基準の方向性が明確になってきているとはいえるだろう。

立証責任の負担は中央競技団体

「SDRCC 仲裁規則」第6.7条においては、代表選手選考事案において、選手が申立人として手続きに関与した場合、選考基準が適切に策定されたことや、対象となる代表選手選考決定がそのような選考基準にもとづいて実施されていることの立証責任は相手方、すなわち代表選手選考決定を実施した中央競技団体（NSO）に課されると規定されている。

当初は、もっと簡易な規定であったようであるが、このような立証責任を明確化したことにより、前述の選考決定が取り消された事案②SDRCC 07-0061, Movshovich v. Shooting Federation of Canada（SFC）、④SDRCC 13-0209, Bastille v. Speed Skating Canada（SSC）、仲裁パネルの権限、判断基準が示された事案⑥SDRCC 16-0298, Christ v. Speed Skating Canada（SSC）など、NSO がその決定の法的合理性を立証できず、取り消しになる事案も生まれている。

これは、代表選手選考決定があくまでスポーツ団体がみずから定めた選考基準にもとづいて行われるものであるため、その選考基準自体に大きな重みをもたせるものであろう。スポーツ団体が実施する代表選手選考における専門性を尊重するものである一方、そのスポーツ団体が選考基準を適切に策定したことや、対象となる代表選手選考決定がそのような選考基準にもとづきなされていることを立証できなかった場合、代表選手選考決定が取り消されるという意味では、スポーツ仲裁による法的審査が広く及んでいるととらえることができる。

スポーツ団体としては、申し立てられた場合の立証責任の負担に備え、選考基準を適切に策定することやその基準どおりの選考決定を行ったことの証拠を残すことに注力しなければならない。つまり、SDRCC の代表選手選考

仲裁においては、スポーツ団体が実施する代表選手選考における専門性と公平・透明性というスポーツガバナンスとの利益衡量を行いながらも、代表選手選考決定に関する紛争を予防する設計となっているといえる。

　一方で、代表選手選考決定の取消し事由として示されている、偏見が含まれる選考決定、明確性を欠く恣意的な選考決定などについての立証は、申立人である選手が負わなければならない。また、前述の選考決定が取り消されなかった事案①SDRCC 04-0016, Gagnon v. Racquetball Canada（RC）で指摘されているとおり、この偏見が含まれる選考決定にあたっては、申立人の認識だけでなく、客観的な証拠まで求められている。
　これは、スポーツ団体が実施する代表選手選考における専門性から、SDRCC仲裁パネルが、選考基準の策定や選考基準にもとづく選考決定については、スポーツ団体に対して一定の信頼、尊重をおいている、ということであろう。少なくとも代表選手選考決定をめぐる問題に関して、まずは選考基準が適切に策定されたか、選考基準にもとづいて選考決定がなされているかが論点となる。そのうえで、これをクリアしている場合には、なおさらスポーツ団体に対して信頼、尊重が置かれ、立証責任が転換されている。

　JSAAの代表選手選考事案においては、立証責任の帰属が明確になっておらず、日本の中央競技団体が代表選手選考仲裁において何を立証しなければならないのかが不明確である。この点、カナダのSDRCCの代表選手選考事案と比較すれば、日本の中央競技団体が行う代表選手選考決定の法的精度を高めることにつながっていないことの一因となっているといえるだろう。

2. SDRCC仲裁パネルによる法的審査の程度

選考基準に準拠することの厳格性

　SDRCC代表選手選考事案において、代表選手選考決定の取消し事由について解説を進めると、まず、全般として、NSOが設定した代表選手選考基準を厳格に適用している。JSAAでは仮に選考基準違反があっても、その取消し事由を限定し、NSOの代表選手選考決定を維持する点や、ニュージーランドのSTNZでは手続き規程違反の事案について結論の変更可能性がな

い場合や代表選手選考そのものの妥当性が問題にならない限り中央競技団体の代表選手選考決定を取り消していない点と大きく異なっている。

たとえば、選考決定が取り消された事案①SDRCC 04-0007, Zeilstra v. Softball Canada および SDRCC 04-0015, Wilton v. Softball Canada (SC) においては、ソフトボールというチームスポーツの代表選手選考において、選考権者である監督の利益相反を防止するために選考基準に定められていた代表選手選考委員会（NTC）のレビューが適切に機能していなかったことから、選考基準に従っていないことが認定され、選考決定が取り消された。

そのほかにも、同事案②SDRCC 07-0061, Movshovich v. Shooting Federation of Canada (SFC)、同事案④SDRCC 13-0209, Bastille v. Speed Skating Canada (SSC)、同事案⑤SDRCC 14-0237, Jarvis v. Canadian Amateur Wrestling Association (CAWA)、同事案⑥SDRCC 15-0264, Jensen v. Water Polo Canada (WPC) などでも、選考基準を厳格に適用することがつづいている。

これらの事案を見るに、SDRCC 仲裁パネルがやはり選考決定の妥当性よりも、NSO がみずから定める選考基準の遵守に大きく重点を置いているといえるだろう。

JSAA においては、そもそも代表選手選考基準が存在しない場合であっても、結果としての代表選手選考決定が合理的であれば取り消されていない事案もあるため、選考基準の意義やこれを遵守するという意義に関して大きな違いがある。

客観的評価における取消し事由

SDRCC 仲裁パネルによる法的審査では、スポーツ団体が行う代表選手選考に関する基準策定や評価について、前述のとおり妥当性の審査には踏み込まないが、取消し事由がまったく認められていないわけではない。

たとえば、選考決定が取り消された事案⑥SDRCC 15-0264, Jensen v. Water Polo Canada (WPC) においては、まず、選考基準に記載されていた評価要素の一部について評価していなかったことや、実際の評価にあたっての評価機会の不公平についても取消し事由として指摘されている。

これはすなわち、代表選手選考に関する客観的評価について、評価方法や

評価機会の公平に関してはスポーツ仲裁による法的審査の対象となり、少なくとも評価要素の検討不足、評価機会の不公平は取消し事由になることが示されている。JSAAでは、事案の少なさもあるが、客観的評価に関してここまで取り消した事案が多くないため、客観的評価における取消し事由には大きな違いがあるといえよう。

主観的評価の取り扱い

選考決定が取り消されなかった事案②SDRCC 07-0059, Rowland v. Equine Canada（EC）において、選手と馬のコンビネーションに対する評価は、選考権者の主観的評価にゆだねられる性質を有するものであり、明らかな誤り、不作為、公平や思慮深さが失われているという証拠がない限り、スポーツ団体の選考パネルの決定を取り消すことはできない、との判断基準が示されている。

これは、代表選手選考における主観的評価については、必ずしも不適切なものではないと判断してきているということだろう。そのうえで、スポーツ団体の専門性と経験を尊重しつつ、一方で、明らかな誤り、不作為、公平や思慮深さが失われている場合に、スポーツ仲裁による法的審査を及ぼすことにしている。

もっとも、主観的評価にもとづく選考決定過程については、完全に選考パネルの裁量にゆだねているのではなく、客観性を求め、スポーツ仲裁による法的審査を及ぼすことになっている。前述の選考決定が取り消されなかった事案②においても、馬の健康状態という主観的評価に関し、複数人の獣医による診断をふまえた判断を行ったことで客観性が認められている。

手続き規程違反における取消し事由

SDRCCにおける代表選手選考仲裁において、もう1つ大きな特徴が、選考基準における手続き規程違反の取り扱いである。

たとえば、前述の選考決定が取り消された事案①SDRCC 04-0007, Zeilstra v. Softball Canada および SDRCC 04-0015, Wilton v. Softball Canada においては、ヘッドコーチによる選考決定自体は適切になされていたと指摘されている一方で、利益相反の課題があったヘッドコーチをチェックする役割があった選考委員会が適切になされていないことをもって、選考決定

が取り消されている。代表選手選考の主観的評価における法的合理性を裏付ける選考手続きに関しては、スポーツ仲裁による法的審査の対象にしている。

そのほか、仲裁パネルの権限、判断基準が示された事案③SDRCC 08-0074, Mayer v. Canadian Fencing Federation（CFF）や、選考決定が取り消された事案⑤SDRCC 14-0237, Jarvis v. Canadian Amateur Wrestling Association（CAWA）においても、選考基準に定められた手続き規程違反で取り消されている。

JSAAでは、結論に変更がない選考決定手続き規程の違反は、結論の変更可能性がないことや代表選手選考そのものの妥当性を失わせないとして、取消し事由にならないことが多いが、これと大きく異なり、SDRCCでは選考決定手続き規程の違反事案についても厳格な判断がなされている。公平・透明性というスポーツガバナンスから、適正手続きの問題を重視している点は大きな特徴といえるだろう。

また、選考決定の実体面が基準どおり行われることはもちろん、選考決定の手続き面についても基準どおり行われることを徹底させている。代表選手選考決定に関する信頼、納得を高めることで、このような紛争を予防しようとする強い表れといえよう。

第5節 本章のまとめ

第3章においては、スポーツ団体が実施する代表選手選考における専門性・自律性と公平・透明性というスポーツガバナンスとのバランスの視点から、カナダのSDRCCの代表選手選考仲裁における法的審査の範囲と限界を解説した。

SDRCC仲裁パネルの審査対象は、「SDRCC仲裁規則」第1条（mm）項（ⅰ）号において「選手選考」（team selection）に該当する代表選手選考事案のほとんどの事案がNSOの決定であり、行政訴訟型のスポーツ仲裁となっている。カナダでは、代表選手選考に関するスポーツ団体と選手の法的合意を前提とした議論が見られ、また、国家裁判所による司法審査の対象と

もなってきた。ただし、スポーツ団体が私的団体であることから、司法審査は謙抑的であった。

SDRCC仲裁パネルの権限については、「SDRCC仲裁規則」第6.17条（a）項において、SDRCC仲裁パネルは、（ⅰ）判断対象となった国内競技連盟の決定を取り替えたり、（ⅱ）SDRCC仲裁パネルが公平公正と考える措置や救済方法を取ることが可能であると定められている。

また、同第6.17条（b）項では、（ⅰ）国内競技連盟が内部不服申立て手続きを実施しない、あるいは弁明の機会なしに不服申立ての権利を否定する場合や、（ⅱ）対象紛争が緊急な場合で、国内競技連盟の内部不服申立て手続きが不服申立て規則に従っていない、あるいは自然的正義に反するとSDRCC仲裁パネルが決定する場合に、新たに最初から手続きを実施する権限を有することも定められている。

そのためSDRCC仲裁パネルには、広範な判断裁量が認められそうではあるが、実際の仲裁判断では、スポーツ団体が実施する代表選手選考における専門性、経験の視点から、とくに、選考決定の妥当性、選考基準自体の策定や評価については、原則として、スポーツ仲裁による法的審査を及ぼしていない。もっとも、選考基準自体について客観的に明らかな不公平な内容がある場合はスポーツ仲裁による法的審査の対象になることが示されている。

代表選手選考決定に対するSDRCC仲裁パネルの判断基準とは、STNZのように、代表選手選考事案の取消し事由を示す規定自体は定められていない。ただ、これまでの事案の積み重ねの結果としては、スポーツ団体の専門性と経験を尊重することを基本として、信義違反、権限外、法令その他選考基準違反、偏見、明確性を欠く恣意的な判断にのみ取り消しを行うとされ、公平・透明性というスポーツガバナンスとのバランスが示されている。

「SDRCC仲裁規則」第6.7条においては、代表選手選考事案において、選手が申立人として手続きに関与した場合、選考基準が適切に策定されたことや、対象となる代表選手選考決定がそのような選考基準にもとづいてなされていることの立証責任はNSOに課されると規定されている。これは、スポーツ団体が定めた選考基準の法的合理性を立証できなかった場合、代表選手選考決定が取り消されるという意味では、スポーツ仲裁による法的審査が広く及んでいるととらえられる。

そして、これらの権限、判断基準、立証責任の負担をふまえた実際の
SDRCC 仲裁パネルの判断としては、以下のようになっている。

- 中央競技団体（NSO）が設定した代表選手選考基準を厳格に適用している

- 代表選手選考に関する客観的評価について、評価方法や評価機会の公平に関してはスポーツ仲裁による法的審査の対象となり、少なくとも評価要素の検討不足、評価機会の不公平は取消し事由になる

- 代表選手選考における主観的評価については、明らかな誤り、不作為、公平や思慮深さが失われているという証拠がない限り、スポーツ団体の選考パネルの決定を取り消すことはできない、との判断基準を示している。スポーツ団体の専門性と経験を尊重しつつ、主観的評価にもとづく選考決定過程については、完全に選考パネルの裁量にゆだねているのではなく、客観性を求め、スポーツ仲裁による法的審査を及ぼしている

- 選考基準における選考決定手続き規程違反については、厳格に判断がなされており、公平・透明性というスポーツガバナンスから、適正な手続きを重視している

〈注〉

1　Athletics Canada, NATIONAL TEAM SELECTION-RULES BOOK, http://athletics.ca/wp-content/uploads/2016/02/National-Team-Selection-Rules-Book-Feb2016.pdf など参照。

2　「SDRCC 仲裁規則」第 1.1 条 (z) においては、"NSO" «ONS» Includes any Canadian sport organization that is: (i) a "National Sport Organization" recognized from time to time by the SDRCC; (ii) a multisport service organization receiving funding from Sport Canada, including, without limitation, the Canadian Centre for Ethics in Sport, the Canadian Olympic Committee, the Canadian Paralympic Committee, Commonwealth Games Canada, Canadian Interuniversity Sport, the Canadian Collegiate Athletic Association, and the Canada Games Council; (iii) a representational sports-related group receiving funding from Sport Canada from time to time; (iv) an umbrella sport organization, including, without limitation, the Aquatics Canada and the Canadian Ski and Snowboard Association; and (v) a Canadian Sport Centre receiving funding from Sport Canada. と定められている。

3　Government of Canada, Sport Support Program, Application Guideline-National Sports Organization https://www.canada.ca/en/canadian-heritage/services/funding/sport-support/national-organization/application-guidelines.html、2019 年 4 月 1 日アクセス。

4　McLaren, Richard H. "CANADA", Gurovits, András. *The Sports Law Review (Edition 3)*, 2018, Chapter. 4, p. 42.

5　Ibid, p. 41.

6 文部科学省「平成 22 年度諸外国におけるスポーツ振興政策についての調査研究」（カナダ）、2011 年。http://www.mext.go.jp/component/a_menu/sports/detail/__icsFiles/afieldfile/2011/08/03/1309352_014.pdf、2019 年 4 月 1 日アクセス。より近時のデータとしては、笹川スポーツ財団「諸外国のスポーツ振興施策の比較表（2017）」。http://www.ssf.or.jp/Portals/0/resources/research/report/pdf/H29_7country_f.pdf、2019 年 4 月 1 日アクセス。

7 このような見解を前提にした研究として、Findlay, Hilary A. and Mazzucco, Marcus F. "Degrees of Intervention In Sport-Specific Arbitration: Are We Moving Towards a Universal Model of Decision-making?", *Yearbook on Arbitration and Mediation*, *Pennsylvania State University Dickinson School of Law*, Vol. 2, 2010, pp. 98-143 など。

8 国家裁判所が取り扱った事案において、裁判所は、スポーツ団体という私的団体の決定に対する判断には謙抑的であり、その審査は限定的であったと指摘されている。Findlay, Hilary A., and Corbett, Rachel "The rights of athletes, coaches, and participants in sport.", Sports, fitness and the law: North American perspectives, 2000, pp. 101-119, Part. 5.

9 ADRsportRED Program における代表選手選考事案に関する研究については、Findlay, Hilary A. and Corbett, Rachel. Principles underlying the adjudication of selection disputes preceding the Salt Lake City Olympic Games: Notes for Adjudicators, *Entertainment Law*, Vol. 1, No. 1, Spring 2002, pp. 109-120.

10 Report of the Work Group to the Secretary of State (Amateur Sport), *A WIN-WIN SOLUTION: Creating a National Alternate Dispute Resolution System For Amateur Sport in Canada*, 2000, p. 4 以降。

11 カナダにおいては、1990 年代中盤から国家レベルの仲裁制度がスタートしていたものの、非公式かつ義務的ではなかった、との指摘もある。Findlay and Mazzucco, op. cit., Part. III. また、1996 年に設立されたものの、予算の削減を理由に 1 年で終了したとの指摘もある。Haslip, Susan. A Consideration of the Need for a National Dispute Resolution System for National Sport Organizations in Canada, *Marquette Sports Law Review*, Vol. 11, 2001, p. 263.

12 その他設立の経緯については、Findlay, H. Rules of a sport-specific arbitration process as an instrument of policy making, *Marquette Sports Law Review*, Vol. 16, No. 1, 2005, p. 73 以降。

13 文部科学省「平成 22 年度諸外国におけるスポーツ振興政策についての調査研究」（カナダ）、2011 年。http://www.mext.go.jp/component/a_menu/sports/detail/__icsFiles/afieldfile/2011/08/03/1309352_014.pdf、2019 年 4 月 1 日アクセス。

14 なお、「SDRCC 仲裁規則」第 6.24 条においては、SDRCC の準拠法がオンタリオ州法とされる。そして、SDRCC はオンタリオ州を管轄する仲裁法の適用下にある（McLaren, op. cit., Chapter. 4, p. 42 参照）。また、オンタリオ州の仲裁法に定められた例外事由への該当性が問題になった事案もある（SDRCC DAT 13-0002, para. 63 以降など）。

15 Pound, Richard W. Sports Arbitration: How It Works and Why It Works, *McGill Journal of Dispute Resolution*, Vol. 1, No. 2, pp. 76-85.

16 Code of Sports-related Arbitration, http://www.tas-cas.org/fileadmin/user_upload/Code_2017_FINAL__en_.pdf、2019 年 4 月 1 日アクセス。

17 'A Draft Canadian CAS (Court of Arbitration for Sport) Code'.

18 不服申立て手続きで取り扱う紛争対象、不服申立て手続きを利用するにあたっての取消し事由などがスポーツ仲裁規則上定められている（「STNZ 仲裁規則」第 41 条、第 42 条）。

19 スポーツ仲裁規則上、全件公表が義務づけられているわけではなく（「SDRCC 仲裁規則」第 6.21 条（i））、非公表の事案が存在している。

20 Findlay, op. cit., part. II.

21 付録の選考基準の詳細について、SDRCC が公表している資料では明らかになっていない。

22 SDRCC 04-0008, REASONS OF DECISION, para. 13.

23 SDRCC 06-0044, REASONS FOR ARBITRATION AWARD, p. 15.

24 SDRCC 08-0074, AWARD, para. 65.

25 SDRCC 12-0178, REASONS OF DECISION, para. 46, 47.

26 SDRCC 13-0199, DECISION, para. 71.

27 SDRCC 16-0298, REASONS FOR DECISION, para. 38, 39.

28 SDRCC 16-0298, REASONS FOR DECISION, para. 40, 41, 42.

29 SDRCC 16-0298, REASONS FOR DECISION, para. 65, 66, 67.

30 SDRCC 17-0321, REASONS FOR DECISION, para. 49-51, 53-57.

31 SDRCC 07-0059, ARBITRATION AWARD, p. 20.

32 SDRCC 12-0182, AWARD, para. 32.

33 SDRCC 13-0200, AWARD, para. 52, 53.

34 SDRCC 14-0217, ARBITRATION AWARD, para. 70.

35 SDRCC 14-0217, ARBITRATION AWARD, para. 86, 87.

36 SDRCC 13-0205, ARBITRATION AWARD, p. 14.

37 SDRCC 13-0209, REASONS FOR DECISION, para. 10.

38 SDRCC 14-0237, Award on 30th July 2014, para. 31.

39 SDRCC 15-0264, Award on 1st July 2015, p. 4.

40 SDRCC 19-0344, Award on 26st January 2018, para. 43.

41 SDRCC 19-0344, Award on 26st January 2018, para. 45, 46.

42 SDRCC 19-0344, Award on 26st January 2018, para. 47, 48.

43 SDRCC 08-0070, Meisner et al. v. Equine Canada, SDRCC 13-0196, Lim v. Canadian Weightlifting Federation など。

AAA

アメリカ仲裁協会（AAA）の代表選手選考仲裁における法的審査の範囲と限界

第1節 代表選手選考制度の概要と法的性質
——根拠法としてのオリンピック・アマチュアスポーツ法

　アメリカ合衆国の代表選手選考制度は、他国の代表選手選考制度と大きく異なる。1978年に制定されたアメリカ合衆国連邦法「Amateur Sports Act of 1978」（1998年に「Ted Stevens Olympic and Amateur Sports Act」と改称。以下「オリンピック・アマチュアスポーツ法」と略記）という法律にもとづく制度であり、このアメリカ合衆国連邦法に明記された選手の権利にもとづくものである〈注1〉という、きわめて特徴的な制度設計がなされている。

1. 代表選手選考に関するアメリカオリンピック委員会の権限と義務

　オリンピックについて、アメリカ合衆国の代表選手選考を最終的に確定するのは、アメリカオリンピック委員会（United States Olympic Committee, USOC）である〈注2〉。USOCは、オリンピック・アマチュアスポーツ法にもとづき設置された法人である〈注3〉。オリンピック・アマチュアスポーツ法には、USOCがアメリカ合衆国のアマチュアスポーツ全体を統括すること、USOCの機関、事業目的、メンバーシップ、権限の概要が定められ、USOCは同法によって運営されている。

　そして、同法においては、USOCの代表選手選考に関係する事業目的（同法第220503条）として、

- オリンピックやパラリンピック、パンアメリカンゲームスについて、アメリカ合衆国を代表して参加することに関連する事項についての独占的な権限行使をすること（同法同条（3）（A））〈注4〉
- 選手らがアマチュアスポーツ大会に参加することに関連する紛争の早期解決措置を提供すること、その他選手らがこれらの大会に参加する権利を保護すること（同法同条（8））

が規定され、USOCに代表選手選考制度やこれに関する紛争解決制度を構築することが求められている。そして、同法においては、USOCに、これ

らの事業目的を実行するための一般的な権限（同法第220505条（b））の
ほか、USOCのメンバーや選手らが関係する、オリンピックやパラリン
ピックなどの国際大会（世界選手権も含まれる）への参加に関連して発生す
る紛争解決方法を提供する権限も定められている（同法同条（c）(5)）。

　紛争解決方法については、オリンピックやパラリンピックなどの国際大会
へ参加する機会に関連する紛争の早期かつ公平な解決のために、USOCが
その基本定款等の中に規定を設けなければならない義務が定められている
（同法第220509条（a））。

　このようにアメリカ合衆国の代表選手選考制度に関しては、オリンピッ
ク・アマチュアスポーツ法という法律によって、USOCに対して独占的な
権限と義務が認められていることが大きな特徴である。Wong（2010）は、
この理由として、1978年に制定された当時のオリンピック・アマチュアス
ポーツ法が、①国際大会に出場する選手と統括する団体との関係、②これら
の団体間の関係を規律することに主眼があったことを指摘している〈注5〉。

　実際、オリンピック・アマチュアスポーツ法は、1975年に設置された大
統領諮問機関（President's Commission on Olympic Sports, PCOS）の勧
告〈注6〉を受けたものであるが、この勧告では、USOCにこのような独占的
な権限が与えられたのは、アマチュア競技連盟（Amateur Athletic Union,
AAU）と全米大学競技協会（National Collegiate Athletic Association,
NCAA）の50年にわたる確執を打破するためであった、とも指摘されてい
る。

　このような法律上独占的な権限と義務が認められるUSOCは、前述のと
おり連邦法人ではあるが、団体としての法的性質はあくまで私的団体とされ、
国の機関ともみなされていない〈注7〉。したがって、USOCが行う代表選手
選考決定の法的性質は私的団体による意思決定と理解をせざるを得ない。

　なお、スポーツに対する国家予算の拠出状況としては、1978年のオリン
ピックアマチュアスポーツ法制定当時、オリンピック委員会への国庫補助を
一部認めた時期はあったものの、アメリカ合衆国においては、基本的にス
ポーツは連邦政府から独立したものとしてとらえられている、とされる

〈注8〉。

2. 代表選手選考に関する中央競技団体(NGB)の権限と義務

　USOC に加盟するアマチュアスポーツ団体は、オリンピック・アマチュアスポーツ法上、USOC から認証を受けることで、それぞれのスポーツに関して唯一の中央競技団体（National Governing Body, NGB）であると認識される（同法第 220521 条 (a)）〈注9〉。同法における代表選手選考に関する加盟要件としては、以下のように定められている。

- USOC や USOC のアスリート委員会、NGB 委員会などに認証されたガイドラインにもとづく基準や選考手続きを定めていることを証明すること（同法第 220522 条 (a)（10））
- 選手らのアマチュアスポーツ大会に参加する機会に関する紛争について、拘束力のある仲裁手続きに同意すること（同法同条 (a)（4)（B））。この仲裁手続きは、原則として、USOC の基本定款等によって修正、提供される、アメリカ仲裁協会（American Arbitration Association, AAA）の商事仲裁規則にもとづきなされることも明記されている
- NGB の選手などのメンバーが利用できる適切かつ公平な紛争解決手続きを提供すること（同法同条 (a)（13））

　また、これらの加盟要件に加えて、USOC 基本定款においても以下のように規定されている。

- NGB の役員会か特別委員会（選手代表が少なくとも 20% 含まれなければならない）により承認され、その後、USOC によって認証された、オリンピック、パラリンピック、パンアメリカンゲームスに関する選手らを公平に選考する手続きを書面で作成し、選手らに対して適切な時期に提供すること（USOC 基本定款第 8. 7 条 (g)）〈注10〉
- オリンピック、パラリンピック、パンアメリカンゲームスに関する選手選考を、前述の認証された選考基準にもとづいて実施すること（USOC 基本定款第 8. 7 条 (h)）
- これらにもとづいて選考された選手らを USOC に推薦すること

そして、NGBの権限として、同法においては、以下のように認められている。

● オリンピックやパラリンピック、パンアメリカンゲームスにおいて、アメリカ合衆国を代表する選手やチームを選考し、USOCに推薦する権限（同法第220523条（a）（6））

● これらの大会を除く国際的なアマチュアスポーツ大会について、国際スポーツ連盟が定めるルールに従い、アメリカ合衆国を代表する選手やチームを選考する権限（同法第220523条（a）（7））

なお、NGBには、同法上、選手選考基準などの情報提供を行うこと、可能な限り選手の意向を反映すること（同法第220524条（3））、選手らに適切な時期に、NGB, USOCその他国際スポーツ連盟などの適用されるルールやその変更について提供すること（同法同条（4））が義務づけられている。

そして、NGBもこのような法律上の権限と義務を認められる団体ではあるものの、団体としての法的性質はあくまで私的団体とされ、国の機関ともみなされていない〈注11〉。したがって、NGBが行う代表選手選考決定の法的性質も私的団体による意思決定と理解をせざるを得ない。

3. アメリカ合衆国の代表選手選考制度の特徴
──代表選手選考に関する選手の権利

アメリカ合衆国の代表選手選考がさらに特徴的なのは、このような法律上認められるUSOCやNGBの権限と義務の前提の問題として、代表選手選考に関する選手の権利についても法律上明確に規定している、という点だろう〈注12〉。

オリンピック・アマチュアスポーツ法第220503条（8）では「opportunity … to participate in amateur athletic competition」と言及されており、USOC基本定款第9条には、「ATHLETES' RIGHTS」という題目がつけられている。そして、同第9.1条では、すべてのNGBは、選手らのオリンピックやパラリンピック、パンアメリカンゲームスなどの国際大会、そのための選考会への出場機会を否定または脅かすことが禁止されている。そして、USOCは、選手がアメリカ合衆国を代表する選手として選考、あるいはそ

の資格を得るために選考された場合、あらゆる合理的な手段を用いてその出場機会を守らなければならないことも定められている。

　この出場機会の保障という権利が生まれる経緯は、前述の大統領諮問機関PCOSの勧告書に記載されている。

　当時主にアマチュア競技連盟（AAU）と全米大学競技協会（NCAA）の団体間衝突の問題によって、国際大会で上位のワールドクラスの代表選手であっても、学校スポーツ団体の大会へ出場を認められない問題や、ライバル団体の支援を受けた選手の大会への出場を認めない問題などが数多く発生していた。にもかかわらず、特段このような選手の出場機会を保障する法律はなく（1974年に定められたAmateur Athletic Actにおいてright to participateが定められていたが、国際大会に限定され、NCAAなどの教育的スポーツ団体に大きな例外が認められていたため、非常に不完全な権利でしかなかった。また、1974年のUSOC総会で、選手のright to participateに関するトラブルをAAAで取り扱うことが決定したこともあったが、あまり機能していなかったとも指摘されている）、多くの選手が犠牲になっていた。そこで、このような状況を改善すべく、法律上、選手の出場機会を保障することを主眼として定められたのである。

　そして、後述のAAAの事案をみるに、このUSOC基本定款第9条において定められた選手の出場機会の問題には、単に適正かつ公平な代表選手選考基準にもとづく選考の問題だけでなく、選考出場資格の問題（eligibility issue）や懲戒処分にもとづく出場資格の問題（disciplinary issue）、競技ルールの問題なども含まれている。選手の出場機会をめぐる問題を幅広く選手の権利として規定されているといえよう。

　ただし、この選手の出場機会の保障という権利は、憲法上の権利でもなければ、国家裁判所で認められる私法上の権利としても認められていない〈注13、14〉。

　1980年オリンピックモスクワ大会ボイコット問題を契機に訴訟となったDeFrantz v. United States Olympic Committeeにおいては、USOCが不参加の決定をした場合に競技者が大会に参加し、競技しうる憲法上の権利は含まれない、国内競技団体間のトラブルにより競技が妨げられることを救済することが目的であったと判示されるなど、選手が国際大会に出場する具体

的な権利が認められているわけではない〈注15〉。

　また、Mitten（2017）は、オリンピック・アマチュアスポーツ法に定められた選手の権利は、国家裁判所において、USOC や NGB に対して暫定的な救済や判決を求める権利にはならないこと、オリンピック・アマチュアスポーツ法は、代表選手選考に関して国家裁判所の権限を制限しており、同法上定められた AAA によるスポーツ仲裁手続きによって解決されるべきことを指摘している〈注16〉。

4. 代表選手選考における出場機会を保障するそのほかの制度

　加えて、このような選手の出場機会を保障するため、USOC では、以下の制度も設けられている。

代表選手選考に関するガイドライン

　USOC は、NGB が代表選手選考基準を策定するにあたり、代表選手選考ガイドラインを定め、NGB に配布している。これにより NGB がより適正かつ公平な代表選手選考基準を定め、選手の出場機会が保障されるようにうながされている。

代表選手選考基準の事前承認制度

　USOC は、前述のとおり、オリンピック、パラリンピック、パンアメリカンゲームスへの参加に関する一切の事項に関して独占的な権限を有している。この権限の一環として、USOC は、NGB などが推薦する代表選手選考基準を承認非承認する権限を有している（USOC 基本定款第 19.3 条）。この権限にもとづき、本書執筆時においては、以下のように運用が行われている。
- NGB は、一定のフォームに従った代表選手選考基準を USOC に提出する
- これに対して、USOC は、選手選考ワーキンググループ（Team Selection Working Group, TSWG）のメンバーが提出された基準を確認し、承認した場合、これを通知する
- その後、USOC および各 NGB のウェブサイトにて公表される
　この制度にもとづいて、NGB が作成される代表選手選考基準は、USOC

によってつねに改善されてきており、選手の出場機会の保障をうながす結果となっている。

USOC ベストプラクティスセミナーの実施

また、USOC は、代表選手選考紛争を未然に防止するため、例年、NGB を対象としたベストプラクティスセミナーを実施している〈注17〉。代表選手選考の手続きと基準のセッションでは、代表選手選考手続き規程、選手選考ワーキンググループ（TSWG）のレビュープロセス、代表選手選考にかかる諸問題、新しい競技スタッフ認定方針などのトピックが取り扱われている。加えて、AAA のセッションでは、苦情処理のプロセス、AAA が用いる方法、AAA 活動のベストプラクティスなどのトピックが取り扱われている。

このようなベストプラクティスセミナーにより、USOC は NGB が適正かつ公平な代表選手選考を行い、代表選手選考に関するすみやかな紛争解決が実現できるよううながすことによって、選手の出場機会を保障している。

アスリートオンブズマン制度

加えて、USOC は、同法にもとづき、選手向けの相談窓口として、アスリートオンブズマン制度を設けることを義務づけられている（同法第220509条第（b）項）。運営費用については、担当者の報酬も含め、USOC が負担することとなっている。1978年に制定された当時のオリンピック・アマチュアスポーツ法が1998年に改正された際に追加された制度である。アスリートオンブズマン制度は、「Resolution of disputes」と題されたオリンピック・アマチュアスポーツ法第220509条に定められている。

アスリートオンブズマンの主な権限は、USOC や NGB などの定款や規則、代表選手選考における選手の出場機会をめぐる紛争解決に関する選手へのアドバイス、このような紛争解決の調停サポート、アスリート委員会への定期的な報告とされている（同法第220509条（b）（1））。

また、これらの相談窓口利用について、選手は無償とされているため、選手が代表選手選考をめぐる紛争について相談しやすい内容となっている。

以上、ガイドライン、事前承認制度、ベストプラクティスセミナー、アスリートオンブズマン制度など、代表選手選考をめぐる制度が多様化することにより、選手の出場機会の保障がさらに充実されているともいえよう。

第2節 AAA の組織概要とスポーツ仲裁規則の概要

1. 代表選手選考事案に関する仲裁規則

　アメリカ合衆国の代表選手選考に関する紛争解決制度は、具体的にどのような制度となっているのかを以下に解説する。

USOC 基本定款における不服申立て手続き〈注18〉

　選手が前述の USOC 基本定款第 9.1 条に定められた出場機会を侵害されたとして不服を申し立てる場合（以下、当該規定にもとづいて申し立てられた不服申立てを「USOC 基本定款第 9 条調停」という）、まず、USOC の代表者（CEO）宛てに申立てを行わなければならない（USOC 基本定款第 9.2 条）。手続きは USOC 法務部門が担当し、申立てがあった場合、アスリートオンブズマンとアスリート委員会委員長に申立て内容が知らされることになっている（USOC 基本定款第 9.5 条）。そして USOC の CEO（委任者を含む）とアスリートオンブズマンにより調停手続きが進められる（USOC 基本定款第 9.6 条）が、解決できなかった場合、選手は、AAA に対して、最終的かつ拘束力のある仲裁を申し立てることができる（USOC 基本定款第 9.7 条。なお、緊急を要する場合は、USOC 基本定款第 9 条調停の申立てと、AAA への仲裁申立てを同時に行うこともできる。この AAA への仲裁申立てを「USOC 基本定款第 9 条仲裁」という）。

　USOC 基本定款第 9 条調停にもとづく事案は、AAA というスポーツ団体外部の紛争解決手続にゆだねる前に、最後に USOC の CEO とアスリートオンブズマンというスポーツ団体内部での紛争解決を模索する趣旨であり、スポーツ団体の専門性を尊重することの表れといえよう。

　また、USOC 基本定款第 10 条には、NGB の規則違反にもとづく不服申立てに関する規定がある。しかし、代表選手選考をめぐる紛争に関しては、同規定で取り扱われるのではなく、あえて USOC 基本定款第 9 条を定めている。代表選手選考仲裁に関して、他国においては、中央競技団体の決定に関する規則違反の有無を審査対象とすることが一般的であるが、アメリカ合

衆国においては、前述のとおり、選手の出場機会の保障として代表選手選考がとらえられているため、このように選手の出場機会の保障としての規定において、代表選手選考に関する紛争解決方法が定められているのである。

　加えて、オリンピック、パラリンピックなどの国際大会の 21 日前以降に、これらの大会への出場機会の紛争として提起された国家裁判所に対する訴訟について、USOC がアスリート委員会の委員長と協議のうえ、これらの大会前に USOC が当該紛争を解決できないことを示す書面を提出した場合、国家裁判所が USOC に対する暫定措置命令などをすることはできない、と定められている（同法第 220509 条（a））。

AAA における仲裁手続き——USOC 基本定款第 9 条仲裁

　USOC 基本定款第 9 条仲裁が申し立てられた場合、AAA には、代表選手選考仲裁に関する運用ルールを定めた特別のスポーツ仲裁規則はなく、通常の商事仲裁規則にもとづいて運用されている〈注 19〉。これは前述のとおり、この仲裁手続が、原則として、AAA の商事仲裁規則にもとづいてなされることが明記されているためである（同法第 220522 条（a）（4））。

　そして、この USOC 基本定款第 9 条仲裁は、前述のとおり、USOC 基本定款第 10 条にもとづく NGB の規則違反による仲裁申立てではなく、USOC 基本定款第 9 条に定められた選手の出場機会の侵害にもとづく申立てであることから、AAA における代表選手選考仲裁手続きは、行政訴訟型の仲裁手続きではなく、民事訴訟型の仲裁手続きととらえることが可能である。

　また、AAA 商事仲裁規則においては、仲裁パネルの権限については、当事者間の仲裁合意の範囲にしたがい、公正かつ公平なあらゆる救済方法を命じることができるとされており、仲裁パネルの権限は広範に認められている（AAA 商事仲裁規則 R-47 条（a）項）。

　一方で、AAA 商事仲裁規則は、代表選手選考事案について、オリンピック・アマチュアスポーツ法第 220522 条（a）（4）にもとづき、USOC 基本定款によって以下のとおり修正されている。

　1 つ目は、AAA 商事仲裁規則第 R-46 条（b）においては、原則として仲

裁判断に理由を付する必要がないと規定されているが、USOC 基本定款第9
条仲裁においては、理由づけされた書面による仲裁判断を出さなければなら
ない（USOC 基本定款第9.7条）。

2つ目は、AAA 商事仲裁を含む通常の商事仲裁では仲裁判断を公表する
ことが一般的でないものの、USOC 基本定款第9条仲裁の仲裁判断はすべ
て USOC のウェブサイトに公表される（USOC 基本定款第9.7条）。

3つ目は、AAA 商事仲裁を含む通常の商事仲裁でこのような要件設定が
されることはないが、USOC 基本定款第9条仲裁を申し立てた選手は、こ
の仲裁判断の結果で影響を受けると思われる者のリストを提供しなければな
らないと規定されている。この義務は相手方にも課され、また仲裁人自体も
影響を受ける者を決定し、通知を送付しなければならない。そして、通知を
送付された者は、当該仲裁手続きに参加することができ、たとえ参加しな
かった場合でも仲裁判断の内容に拘束されることになる（USOC 基本定款
第9.8条）。これは後述の AAA 事案である Lindland v. USA Wrestling
Assn. 事案（AAA 30 190 00443 00（Aug. 9, 2000））において、影響を
受ける者を含まない仲裁判断が並存してしまったことにより、仲裁判断の優
劣を決めなければならない事態が発生したことから改正された規定であると
される〈注20〉。

4つ目は、AAA 商事仲裁規則 Expedited Procedures に定められた簡易
手続きとは別に、通常の手続きどおりに行っていては関係当事者にとって公
正な決定を早期に実現できない競技大会に関連する問題を解決するために簡
易手続きを進める必要がある場合、申立てから48時間以内にヒアリングと
仲裁判断を実施しなければならない（USOC 基本定款第9.9条）。

5つ目は、AAA 商事仲裁規則には規定がないものの、USOC 基本定款第
9条仲裁の申立ては、USOC 基本定款第9条仲裁の対象となる選手の出場
機会が侵害されてから6か月を超えては申立てができない（USOC 基本定
款第9.10条）。

代表選手選考に関連する仲裁規則の特徴

仲裁規則の大きな特徴としては、USOC 基本定款第9条に定められた選
手の出場機会の侵害を判断する民事訴訟型の仲裁手続きになっているという
点だろう。代表選手選考紛争を単純な NGB の選手選考決定における規則違

反の問題と位置づけるのではなく、選手の出場機会の侵害の問題と位置づけている。これにより、NGB の選手選考決定における裁量などを問題にせず、選手の出場機会の侵害の有無のみを判断する仲裁手続きとなっている点に特徴がある。

　また、代表選手選考事案における仲裁規則の特徴的な規定を見るに、代表選手選考仲裁の仲裁判断に理由を付すことや、すべての仲裁判断を USOC のウェブサイトで公表することは、代表選手選考が国家を代表する選手を選考するという公的性質を有する決定であり、また、代表選手選考仲裁が、当該事案だけではなく、その後の代表選手選考紛争に大きな影響を及ぼす判断になることが理由と考えられる。そして、理由を付すことや公表するためには、仲裁手続きの申立人と相手方だけでなく、対外的に合理的な理由づけをもって仲裁判断を実施する必要があり、スポーツ仲裁による法的審査がより厳密なものとなるといえよう。

　つづいて、仲裁判断の結果で影響を受けると思われる者をリストアップし、手続き参加の機会を通知し、そして参加しなかった場合でも仲裁判断の内容に拘束させる点は、代表選手選考紛争の特徴をふまえた規定である。すなわち、代表選手選考は、その枠が決まっていた場合、一方の者を選考すれば、他方の者が選考されない特徴をもつものであり、通常の商事仲裁のように申立人と相手方に影響が限定されるものではない。このような特徴をふまえ、かつ紛争の一回的解決を図るため、このような影響を受ける者を関与させる手続きが設けられている。

　そして、USOC 基本定款第 9 条調停の申立てと、第 9 条仲裁の申立てを同時に行うことが可能な点や、第 9 条仲裁申立てから 48 時間以内にヒアリングと仲裁判断を実施する簡易手続きについても、代表選手選考紛争の特徴がよくふまえられている。すなわち、代表選手選考は、通常出場を予定する国際大会の直前の大会や選考会によって代表を選考することが多く、出場を予定する国際大会までに紛争を解決するための時間的余裕がまったくない場合が存在するが、そのようなタイムスケジュールに応じる規定である。申立て期間の制限が設けられていることについても、代表選手選考が国家の代表を決定するという公的性質を有し、かつ影響力のある問題であり、このような紛争の早期解決、安定のためには申立て期間を制限することが合理的な措置である。

2. 組織概要・設立経緯〈注21〉

　以上のとおり、アメリカ合衆国の代表選手選考をめぐっては、代表選手選考そのものから紛争解決まで、法律上の権限と義務を与えられた USOC がその中心を担っているものの、最終的に USOC 基本定款第 9 条仲裁の申立てが行われた場合、AAA がその仲裁判断を行うこととなっている。そこで、最後に AAA の組織概要についても触れておく。

　AAA は、日本スポーツ仲裁機構（Japan Sports Arbitration Agency, JSAA）のようなスポーツ紛争を専門にする仲裁機関ではなく、1926 年に設立された商取引一般、建設、雇用、労働、公的機関、消費者問題など、さまざまな問題を取り扱う仲裁機関である〈注22〉。

　この仲裁機関においては、スポーツ特有の事案として、選手契約関連紛争、商品化関連紛争、ライセンシング、ブロードキャスティング、その他マーケティング契約関連紛争、スポンサーシップ関連紛争、スタジアムアリーナ関連ライセンシング紛争、スポーツ施設建築関連紛争、役職員契約関連紛争、労使協約関連紛争などの事案のほか、プロスポーツの年俸関連紛争、ドーピング紛争、NCAA のカンファレンスメンバーシップ関連紛争、代表選手選考など選手参加権関連紛争なども取り扱っている〈注23〉。

　代表選手選考事案に関しては、前述のとおりオリンピック・アマチュアスポーツ法において、明確に AAA を利用することが明記されており、後述するとおり、これまで数多くの事案が取り扱われている。

　また、AAA は民間の仲裁機関であり、その会計についても、カナダスポーツ紛争解決センター（Sport Dispute Resolution Centre of Canada, SDRCC）やニュージーランドスポーツ仲裁裁判所（Sports Tribunal of New Zealand, STNZ）のように国庫から出資されているわけではない。

　このような民間の独立採算で運営されている商事仲裁機関が、代表選手選考紛争というスポーツ紛争を取り扱っている点は、AAA の代表選手選考仲裁を検討するうえで留意しておくべきだろう。

第3節 代表選手選考仲裁における仲裁判断

1. 代表選手選考事案の概要と推移

代表選手選考事案の概要

　USOCのウェブサイトに掲載されている仲裁判断によれば、AAAでの仲裁判断のうち、代表選手選考に関連するUSOC基本定款第9条仲裁の申立ては、1978年に制度ができてから2019年までの41年間で全123件ある（2019年4月1日時点）が、このうち出場資格の問題（Eligibility issue）や懲戒処分が行われた場合の選手資格の問題（Disciplinary issue）、競技ルールに関する問題（Field-of-Play issue）、その他、選手以外のコーチや役員の問題を除く、代表選手選考基準の適用自体が問題となった事案（以下、本書では、これのみを「AAA代表選手選考事案」として解説している）は54件である。

　この54件のうち、選手の出場機会の侵害が認容された事案は16件であり、さらに申立人の選考決定までされた事案は7件である。選手の出場機会の侵害が認容された事案をあえて抽出した理由は、アメリカ合衆国の代表選手選考事案の紛争解決に主導的な役割を果たしているのは確かにUSOCであるものの、本書の目的は、スポーツ団体が実施する代表選手選考における専門性・自律性と公平・透明性というスポーツガバナンスとのバランスの中で、具体的に何が取消し事由とされているのか、代表選手選考仲裁における法的審査の範囲と限界を解説することにあるため、選手の出場機会の侵害が認容された事案のみを抽出しなければ、これを正確に解説できないためである。

　アメリカ合衆国は、人口約3億2,775万人（2018年国勢調査）、面積962万8,000 km² の国において、54件の事案が発生しているという点は、オリンピックにもっとも多くの選手を派遣してきた世界屈指のスポーツ大国であること、40年間の数値であることからすれば、むしろ事案数は少ないととらえるべきかもしれない。

年	USOC 基本定款第 9 条仲裁全事案数	代表選手選考仲裁判断数	選手の権利侵害認定数	申立人選考決定事案数	選考会の実施命令事案数
1978	0 件				
1979	0 件				
1980	0 件				
1981	0 件				
1982	0 件				
1983	0 件				
1984	0 件				
1985	0 件				
1986	0 件				
1987	1 件	0 件			
1988	4 件	3 件	2 件	0 件	1 件
1989	0 件				
1990	0 件				
1991	0 件				
1992	2 件	2 件	2 件	0 件	2 件
1993	0 件				
1994	0 件				
1995	1 件	0 件			
1996	3 件	1 件	0 件		
1997	3 件	1 件	0 件		
1998	3 件	1 件	1 件	1 件	0 件
1999	2 件	1 件	0 件		
2000	16 件	14 件	4 件	0 件	4 件
2001	1 件	1 件	0 件		
2002	6 件	1 件	0 件		
2003	4 件	3 件	0 件		
2004	10 件	3 件	2 件	2 件	0 件
2005	4 件	0 件			
2006	5 件	3 件	0 件		
2007	3 件	0 件			
2008	11 件	5 件	0 件		
2009	3 件	0 件			
2010	7 件	2 件	0 件		
2011	3 件	1 件	1 件	0 件	1 件
2012	8 件	3 件	0 件		
2013	2 件	0 件			
2014	3 件	1 件	1 件	1 件	0 件
2015	9 件	4 件	2 件	2 件	0 件
2016	7 件	4 件	1 件	1 件	0 件
2017	0 件				
2018	0 件				
2019	2 件	0 件			
合計	123 件	54 件	16 件	7 件	8 件

代表選手選考事案の推移

これまでの AAA 代表選手選考事案を振り返ると、この代表選手選考紛争の解決制度は、1978 年にオリンピック・アマチュアスポーツ法が制定されるとともにスタートしたものの、1987 年までは発生していない。

その後、事案数はそこまで増えなかったものの、1988 年、1992 年、1996 年、2000 年、2004 年、2008 年にはそれぞれ前年と比較すると一気に増加している。これらはもちろんオリンピックやパラリンピック開催年であり、オリンピックやパラリンピックについて紛争が増えた表れである。

もっとも、1996 年はアメリカ合衆国自国大会であり、紛争が増えるとも思われたものの、結論としての事案数は伸びていない。1996 年から 2000 年のあいだで、アメリカ合衆国の代表選手選考に関するもっとも大きな制度変更は、1998 年のオリンピック・アマチュアスポーツ法の改正にともない、パラリンピックも対象範囲に含まれたことや、アスリートオンブズマン制度ができたことがあげられる。ただ、実際パラリンピックの事案は 1 件しかないことからすれば、代表選手選考紛争に関する事前無料相談窓口、調停サポートといったアスリートオンブズマン制度の機能は影響があったかもしれない〈注 24〉。

また、ニュージーランドスポーツ仲裁裁判所（STNZ）、日本スポーツ仲裁機構（JSAA）がオリンピックシドニー大会の代表選手選考に関する紛争増加を受けて、その後に設立された経緯などもふまえれば、2000 年前後は、代表選手選考に関する選手の権利意識が世界的に飛躍的に向上した時期ともいえるかもしれない。2000 年以降は事案数が大きく伸びていることから、選手の権利意識が向上したとも思われる。

ただ、その後、2010 年代は従前と比較すると 2 ケタはなく、事案数としては落ち着きを見せている。

これは、前述のとおり、アメリカ合衆国の代表選手選考制度においては、USOC に代表選手選考制度に関する独占的な権限が認められ、これに関する紛争解決制度を構築することが求められている。加えて、NGB が策定する代表選手選考基準に対する USOC の事前承認制度が存在するため、USOC により NGB が策定する代表選手選考基準を高度化させ、紛争事案数としては落ち着いていると思われる。本書執筆時に至っては、統一のフォー

ムでNGBからUSOCに対して代表選手選考基準が提出され、アスリート
オンブズマンによる相談窓口の連絡先もすべて明記されるなど、選手の出場
機会を保障するために努力がなされており、その結果AAA代表選手選考事
案の審査においても、従来の代表選手選考の問題は少なくなっている。

　実際、AAA 30 190 00259 07 (Mar. 16, 2008), Ruckman v. United
States Rowing Assn. (USR) において、USOCの国際大会運営ディレク
ターは、以下のとおり証言している。

● 1990年代中盤から2000年以降に、USOCはオリンピックの代表選手選
考基準を審査し、修正する、より包括的な役割を果たすようになった
● 1990年代前半、代表選手選考基準の適用に関して選手や中央競技団体
（NGB）が直面した多くの問題は、この大幅な審査プロセスでもはや懸念
事項ではなくなった

　また、USRのハイパフォーマンスセンター（HPC）は、以下のとおり証
言する。

● 個別の競技に関するNGBの専門性に対する配慮はあるものの、USOCは、
NGBに対して、選考基準を差し戻し、選考基準を包括的に、十分に客観
的に、透明性をもってオリンピックでの最高の選手を選考できるよう、選
手を保護する修正を行うよう示唆する

　したがって、このような代表選手選考に関するUSOCの主導的な役割に
よって、アメリカ合衆国の代表選手選考紛争は徐々に減少傾向にあるといえ
よう。

　そして、AAAの代表選手選考事案は54件のうち、16件が選手の出場機
会の侵害が認定された事案である。さらに、選手の出場機会の侵害が認定さ
れた16件のうち、7件は申立人を選考決定しており、その割合は約43.8%
にのぼる。確かに「AAA仲裁規則」では当事者間の仲裁合意の範囲に従い、
公正かつ公平なあらゆる救済方法を命じることができるとされており、仲裁
パネルの権限が広範に認められている（いわゆるfull power review。AAA
商事仲裁規則R-47条（a）項）ため、AAA仲裁パネルに対して選考決定ま
で行う権限も認められている。

　以下、実際の仲裁判断における内容検討を通じて、AAAの代表選手選考

仲裁における法的審査の範囲と限界を解説する。まずは、AAA 仲裁パネルの権限、判断基準、立証責任の形成を追ってから、スポーツ仲裁における法的審査の範囲が小さいものから大きいものへ、選手の出場機会の侵害が認められなかった事案、認められた事案の順に紹介する。

2. 仲裁パネルの権限、判断基準、立証責任が示された事案

　AAA 商事仲裁規則 R–47 条（a）項において、AAA 仲裁パネルの権限は、当事者間の仲裁合意の範囲に従い、公正かつ公平なあらゆる救済方法を命じることができると規定されている。ただし、同仲裁規則において、たとえば、ニュージーランドの STNZ のように、代表選手選考決定の取消し事由を示す規定自体は定められていない。これはカナダの SDRCC と同様である。

　また、AAA 商事仲裁規則においては、たとえば、ニュージーランドの STNZ、カナダの SDRCC のように、代表選手選考事案における立証責任を示す規定自体も定められていない。

　となると、AAA における代表選手選考仲裁においては、AAA 仲裁パネルが、選手の出場機会の侵害をどのような権限、判断基準で審査すべきか、また立証責任を選手とスポーツ団体のどちらの当事者が負担するのかをまず確定することが課題であった。

　そこで、まず、このような権限、判断基準や立証責任が示された代表的な事案から紹介する。

①AAA 72 E 190 0002 92(Jan. 11, 1992), Gault v. United States Bobsled and Skeleton Federation, Inc.(USBSF)

　本件は、1992 年冬季オリンピックアルベールビル大会、男子ボブスレー代表選手選考について、US ボブスレーチームの選考に関して、申立人らが、全選手が競争するにあたり、適時に公正に知らされた、平等で、客観的かつ公正な選考基準にもとづいて選考会への出場機会が与えられなかったとして、申し立てられた事案である。

　結論として、申立人のうちプッシャー（ボブスレーのポジション）の選考については、選考権限者に深刻な不明確さがあったことや、USBSF が選手らに対して変更した選考基準を事前に知らせる必要があったことなどを理由に、選

手の出場機会の侵害が認められ、新たな選考会によって選考することが適切であると命じられた。なお、申立人のうち4人乗りのドライバー（ボブスレーのポジション）の選考については、すでに選考基準にもとづき実施された選考会によって適切に選考されていると指摘され、選手の出場機会の侵害が認められなかった。

　もっとも、本件において、AAA仲裁パネルは、立証責任について、今回の仲裁判断に関するすべての論点について、証拠の優越をもって〈注25〉、申立人である選手が立証責任を追うことを指摘した〈注26〉。また、立証内容、判断基準については、USOC基本定款第9条に定められた選手の出場機会の具体的保障内容として、USOCやNGBの義務は、選手選考の公正さ、公平性を確保すること、選考基準を選手に対して知らせること、選手選考に選手の意見を反映させること、事前に明確であり、理解できる公平な選考基準が必要であることを指摘した〈注27〉。このような立証責任やUSOC基本定款第9条が定めていた選手の出場機会の具体的保障内容については、その後のAAA事案でも引用されている。

　事案としては、選考権限者の明確性や選考基準の事前告知など、選考手続きの問題から、選手の出場機会の侵害が認められている。なお、本件について国家裁判所に申し立てられた事案では、AAA仲裁パネルがその権限を越えていなければ、国家裁判所は何ら取り消す権限を有しないと指摘されている〈注28〉。

②AAA 30 190 00750 04(Jul. 20, 2004), McConneloug v. USA Cycling, Inc.(USAC)

　本件は、2004年オリンピックアテネ大会、女子マウンテンバイククロスカントリー代表選手選考について、USACが、代表選手選考基準に明記されたUCI（Union Cycliste Internationale）ランキング上位だった申立人より下位の選手を選考したことで、選手の出場機会が侵害されたとして申し立てられた事案である。

　USACの当該大会に関する代表選手選考基準においては、UCIランキング上位の選手が選考されることが明記されていた。ただ、UCIランキングにはサンドポイント大会が対象にされていなかったにもかかわらず、USACがサンドポイント大会を含め選考を行っていた点が問題となった。

　しかしながら、AAA仲裁パネルは、NGBはみずからが適用するルールを制

定し、実施する責任を有しており、NGBによるルールの解釈および適用に関しては、いくらか配慮を認めなければならないと指摘した〈注29〉。そして、NGBの責任として、代表選手選考基準を明確に、透明性をもって、混乱のないように適用しやすいようにする義務を負っており、選手は、どのように選考されるのか（選考手続き）、どのような基準で判断されるのか（選考基準）を知る権利がある、と指摘した〈注30〉。そのうえで、USOCの代表選手選考ガイドライン上、USACがUCIランキングを調整することは選考基準の変更にあたり、選手に対して事前に知らせる必要があったが実施していなかったこと、少なくともUSACは、6か月から1年前にUCIランキングのサンドポイント大会が対象にされていないことを把握していた以上、変更するなら選手に知らせるべきだったことを理由として、あくまでUSACが事前に発表していた代表選手選考基準の文言どおり選考を行う必要があるとして、USACの代表選手選考を取り消し、申立人を選考する決定を行った。

　本件は、実際のオリンピックにおける成績結果や記録は、取り消された選手のほうが高かったかもしれない。ただ、これまでの事案でも指摘されてきたNGBの義務を前提に、あくまで事前に選手に発表されていた代表選手選考基準を厳格に適用し、かつ権限のない代表選手選考基準の修正を認めない点で、特徴的な事案である。

③AAA 30 190 00056 06(Jan. 27, 2006), Klug v. United States Ski and Snowboard Assn.(USSA)

　本件は、2006年冬季オリンピックトリノ大会、スノーボード代表選手選考について、USSAが定めた選考基準の解釈によって選考されず、選手の出場機会が侵害されたとして、申し立てられた事案である。

　結論としてAAA仲裁パネルは、選手全体としては選考基準の明確性や公平さに信用があったことなどを理由に選手の出場機会の侵害は否定した。ただ、NGBによる選考基準の改善の目的としては、選手がどのように選考されるのか（選考手続き）、どのような基準で判断されるのか（選考基準）を知ることができるようにすることであると指摘した〈注31〉。

④AAA 77 190 E 00105 10(Feb. 10, 2010), Beckom v. United States Bobsled and Skeleton Federation, Inc. (USBSF)

本件は、2010年冬季オリンピックバンクーバー大会、男子ボブスレー代表選手選考について、申立人らが、代表選手選考基準の違反、USOCの規則違反その他適正手続きの違反により、選手の出場機会が侵害されたとして申し立てられた事案である。

AAA仲裁パネルは、これまでのAAA代表選手選考事案を引用しながら〈注32〉、本件に関する立証責任は申立人ら選手にあり、証拠の優越をもって立証する必要があると指摘した〈注33〉。また、仲裁パネルの権限は、選手が代表選手選考にあたって公正な機会を有していたか、USBSFの選考委員会が選考基準を合理的に適用していたかであり、USBSFがもっともよいプロセスを経ていたか、あるいはUSBSFの専門的な判断と素人の判断を取り替えることではない、と指摘した〈注34〉。

そのうえで、申立人らの立証が十分でないことを理由に、選手の出場機会の侵害を認めなかった。

⑤AAA 77 190 00050 12(Mar. 26, 2012), Morgan v. USA Synchronized Swimming(USASS)

本件は、2012年オリンピックロンドン大会、シンクロナイズドスイミングデュエット種目の代表選手選考について、申立人らがUSASSの代表選手選考基準に従っておらず、選手の出場機会が侵害されたとして、代表選手選考のやり直しを求めた事案である。

AAA仲裁パネルは、過去のAAA代表選手選考事案を引用しながら〈注35〉、本件の立証責任は申立人である選手らにあり、証拠の優越をもって立証すること、とくに選考基準そのものを問題とする場合、その選考基準に合理性がないことを立証しなければならないと指摘した〈注36〉。また、仲裁パネルの判断基準についても、過去のAAA代表選手選考事案を引用しながら〈注37〉、NGBが選考過程において裁量を濫用した場合、すでに承認された選考基準を適切に実施しなかった場合、その他法律などの要請や禁止事項に違反した場合に限り、NGBの代表選手選考を取り消すことができると指摘した〈注38〉。

そのうえで、選考委員会における選手のフィットネスの評価、選考委員会の

選手委員の構成に問題はなかったこと、代表ディレクターに偏見はなかったこと、選考過程において裁量を濫用したこともなかったことを認定し、選手の出場機会は侵害されていないと判断した。

⑥AAA 71 190 E 00406 12(Aug. 28, 2012), Tibbs v. U.S. Paralympics(USP)

本件は、2012年パラリンピックロンドン大会、陸上代表選手選考に関する事案である。パラリンピック競技においては、オリンピック競技のように競技ごとの選考がなされるわけではなく、国際パラリンピック委員会（International Paralympic Committee, IPC）が定めた選手枠において、候補となるパラリンピック選手の中から、競技、種目、障がいの種類、程度などを総合勘案し、USPの裁量によって陸上競技の選考人数や選考基準を定めることになっていた。この中で選考されなかった申立人が、選手の出場機会が侵害されたとして申し立てた事案である。

AAA仲裁パネルは、これまでのAAA代表選手選考事案を引用しながら〈注39〉、立証責任が申立人である選手にあり、証拠の優越をもって立証する必要があることを指摘した〈注40〉。そして、仲裁パネルの判断基準としては、過去のAAA代表選手選考事案を引用しながら〈注41〉、USPがすでに承認され公表されている代表選手選考基準に違反していること、選手らに不公平に適用したこと、不誠実あるいは偏見をもって選考を実施したこと、オリンピック・アマチュアスポーツ法やアメリカ合衆国連邦法などに違反することであると指摘した〈注42〉。また、仲裁パネルの権限として、選手が代表選手選考にあたって公正な機会を有していたか、USPの選考委員会が選考基準を合理的に適用していたかであり、USPがもっともよいプロセスを経ていたか、あるいはUSPの専門的な判断と素人の判断を取り替えることではない、と指摘した〈注43〉。

なお、結論としては、USPが代表選手選考にあたって裁量を濫用していたことなどを申立人が立証できていないとして、選手の出場機会の侵害は認められなかった。

3. 選手の出場機会の侵害が認められなかった事案

AAAの代表選手選考事案全54件のうち38件の事案は、選手の出場機会

の侵害が認められていない。このような事案で選手の出場機会の侵害が認められない理由は、事案の詳細を見ていく必要があろう。以下、紹介する。

①AAA 30 190 00828 05(Aug. 1, 2005)および AAA 30 190 00828 05(Dec. 29, 2005), Viola v. USA Diving, Inc. (USAD)

本件は、2005年ダイビング世界選手権代表選手選考事案であり、第1事案（AAA 30 190 00828 05（Aug. 1, 2005））と第2事案（AAA 30 190 00828 05（Dec. 29, 2005））があった。

第1事案において、申立人は、USADの代表選手選考が公式に発表された客観的な基準にしたがっていないことから、申立人の選手の出場機会が侵害されていると主張したが、AAA仲裁パネルは、申立人が十分な立証責任を尽くしていない、USADの選考パネルが十分な客観的要素にもとづいた主観的な判断を行ったと認定し、選手の出場機会の侵害は認められなかった〈注44〉。

もっとも、本件で、AAA仲裁パネルは、過去のAAA代表選手選考事案を引用し〈注45〉、USADを含むNGBはみずからが適用するルールを制定し、実施する責任を有しており、そのルールの解釈および適用に関しては、NGBに対して、いくらか配慮を認めなければならないと指摘した〈注46〉。

一方で、NGBはみずからのルールを明確に、透明性をもって、かつ混乱なく適用されるように適用する責任もあり、選手は選考されるためにどのような基準が適用され、どのように選考されるのかを知る資格があると指摘した〈注47〉。また、USOCが定める代表選手選考ガイドライン（Guidelines for Athlete Selection Procedures）においては、代表選手選考は客観的評価によってなされるべきであり、あらゆる主観的評価は客観的な根拠によって支持される必要があると記載されていることや、過去のAAA代表選手選考事案を引用し〈注48〉、裁量基準の適用は本質的に主観的な判断になるが、そのような判断は必ず客観的な根拠にもとづかなければならない（裁量基準によって選手を判断することは疑わしいと思わなければならない）との基本的な考え方を確認した〈注49〉。

そして、USADの選考パネルが代表選手選考にあたって考慮する要素については共通の認識があったものの、選手やコーチが認識していた内容とのあいだには共通の認識がなかったことから、USOCの代表選手選考ガイドライン

に違反があること、過去の大会のスコアや計算の記録間違い、FINAランキングに従うべき比重に関する認識間違いがあったことを理由に、USADの代表選手選考基準には許容できない不明瞭な点があるとして、当該基準をより明確にする修正を行うよう命じ、修正の方向性として、以下のように示した〈注50〉。

● 具体的には、選考基準の前提となる要素を明示すること
● 当該要素についてどうやってポイントが認められるのか細分化すること
● 過去のパフォーマンスがどうカウントされるのか、どのくらいの期間が対象か、その他の客観的な成績はどうカウントされるのか、を明確にすること
● 国際大会でのパフォーマンスの可能性をどう予測するのか説明すること
● 客観的な成績をどのように適用して決定するか特定すること

　第2事案は、第1事案において命じられた修正について、USADが行った代表選手選考基準の修正について判断した事案である。

　AAA仲裁パネルは、USOC基本定款第9条の趣旨について、過去のAAA代表選手選考事案を引用し〈注51〉、選手に対して公平な機会を提供すること、USOCが代表選手選考過程を公正かつ公平にすることによって、選手の出場機会を保障することにある、と指摘し〈注52〉、第1事案でも指摘した基本的な考えを踏襲した。そのうえで、USOCの代表選手選考ガイドラインを遵守するために、選考基準自体、病気やケガの場合の対応、選手資格、選考パネル、選考スケジュールと通知のいう項目に関して、さらにこまかい修正を命じた。

　本件は、USADの選考パネルによる代表選手選考自体の選手の出場機会の侵害は認めていないものの、USADの代表選手選考基準について、USOCの代表選手選考ガイドライン違反を理由に広範な修正を求めており、AAAの代表選手選考仲裁における法的審査の範囲と限界として興味深い事案である。

②AAA 30 190 00259 07（Mar. 16, 2008）およびAAA 77 190 E 00189 08（May 29, 2008）, Ruckman v. United States Rowing Assn.（USR）

　本件は、2008年オリンピック北京大会、軽量級舵手なしフォア代表選手選考事案であり、第1事案（AAA 30 190 00259 07）と第2事案（AAA 77 190 E 00189 08）があった。

第1事案で、申立人らは、2008年オリンピック北京大会に向けた代表選手選考基準自体によって、USOC基本定款第9条に定める選手の出場機会が侵害されていると主張した。理由としては、①セレクションキャンプによる代表選手選考がUSOC基本定款第9条違反であること、②2008年代表選手選考基準があいまい、恣意的、不公平であること、③過去の事案〈注53〉において代表選手選考基準の適用に違反があったことなどから、USRにおいて代表選手選考基準の適切な適用が信頼できないことが挙げられていた。

　しかしながら、AAA仲裁パネルは、まず、本件の立証責任は申立人である選手らにあり、証拠の優越をもって立証することを指摘した〈注54〉。そのうえで、オリンピック・アマチュアスポーツ法やUSOC基本定款においてNGBが代表選手選考基準を設ける権限を有していることや、USOCの事前承認を経ることなどから、USRの代表選手選考基準には合理性が認められる限り配慮すべきと指摘した〈注55〉。そして、申立人らが、セレクションキャンプの代わりに、オープンな選考会を行う合理的な根拠を立証できなかったとして、申立てを棄却した。なお、セレクションキャンプ自体の選考基準となる記録会（Speed Order Race）は、2007年11月に実施されていなかったことから、USRに対して実施が命じられた。

　第2事案では、申立人が、第1事案で命じられ、USRが新たに設定した記録会（Speed Order Race）が、USOC基本定款第9条に定める選手の権利を侵害していると主張した。

　しかしながら、AAA仲裁パネルは、セレクションキャンプに出場するために、Speed Order Raceは選手の能力をコーチやUSRに示す機会となっており、申立人が十分な立証ができていないことを理由として、申立てを棄却した。

③AAA 77 190 E 00075 13(Mar. 27, 2013), Carr v. US Speedskating(USS)

　本件は、2013年ショートトラック世界選手権代表選手選考について、選手の出場機会が侵害されたとして申し立てられた事案である。

　AAA仲裁パネルは、USOC基本定款第9条にもとづく仲裁手続きは、覆審（ふくしん）（いわゆるde novo review）であり、またUSSの当該世界選手権に関する代表選手選考基準は、USOCなどの第三者承認を受けていないため、USSの代

表選手選考に何らの配慮は必要ないと指摘した〈注56〉。

　また、AAA仲裁パネルの判断基準については、過去のAAA代表選手選考仲裁事案を引用しながら〈注57〉、両当事者が同意している判断基準として、NGBの代表選考基準の適用が不合理、恣意的、あるいは一貫しない場合にのみ取り消すとし、この場合に該当するかを申立人が立証する責任を負うと指摘した〈注58〉。

　そのうえで、USSのショートトラック選考委員会（STSC）が選考にあたって準拠すべき選考基準をまったく定めておらず、自由な裁量で判断していたことについて、確かに、オリンピック・アマチュアスポーツ法に定められた選手の出場機会を保障する一切の手段を講じることにはなっておらず、USSの規則にも客観的な基準を含む必要があったことから、同法の違反は認めているものの、STSCの決定は合理的な判断だったとして、選手選考自体は取り消さず、USSの決定を是認した。

　本件は、オリンピック・アマチュアスポーツ法の違反は認めながらも、選手の出場機会の侵害にともなう代表選手選考の取り消しは認めておらず、位置づけが難しい事案である。

4. 選手の出場機会の侵害が認められた事案

　AAA代表選手選考事案は、54件のうち16件が選手の出場機会の侵害が認められた事案である。選手の権利侵害があったということは、具体的にどのような問題があったのだろうか。

　そこで、AAAの代表選手選考仲裁における法的審査の範囲と限界を解説するうえで、それぞれの事案における侵害事由を紹介する。

①AAA 72 199 0908 88(Jul. 11, 1988), Reininger v. United States Rowing Assn.(USR)

　本件は、1988年オリンピックソウル大会、男子ボート代表選手選考に関し、USRの男子ボート委員会（MORC）はプレキャンプと本キャンプの2段階の選考プロセスを設けていたものの、1988年6月1日から21日までのプレキャンプ中に外された4名のうち2名が、選手の出場機会が侵害されたとして申し立てた事案である。

本件では、プレキャンプが本キャンプの要件になった変更や、同年7月7日のエントリーが本キャンプメンバーになった変更の理由に疑念が生まれ、選手の選考キャンプへの信頼を低下させるなど、USRから発表された選考手続きに関する情報があいまいであり、一貫性がなかったこと、選手間においてプレキャンプの用具に不公平があったり、キャンプのロケーションなどが影響したこと、プレキャンプは8人の選手を選考すれば足りるはずが、ヘッドコーチは4人に絞ろうとするなど、ヘッドコーチが定めたプレキャンプの目的が、MORCの決めた内容と一貫しないことなどを理由に、選手の権利侵害が認められている。

　なお、AAA仲裁パネルは、大会のプレッシャーへの反応、漕ぎ方、特定の試合会場への適応、相性、リーダーシップなど、代表選手選考基準における主観的評価の存在は肯定しており、①他の客観的な根拠によって、役割を明確に特定、最大化すること、②裁量違反の余地を限定することが条件であると指摘していた〈注59〉。

　結論として、本キャンプへの参加を命じたが、具体的に、①公平な用具の使用、水上でのキャンプ、②可能な限り、客観的な基準を用い、書面化すること、そして参加者に提供すること、使用する基準を説明するだけでなく、どこに重きを置くかも説明すべきこと、③選考パネルは2人として、MORCメンバーでない、少なくとも1人はUSRの選手代表メンバーで構成し、選考パネルの権限は選考基準に従っているかの審査と最終的な選考責任をヘッドコーチとともに負うことを命じた。

　1988年の事案である本件は、公表されているAAA代表選手選考事案で初めて選手の権利侵害が認められた事案である。選手に発表されている選考基準どおりに行われなかった点を問題視したうえに、本キャンプでの選考における、用具の使用方法、選考基準のあり方、選考パネルのあり方まで命じている。

②AAA 14 E 190 0056 92(Apr. 14, 1992), Piree v. United States Rowing Assn.(USR)

　本件は、1992年オリンピックバルセロナ大会、ボート男子代表選手選考に関して、申立人らが選手の出場機会が侵害されたとして申し立てた事案である。

　AAA仲裁パネルは、本件の判断基準である「選手の出場機会」が公平な機

会を指すことを示した〈注60〉。そのうえで、立証責任については、申立人によって選手選考手続きが選手の公平な機会を侵害していることを証明した場合、選考を行ったスポーツ団体が出場機会を侵害していない正当化事由を立証する必要があると指摘した〈注61〉。

本件では、代表選手選考基準の文言によれば、選考キャンプに呼ばれる4人については選考プログラムと記録会への参加とパフォーマンスによることになっていた。ただ、実際は、ヘッドコーチが他の基準によって呼んでいたこと、記録会ではなく、ヘッドコーチの裁量で選手を選んだり、より低いランキングの選手を選んでいたこと、ヘッドコーチが1991年10月からのプレキャンプのトレーニングコーチも行っており、プレキャンプ参加選手を優先したこと（USRもアドバンテージを認めている）、プレキャンプ参加も人数制限があったものの、とくに公平な競争のある選考手続きはなかったことなどを理由に、代表選手選考基準の適用において問題があったとして、選手の出場機会の侵害が認められた。

今回の代表選手選考過程では、選考会が実施されていなかった。そこで、少なくともエイト、フォープラス、フォーマイナスのどれかの種目で選考会を実施するのが選手に対してより公平な機会を提供するとして、選考会の実施を命じた。

③AAA 30 190 00027 98（Jan. 30, 1998）, Blumer v. United States Ski and Snowboard Assn（USSA）

本件は、1998年冬季オリンピック長野大会、スキーフリースタイル代表選手選考について、申立人らを選考しなかったUSSAの決定に裁量の濫用があり、選手の出場機会が侵害されているとして申し立てられた事案である。

AAA仲裁パネルは、USSAやUSOCの決定や判断を差し替える権限は否定した〈注62〉。ただ、USSAらが1998年大会におけるメダル候補者として申立人らを示しており、かつ、もしアメリカ合衆国のフリースタイルチームに選手枠が認められた場合、申立人らを選考することを合意していたと認定した。そして、選手選考手続きが不明確であること、自動的に選考される大会が6つのうち2つであったこと、裁量判断が不明確であったことからすると、申立人らを選手枠から除くべきではないと指摘した。そのうえで、選手選考基準からしてAAA仲裁パネルが出すことができる判断の種類は限られているため、

AAA 仲裁パネル自身が申立人らを選考決定することはできないものの、
USSA らに対して申立人らを選考するよう命じた。

　本件はアメリカ合衆国チームに選手枠が認められた場合に申立人らを選考す
る合意があったことを前提にしている。その意味では、事前の合意でそもそも
スポーツ団体に裁量がなかったにもかかわらず、それを守らなかった事案であ
り、選考基準を厳格に適用した事案ともいえる。

④AAA 30 190 00060 00（Apr. 24, 2000）および AAA 30 190 00060 00（May 30, 2000）, Smith v. Amateur Softball Assn. of America, Inc.（ASA）

　本件は、2000 年オリンピックシドニー大会、女子ソフトボール代表選手選
考事案であり、第 1 事案（AAA 30 190 00060 00（Apr. 24, 2000））と第 2
事案（AAA 30 190 00060 00（May 30, 2000））があった。

　第 1 事案は、代表選手として選考されなかった申立人が、選手の出場機会
を侵害されたとして申し立てた事案である。論点としては、①代表選手選考過
程に手続き違反があったか、②代表選手選考基準の不適切な適用があったか、
③選考委員会に不誠実な点があったか、である。

　本件では、①代表選手選考過程に手続き違反があったかについて、そもそも
選考委員会に選考基準が配布されていないため、手続き違反があること、また
選考基準では評価期間は 4 年間全体とされていたものの、当初 ASA が示した
評価期間は 12 か月とされ、また実際選考委員会の評価期間としては 28 か月
であったこと、1999 年 7 月の選考会の招待状が送られていたことや USOC
の代表選手選考ガイドラインの視点から、ASA の選考基準の解釈を調整すれ
ば、選考会の出場資格は 4 年の期間で評価すべきだが、結局、選考委員会は
1999 年 9 月の選考会で主として決定していたこと、などの理由から手続き違
反が肯定されている。

　②代表選手選考基準の不適切な適用があったかについて、選考基準の説明が
なかったことで、選考委員会によるスキルの評価や裁量基準の適用に影響が
あったこと、とくに選考委員会の中で裁量基準の内容に関する合意はなく、選
考委員会のメンバーごとになる可能性が高かったうえ、実際 1 人のメンバー

は、選考基準にあった経験や成熟は考慮せず、選考基準にない選手の成長を考慮していたことを理由に、不適切な適用があったことが肯定されている。

③選考委員会に不誠実な点があったかについては、申立人の個人的な契約や選手代表の活動に関して不適切な考慮をした可能性について除外することはできないものの、選考委員会に不誠実な点があったとする十分な証拠がないとして、否定されている。

結論としてAAA仲裁パネルは、ASAの選考基準にもとづく代表選手選考のやり直しを命じた。

第2事案は、第1事案によって命じられた代表選手選考のやり直し選考に関して、申立人ら複数の選手が、選手の出場機会を侵害されたとして申し立てた事案である。

AAA仲裁パネルは、まず個別の論点の検討に入る前に、選考パネルの判断基準はあくまで選考基準にしたがっているかのみであり、選考基準が適切か、違う候補を選考する権限はないこと等を冒頭で確認した〈注63〉。そのうえで、選考委員会のやり直し選考については2つの問題があると指摘した。

まず、問題点①評価の仕方については、意思決定力やチームワークなど選考基準で明確にされた能力と、スタッツではないポジションごとに適切な能力、双方を評価することが適切であると指摘した。ただ、USOCの選考制度に関する最低条件では、全員同じ基準で評価してしまうことになっており、また、1999年9月の選考会の選手39名は再選考に含まれていない問題が認められた。また、選考委員会の評価において特段メモはなく、記憶に頼っていたことから、全選手を公平に評価するためには、このような記憶での評価では信用に値しない問題も認められている。

つづいて、問題点②裁量基準の適用については、裁量基準の適用は本質的に主観的な判断になるが、そのような判断は必ず客観的な根拠にもとづかなければならないと指摘した。そのうえで、申立人と選考された選手の裁量判断について客観的な裏付けを見た場合に、オリンピックに出場する選手として、申立人が平均か平均以下で、選考された選手が期待を超えている、というのは疑わしいと指摘した。

結論としては、申立人らを選考するのではなく、ASAの選考基準にもとづく選考の再度のやり直しを命じ、加えて、USOCのスタッフによるASAの選

考に対する監査も命じた。なお、本件は、その後、選手らと ASA のあいだで和解が成立している。

　本件は、ソフトボールというチームスポーツに関する裁量基準について、評価の仕方の問題点を指摘し、また客観的な根拠を要求しているなど、代表選手選考に関する主観的評価に関し、重要な示唆に富む事案である。

⑤AAA 30 190 00443 00(Aug. 9, 2000), Lindland v. USA Wrestling Assn.(USAW)

　本件は、2000 年オリンピックシドニー大会、男子レスリンググレコローマン 76 キロ級代表選手選考事案である。本件に関連して、仲裁判断の執行に関する裁判所の判断、もともとの選考者であった Keith Sieracki による仲裁申立て事案〈注64〉などもあるものの、最終的に本件の仲裁判断の執行を裁判所が認容していることから、本件を取り上げることとした。

　本件の流れとしては、2000 年 6 月 24 日に行われた代表選手決定戦において Sieracki が勝利し、USAW が Sieracki を選考した。申立人は、2000 年オリンピックシドニー大会に関する代表選手選考基準において認められた不服申立て委員会に、ルールやスコアに関するマッチオフィシャルの決定を争って抗議した。しかし、同日、同委員会は、これらのマッチオフィシャルの決定は審査対象になることを理由に却下した。申立人は、グレコローマン委員会に不服を申し立てたものの、ルールの適用とスコアリングは審判の判断と裁量の範囲内であったことを理由に、不服申立て委員会の結論が承認された。そこで、申立人は AAA に対して、選手の出場機会が侵害されたと申し立てた。

　AAA 仲裁パネル（Burns 仲裁判断）は、グレコローマン委員会が行ったヒアリングが、申立人の救済手続きとして必要な手続きを不公平にかつ不合理に行ったとして、グレコローマン委員会の決定を取り消した。具体的な理由としては、グレコローマン委員会メンバー 9 人中、USAW のイニシアティブで 4 人が忌避されていたが、申立人およびその代理人と協議はなかったこと、もっとも重要な証人である Dan Chandler コーチが外されており、申立人およびその代理人の同意なく、Sieracki とその代理人、そして参加したグレコローマン委員会のメンバーのイニシアティブでなされていたこと、USAW には、グレコローマン委員会のメンバー数とメンバー決定、忌避の根拠、証人の内容や

範囲の制限、ヒアリングへの参加者に関して、その決定を正当化する書面化された規則などがなかったことが示されている。

そのうえで、AAA 仲裁パネルは代表選手選考に関する再試合を命じた。再試合の結果は、申立人が圧勝したものの、USAW が USOC に対して申立人に選考を差し替えなかったため、その後、申立人がこの仲裁判断の執行をめぐって裁判所に提起する事態に至っている。

なお、選考を取り消された Sieracki が申し立てた AAA 30 190 00483 00, Sieracki v. USA Wrestling Assn.（USAW）で、AAA 仲裁パネル（Campbell 仲裁判断）は、6月24日の代表選手決定戦のマッチオフィシャルの判定に何らの問題がなかったこと、グレコローマン委員会の決定についても利益相反などの問題でメンバーを外しただけで、偏見などを認める証拠はなく、Dan Chandler コーチを呼ばなかったことに関しても、マッチオフィシャルの判定の問題なので関係がなかったことを理由に取り消してはいない。また、もともとの代表選手決定戦の結果を理由に、Sieracki を選考するよう命じている。

本件は同一の事案に関して2つの仲裁判断がなされており、結論の評価は非常に難しい。ただ、執行を求める裁判所への訴えにおいては、当初の Burns 仲裁判断において、仮に Sieracki が手続きに関与していなくても、AAA 仲裁パネルは USAW に対して再試合を命じていることから、USAW との関係では当初の Burns 仲裁判断が当事者に拘束力のある判断をしていると指摘されている。したがって、のちの Campbell 仲裁判断において USAW に対して別の拘束力のある判断をすることはできないとして、当初の Burns 仲裁判断を優先した〈注65〉。

これを最終結果として本件をとらえるのであれば、Burns 仲裁判断において、審査対象となったグレコローマン委員会の決定に関する委員会メンバーや証人の決定という手続き違反が問題とされ、取り消された事案といえよう。

⑥AAA 30 190 00445 00(Aug. 11, 2000), Thomas v. USA Cycling, Inc.(USAC)

本件は、2000年オリンピックシドニー大会、女子自転車500メートルタイムトライアル代表選手選考について、USAC が行った選手選考によって選手の出場機会が侵害されたとして申し立てられた事案である。

USAC の選手選考基準においては、客観的な基準を使用すること（主観的な基準は、客観的に評価可能な要素によって理由づけられていること）が義務づけられており、USOC に事前承認された代表選手選考基準においては、制限のない裁量や、パフォーマンス評価の遡及的な適用は認められていなかった。

　そのような中で、USAC の選考パネルは、選考者の冬季オリンピックでの経験や、1998 年世界選手権 500 メートルタイムトライアル 4 位の成績を重視し、オリンピックシドニー大会直前の 2000 年 7 月から 9 月までの向上における主観的な印象などを理由に挙げ、選考を行った。

　しかし、AAA 仲裁パネルは、選考の理由にもなった、申立人のコロンビア・カリ W 杯の記録が選考者のロシア・モスクワ W 杯の記録に劣ることを否定した。具体的な理由としては、少なくとも 1 人の選考パネルがカリ W 杯の評価は 9000 フィート（約 300 メートル）の競技であったこと、モスクワ W 杯はトラックに囲みがあり、カリ W 杯はトラックに囲みがなかったことを考慮に入れていないこと、カリの気候状況を考慮に入れていないこと、カリでの大会はモスクワの大会より遅くなる事実を考慮に入れていないこと、違った状況下での違った大会の記録の比較は記録に影響する要素がたくさんある以上、法的に有効な手段ではないことが争いのない証拠となっていることが挙げられている。

　また、US チームのコーチは、2000 年 4 月のオリンピック選考会も考慮した、と証言しているものの、同オリンピック選考会は選考者より申立人が上回る記録を出していること、2000 年 6 月の UCI のメキシコ W 杯で申立人が出した成績は、この 4 年でアメリカ人が出した誰よりも速い成績であり、選考者より申立人が上回っていること、選考パネルが選考基準適用前のパフォーマンスや自転車以外のスポーツのパフォーマンスを評価していることを理由に、選手の権利侵害が認められた。

　ただ、AAA 仲裁パネルは、申立人を選考するのではなく、さらに選考者、申立人双方を参加させる、海水位、木製 250 メートルトラックでの選考会の実施を命じた。

　客観的な記録の評価に関して、違った状況下での違った大会の記録の比較を完全に否定したうえで、同一条件下での成績を重視するなど、客観的評価の仕方に関してスポーツ仲裁による法的審査を行っている点が特徴的な事案である。

また、指摘されている事実からすれば、申立人を選考してもよさそうであるが、さらに選考会の実施を命じている点は、むしろ選手の出場機会の保障の有無を検討する、という視点からは、選手を選考するよりもあえて平等な競争の機会を設けるほうが適切であるという判断と思われる。

⑦AAA 77 190 E 00049 11(Mar. 8, 2011), Barry v. USA Boxing, Inc.(USAB)

　本件は、2011年パンアメリカンゲームス、女子ボクシング代表選手選考に関して、選手の出場機会が侵害されたとして申し立てられた事案である。2011年1月11日の選手選考基準の変更が有効か、が問題となった。

　2010年6月に策定された選考基準においては、①2010年の全米選手権の勝者が、パンアメリカンゲームスのアメリカ合衆国代表選手枠を決めるアメリカ大陸予選の試合に選考される、②このアメリカ大陸予選の試合から2011年7月に開催する2012年オリンピック選考会に出場する選手が選考される、③2012年オリンピック選考会の勝者が2011年パンアメリカンゲームスの選手として推薦される、と定められていた。

　この選考基準は、USOCのTSWGにおいて承認されていたものの、あくまでUSOCの規則やUSABの選考制度への準拠をチェックしているだけで、ボクシングアメリカ大陸連盟の予選方法などが正確に反映されているかはチェックされていなかった。

　2010年12月になって、このアメリカ大陸予選はパンアメリカンゲームスの代表選手枠を決めるものではなく、出場する選手を選考するものであることが発覚し、USABは、2011年1月に、2010年の全米選手権の勝者が2011年パンアメリカンゲームスの選手として推薦されると変更した。2010年の全米選手権はすでに終了していたため、これにより、申立人を含む、全米選手権の勝者以外はパンアメリカンゲームスに出場することが不可能になった。

　AAA仲裁パネルは、この選手選考基準の変更について、①選手への事前通知がなく、選手が意思決定できないこと、②「もっとも重要なこととして」、選考基準が全米選手権ではなく、オリンピック選考会で決定すると記載されていることなどを指摘して、2011年1月の変更は無効であると判断した。そして、すべての出場可能性がある選手に対して出場機会を保障するためには、パンアメリカンゲームスアメリカ大陸予選の前に、選考会を開催するしかないと

して、選考会の開催を命じた。

　本件は、選手への予測可能性を担保するために選考基準と異なった選手選考を否定するだけでなく、国際団体が定める大会規定との齟齬（そご）を埋めるために、仲裁パネルが選手の出場機会を保障する選考会を命じており、選手の出場機会の保障を重視する USOC 基本定款第 9 条にもとづく仲裁申立てに特徴的な判断である。

⑧AAA 01 14 0000 7635（Jun. 27, 2014）, Hyatt v. USA Judo（USJ）

　本件は、2014 年国際柔道連盟（International Judo Federation, IJF）ジュニア世界選手権、女子 48 キロ級代表選手選考に関する事案である。USJ が発表している代表選手選考基準に指摘された、2014 年 Scholastic & Youth Nationals 大会の結果で決めるのか、新たに設定された 2014 年 Junior Olympic National Championships での再戦の結果で決めるのかが問題となった。

　AAA 仲裁パネルは、過去の AAA 代表選手選考事案を引用しながら〈注66〉、AAA 仲裁パネルの権限については、USOC 基本定款第 9 条仲裁手続きが覆審（ふくしん）（いわゆる de novo review＝審理を最初から見直す）であり、USOC 基本定款第 10 条に定める NGB の決定に対する不服申立てとは異なることから、従前の NGB の決定に対して何らの配慮を行う必要はなく、またそうすることは不適切であると指摘した〈注67〉。

　また、判断基準や立証責任についても、過去の AAA 代表選手選考事案を引用し〈注68〉、NGB の責任として、代表選手選考基準を明確に、透明性をもって、混乱のないように適用しやすいようにする義務を負っており、選手は、どのように選考されるのか（選考手続き）、どのような基準で判断されるのか（選考基準）を知る権利がある、と指摘し、立証責任については申立人である選手にあり、証拠の優越をもって立証する必要があると指摘した〈注69〉。

　そのうえで、USJ の代表選手選考基準においては、2014 年 Scholastic & Youth Nationals 大会の試合結果で決めること、1 位の選手が失格または出られない場合、2 位の選手が選考されること、公式期間における体重測定で階級の基準に合致しない場合は、違う階級に移らず、出場できないことが明記されていた。そして、2014 年 Scholastic & Youth Nationals 大会女子 48 キロ級

で優勝した選手は、体重測定が30分延長されており、全選手にルールを統一的に適用する意味ではこの延長に一貫性がなく、延長する権限を認める規定もなかったことが指摘されている。とすれば、そもそもこの選手が同大会に出場する資格がなく、試合結果は無効であると認定したことで、代表選手選考を取り消し、2位の選手であった申立人を選考した。

なお、本件では、USJの役員が、2014年のJunior Olympic National Championshipsでの再戦にもとづき選考することを決定していたものの、このような再戦を設定する権限も代表選手選考基準からは認められていないことが指摘され、上記結論に至っている。

代表選手選考を行ううえでも、代表選手選考基準を変更するうえでも、代表選手選考基準の手続き文言どおりに選考することを厳格に適用した事案であり、AAAの代表選手選考仲裁における大きな特徴といえる。

⑨AAA 01 15 0004 7133(Sep. 10, 2015), Tubbs v. USA Taekwondo(USAT)

本件は、2015年ジュニアパンアメリカンゲームス、女子テコンドー代表選手選考について、選考手続きの問題について選手の出場機会が侵害されたと申し立てられた事案である。

AAA仲裁パネルは、すでに認められた法原理として、スポーツ仲裁裁判所（Court of Arbitration for Sport, CAS）の事案を引用しながら〈注70〉、NGBのようなスポーツ組織はみずからのルールに従わなければならないことを指摘した〈注71〉。

そのうえで、代表選手選考基準において、一度選手が承諾した代表選手選考から、USATが選手を除外するためには、選手に対する理由を付した通知と事前のヒアリングが必要な手続きを認定した。そして、申立人は未成年のため、申立人と親権者に適切な通知を送る必要があったものの、USATは親権者に通知を送付していなかったことを認め、この代表選手選考を取り消し、申立人を選考した。

代表選手選考手続き違反に関して親権者に送付がなかっただけで取り消される点では、手続き面を非常に重要視した事案といえる。

⑩AAA 01 15 0004 9907(Nov. 15, 2015), Komanski v. USA Cycling(USAC)

　本件は、2015 年国際自転車競技連合（UCI）世界ロード選手権、女子ロードレース代表選手選考について、USAC が代表選手選考基準にしたがった選考を行っていないとして申し立てられた事案である。

　AAA 仲裁パネルは、過去の AAA 代表選手選考事案を引用しながら〈注 72〉、AAA 仲裁パネルの権限については、USOC 基本定款第 9 条仲裁手続きが覆審（いわゆる de novo review）であり、USOC 基本定款第 10 条に定める NGB の決定に対する不服申立てとは異なることから、従前の NGB の決定に対して何らの配慮を行う必要はなく、またそうすることは不適切である、NGB の専門家による評価を仲裁人の評価に取り替えることではなく、覆審として何ら配慮なく、公表されている代表選手選考基準の適用を審査することであると指摘した〈注 73〉。

　また、立証責任についても、過去の AAA 代表選手選考事案を引用しながら〈注 74〉、立証責任については申立人である選手にあることを確認した〈注 75〉。そして、AAA 仲裁パネルの判断基準としては、過去の AAA 代表選手選考事案の判断を引用しながら〈注 76〉、代表選手選考基準を明確に、透明に、疑義なく適用できるようにする責任はスポーツ団体にあり、選手は、どの基準を満たし、どのように選考されるかを知る権利があるなどを指摘した〈注 77〉。

　そのうえで、USAC が USA チームの成功と最高の成績のために、選考基準の適用に努力していたことを認めた。ただし、チームパフォーマンスという選考要件について、選考基準上は、「国際経験と、現在における国際大会での成績レベル」と明記されていることを認め、申立人と選考された選手の当該選考基準を比較すると、客観的な成績結果からして、申立人が上回ることが明らかであることや、選考基準に記載されていない他の要素を考慮する以前に、選考基準に記載された要素に十分に配慮する必要があったことを理由として、他の選手の選考を取り消し、申立人の選考を認めた。

　あくまで明文化されている選考基準を重視し、その選考基準の判断について客観的要素のみから判断したことが明確に示されている事案である。

⑪AAA 01 16 0000 8307(Apr. 15, 2016), Lea v. USA Cycling(USAC)

本件は、2016年オリンピックリオデジャネイロ大会、自転車代表選手選考について、最低資格要件を満たすにもかかわらず、選考されなかったとして申し立てられた事案である。論点は、代表選手選考基準の解釈として、2015年12月に開催される大会のLong Teamに限定されるのか、それとも今回の代表選手選考も含まれるのかであった。

AAA仲裁パネルは、過去のAAA代表選手選考事案を引用しながら〈注78〉、AAA仲裁パネルの権限については、USOC基本定款第9条仲裁手続きが覆審（いわゆるde novo review）であり、USOC基本定款第10条に定めるNGBの決定に対する不服申立てとは異なることから、従前のNGBの決定に対して何らの配慮を行う必要はなく、またそうすることは不適切である、NGBの専門家による評価を仲裁人の評価に取り替えることではなく、覆審として何ら配慮なく、公表されている代表選手選考基準の適用を審査することであると指摘した〈注79〉。

また、立証責任についても、過去のAAA代表選手選考事案を引用しながら〈注80〉、立証責任については申立人である選手にあることを確認した〈注81〉。

AAA仲裁パネルの判断基準は、過去のAAA代表選手選考事案の判断を引用しながら〈注82〉、代表選手選考基準を明確に、透明に、疑義なく適用できるようにする責任はスポーツ団体にあり、選手は、どの基準を満たし、どのように選考されるかを知る権利があるなどを指摘した〈注83〉。

また、いわゆる契約法における不明確条項の解釈準則としての作成者の不利益解釈を準用し、代表選手選考基準の不明確さは作成者がその不利益を負担することを指摘した。そして、本件の論点については、今回の代表選手選考も含まれることを指摘し、申立人が最低資格要件を満たすことを認め、申立人を選考すべきと判断した。

第4節 代表選手選考仲裁における 法的審査の範囲と限界

　以上をふまえ、スポーツ団体が実施する代表選手選考における専門性・自律性と公平・透明性というスポーツガバナンスとのバランスの視点から、AAA の代表選手選考仲裁における法的審査の範囲と限界について、その特徴を解説する。

1. AAA 仲裁パネルの審査対象、権限、判断基準、立証責任

選手の法的権利にもとづく法的審査——AAA 仲裁パネルの審査対象

　AAA 代表選手選考事案の最大の特徴は、オリンピック・アマチュアスポーツ法上、選手の出場機会の保障を定め、USOC 基本定款第9条において選手の法的権利の問題として、この選手の出場機会の侵害があるかないかを審査対象にしている点である。この点は、何ら代表選手選考に関する権利が具体化されていない日本と、まったく前提が異なっている。

　この権利は、これまでの判例を見ても、憲法上の人権とは認められておらず、私法上の権利としても認められているものではない〈注84〉。ただ、スポーツ仲裁という紛争解決手続きの中で前提となる選手の法的権利として、AAA 代表選手選考事案の中で具体化してきている。AAA 代表選手選考仲裁は、USOC にオリンピック、パラリンピック、パンアメリカンゲームスへの代表選手選考に関する独占的な権限が認められる中で、アメリカ合衆国のUSOC に加盟する NGB すべてが導入する必要があるスポーツ仲裁手続きであり、代表選手選考紛争は AAA 代表選手選考仲裁で解決することができる。

　となると、確かに仲裁という私的紛争解決制度において具体化されてきた権利であるものの、選手の権利を法的に保障するという意味では、十分に機能してきているといえよう。また、AAA 代表選手選考仲裁を担う AAA 仲裁判断自体が連邦仲裁法に準拠するため、AAA 代表選手選考仲裁における仲裁判断は、通常の国家裁判所において執行可能である。その意味で、この選手の権利は私法上の権利とほぼ同等の効力を有する非常に強力な権利となっている。日本ではこのような選手の法的権利が明定もされていなければ、

JSAAの仲裁判断を法律上執行することもできないと考えられているため〈注85〉、このような法的権利にもとづく判断はできないが、AAA代表選手選考仲裁はまったく異なるのである。

　AAA代表選手選考仲裁の中で、このような法的権利の侵害の有無が判断されているという意味では、代表選手選考紛争に対するスポーツ仲裁による法的審査も広い審査となっているといえよう。

AAA仲裁パネルの判断基準
——具体化された選手の権利内容にもとづく法的審査

　USOC基本定款第9条においては、選手の権利内容について、あくまで「参加する機会」（opportunity to participate）としか規定されていない。そのため、AAA代表選手選考仲裁の代表選手選考事案において審査対象となる権利侵害、すなわち出場機会の保障とは具体的に何なのか、規定上明らかになっていない。

　しかし、AAA代表選手選考仲裁の代表選手選考事案においては、以下のように指摘されている。

- 1992年の仲裁パネルの権限、判断基準、立証責任が示された事案①Gault v. United States Bobsled and Skeleton Federation, Inc. (US-BSF) では、選手選考の公正さ、公平性を確保すること、選考基準を選手に対して知らせること、選手選考に選手の意見を反映させること、事前に明確であり、理解できる公平な選考基準が必要であること

- 2004年の同事案②McConneloug v. USA Cycling, Inc. (USAC) や2006年の同事案③Klug v. United States Ski and Snowboard Assn. (USSA) では、選手がどうやって選考されるのか（選考手続き）、どのような基準で判断されるのか（選考基準）を知る権利であること

- 2005年の選手の出場機会の侵害が認められなかった事案①Viola v. USA Diving, Inc. (USAD) では、USOC基本定款第9条の趣旨について、選手に対して公平な機会を提供すること、USOCが代表選手選考過程が公正かつ公平であることを確保することによって、選手の出場機会を保障することにある

- 2010年の仲裁パネルの権限、判断基準、立証責任が示された事案④Beckom v. United States Bobsled and Skeleton Federation, Inc. (US-

BSF）では、選手が代表選手選考にあたって公正な機会を有すること、USBSF の選考委員会が選考基準を合理的に適用していること

- 2012 年の同事案⑤Morgan v. USA Synchronized Swimming（USASS）や同事案⑥Tibbs v. U.S. Paralympics（USP）では、すでに承認され公表されている代表選手選考基準に違反しないこと、選手らに公平に適用すること、不誠実あるいは偏見をもって選考を実施しないこと、オリンピック・アマチュアスポーツ法やアメリカ合衆国連邦法などに違反しないこと

　このように、時間の経過とともに徐々に選手の出場機会の保障内容が具体化されてきている。具体化された内容についてスポーツ仲裁による法的審査が及んでいるという意味では、広い法的審査が及んでいるといえよう。

　また、この選手の出場機会という権利の具体化の過程において指摘されてきた権利内容を見ると、単純に選手の権利保障が充実しただけではない。代表選手選考仲裁はスポーツ団体が実施する代表選手選考における専門性・自律性と公平・透明性というスポーツガバナンスとのバランスを見出すものであることから、選手選考の「機会」の公正、平等や、選考基準や手続きの策定、公表、選考基準や関連法令に準拠することなど、このバランスを見出すかたちで具体化されていると考えられる〈注86〉。

　そして、代表選手選考決定に対する AAA 仲裁パネルは、このような具体化された選手の権利の侵害があるかないかを判断するのであるから、具体化された選手の出場機会の保障内容は、AAA 仲裁パネルの判断基準そのものとなっている。

AAA 仲裁パネルの権限
——法的審査における選手の出場機会の保障の実質的意味

　そして、このような代表選手選考事案における選手の権利内容が具体化する過程の中で明らかになってきていることは、あくまでスポーツ仲裁による法的審査の主な対象は、このような具体化された権利侵害があるか否かであって、代表選手選考を行うことではない、ということである。

　AAA 代表選手選考事案における仲裁パネルの権限については、仲裁パネルの権限、判断基準、立証責任が示された事案④Beckom v. United States Bobsled and Skeleton Federation, Inc.（USBSF）や、同事案⑥Tibbs v. U.S. Paralympics（USP）、選手の出場機会の侵害が認められた事案③

Blumer v. United States Ski and Snowboard Assn (USSA)、同事案④ Smith v. Amateur Softball Assn. of America, Inc.（ASA）などでは、代表選手選考において NGB がもっともよいプロセスを経ていたか、あるいは NGB の専門的な判断と素人の判断を取り替えることではない、あくまで選考基準にしたがっているかのみであり、選考基準が適切か、違う候補を選考する権限はないと指摘されている。あくまで代表選手選考をみずから行うことではないことを明確にして、AAA 仲裁パネルの権限を限定しているのである。

　さらに、これまでの AAA 代表選手選考事案においては、仲裁パネルの権限、判断基準、立証責任が示された事案①Gault v. United States Bobsled and Skeleton Federation, Inc.（USBSF）、選手の出場機会の侵害が認められた事案②Piree v. United States Rowing Assn.（USR）、同事案⑥Thomas v. USA Cycling, Inc.（USAC）など、AAA 仲裁判断の中で選考会の実施を命じた事案がいくつもあり、申立人を選考決定した事案よりも選考会の実施を命じた事案のほうが多い。

　すなわち、USOC 基本定款第 9 条にもとづく選手の出場機会の保障という視点からは、機会の保障があれば足りることから、スポーツ団体が定めている選考基準がすでに明確で、当該選考基準その他の客観的な証拠によれば、申立人を選考決定することが明らかである場合を除き、AAA 仲裁パネルは、選考決定よりむしろ選考会の開催などを命じているのである。

　中には同事案⑦Barry v. USA Boxing, Inc.（USAB）のように、選考基準に明記がないにもかかわらず選手の出場機会を保障するという意味で、候補選手全員が参加できる選考会の実施を命じる場合もあった。これはあくまでスポーツ仲裁による法的審査が選手の出場機会の保障を主眼にしていることから、その範囲を中心に審査を行っていることの表れといえよう。

　すなわち、AAA 代表選手選考仲裁では、選手の出場機会の保障という法的権利の侵害を法的審査するという意味では広い審査を及ぼしているものの、一方で AAA 仲裁パネルの権限としては、あくまで判断の余地がない選考以外代表選手選考決定は行わず、選手の出場機会を保障するための選考会の実施という判断に留めるというバランスにおいて判断しているのである。

中央競技団体（NGB）の決定に限られない審査対象
――民事訴訟型のスポーツ仲裁

このような選手の権利侵害の有無を判断することがAAA代表選手選考仲裁におけるスポーツ仲裁による法的審査であるため、申立人である選手の権利侵害を判断するという意味では、民事上の不法行為事案のように民事訴訟型のスポーツ仲裁になる。

代表選手選考仲裁について、JSAAなど他国のスポーツ仲裁事案においては、スポーツ団体の決定を法的に審査する仲裁規則となっていることが多いため、行政訴訟型のスポーツ仲裁になることがほとんどであるが、AAA代表選手選考仲裁は大きく異なっている。JSAAのような行政訴訟型の場合、スポーツ団体の裁量に対する尊重が前提となるため、スポーツ仲裁による法的審査は一定の範囲に限られざるを得ない。

一方で、民事訴訟型の場合はこのような前提がない中で申立人の権利侵害を率直に判断するという意味では、スポーツ仲裁による法的審査の範囲が限定される理由がない。

また、申立人の権利侵害の有無を判断することにしているため、その法的審査の対象はNGBの決定に限られない。選手の出場機会の侵害を認めなかった事案②Ruckman v. United States Rowing Assn.（USR）においては、代表選手選考決定ではなく、そもそもの代表選手選考基準自体が、USOC基本定款第9条に定める選手の出場機会を侵害していると不服申立てされており、AAA代表選手選考事案においてスポーツ仲裁による法的審査の範囲が広くなっているともいえよう。

このような意味では、具体化された選手の出場機会の内容について侵害する可能性があればスポーツ仲裁の対象となるのであり、代表選手選考仲裁が選手の出場機会の保障という、公平・透明性というスポーツガバナンスの視点から、審査対象を広範に設定し、広く法的審査を行っている。

民事訴訟型のスポーツ仲裁の実質的意義
――スポーツ団体の専門性と経験への配慮原則不要

AAA代表選手選考事案において、NGBの決定に対する配慮については、選手の出場機会の侵害が認められた事案⑧Hyatt v. USA Judo（USJ）、同事案⑩Komanski v. USA Cycling（USAC）、同事案⑪Lea v. USA Cycling

（USAC）で、AAA 仲裁パネルは、USOC 基本定款第 9 条仲裁手続きが覆審（いわゆる de novo review）であり、USOC 基本定款第 10 条に定める NGB の決定に対する不服申立てとは異なることから、従前の NGB の決定に対して何らかの配慮を行う必要はなく、またそうすることは不適切である、と指摘されている。

　一方で、仲裁パネルの権限、判断基準、立証責任が示された事案②Mc-Conneloug v. USA Cycling, Inc.（USAC）、選手の出場機会の侵害が認められなかった事案①Viola v. USA Diving, Inc.（USAD）では、NGB はみずからが適用するルールを制定し、実施する責任を有しており、NGB によるルールの解釈および適用に関しては、いくらか配慮を認めなければならないと指摘されている。

　これらの事案を整理することはなかなか困難であるが、選手の出場機会の侵害が認められなかった事案②Ruckman v. United States Rowing Assn.（USR）で、オリンピック・アマチュアスポーツ法や USOC 基本定款において NGB が代表選手選考基準を設ける権限を有していることや、USOC の事前承認を経ることなどから、USR の代表選手選考基準には合理性が認められる限り配慮すべきと指摘した事案もある。

　また、選手の出場機会の侵害が認められなかった事案③Carr v. US Speedskating（USS）では、USOC 基本定款第 9 条にもとづく仲裁手続きは、覆審であり、また USS の当該世界選手権に関する代表選手選考基準は、USOC などの第三者承認を受けていないため、USS の代表選手選考に何らの配慮をはたらかせる必要はないと指摘されている。

　このような仲裁判断の指摘を総合すれば、USOC 基本定款第 9 条仲裁手続きが覆審であり、USOC 基本定款第 10 条に定める NGB の決定に対する不服申立てとは異なることから、基本的には、従前の NGB の決定に対して何らの配慮を行う必要はないものの、国際的なアマチュアスポーツ大会のうち、オリンピック、パラリンピックおよびパンアメリカンゲームスについては NGB が策定する代表選手選考基準が USOC の事前承認を経ているため、AAA 仲裁パネルとしては一定の配慮をすべきである、という整理は可能であろう。

　また、USOC 基本定款第 9 条仲裁手続きが USOC 基本定款第 10 条に定める NGB の決定に対する不服申立てとは異なることが理由の 1 つとして指

摘されている点からは、AAA代表選手選考事案が、前述のとおり選手の出場機会の侵害の有無を判断する民事訴訟型のスポーツ仲裁であり、JSAAのようなスポーツ団体の決定を直接の審査対象として判断する行政訴訟型のスポーツ仲裁ではないため、スポーツ団体の裁量に対する尊重を前提とする必要がないと考えることもできよう。

スポーツ団体の代表選手選考決定については、確かにその専門性、経験が必要な事項であり、これに対して事実上尊重することは当然である。もっとも、AAA代表選手選考仲裁は、USOC基本定款第10条に定めるNGBの決定に対する不服申立てとは異なり、選手の出場機会の保障を前提とし、この出場機会の侵害を法的審査する民事訴訟型のスポーツ仲裁であることからすれば、紛争解決手続きとしてはスポーツ団体の専門性、経験への配慮をしないということで、よりスポーツ仲裁による法的審査を厳格にしているといえる。

立証責任の負担は申立人（選手）

AAA代表選手選考事案における立証責任の負担については、JSAAにおいて法律上、また「JSAA仲裁規則」上何ら定められていないのと同様に、AAA代表選手選考仲裁の根拠となるオリンピック・アマチュアスポーツ法、USOC基本定款、AAA商事仲裁規則などに定めはない。

しかしながら、AAA代表選手選考事案においては、仲裁パネルの権限、判断基準、立証責任が示された事案①Gault v. United States Bobsled and Skeleton Federation, Inc.（USBSF）など、その権利の侵害を立証する責任は申立人である選手にあり、立証の程度は証拠の優越であることが指摘されてきた。これは、USOC基本定款第9条にもとづく仲裁申立て自体が同条に定められた選手の権利にもとづくものであり、同手続きが民事訴訟型の仲裁手続きであることからすれば、自然な帰結といえるだろう。

そして、この指摘は、同事案④Beckom v. United States Bobsled and Skeleton Federation, Inc.（USBSF）、選手の出場機会の侵害が認められた事案⑧Hyatt v. USA Judo（USJ）、同事案⑩Komanski v. USA Cycling（USAC）、同事案⑪Lea v. USA Cycling（USAC）についても引き継がれている。仲裁パネルの権限、判断基準、立証責任が示された事案⑤Morgan v. USA Synchronized Swimming（USASS）においては、とくに選考基準そ

のものを問題とする場合、その選考基準に合理性がないことまでも選手が立証しなければならないと指摘されている。

　この立証責任の負担は一見選手の負担になるため、選手の出場機会の侵害が認められなかった事案②Ruckman v. United States Rowing Assn. (USR) など、立証責任の負担において選手が敗訴する事案は多数存在する。ただ、実際は、NGB の決定に対する不服申立てとは異なり、当該決定に対して原則として何ら配慮が不要であることや、法的審査の対象が NGB の決定に限られず、代表選手選考基準自体など幅広い内容を審査対象にし、選手の出場機会の侵害の有無が判断されることから、立証責任の負担を感じさせない。

2. AAA 仲裁パネルによる法的審査の程度

選考基準に準拠することの厳格性

　AAA 代表選手選考事案において、選手の出場機会の侵害事由について検討を進めると、まず、全般として、NGB が設定した代表選手選考基準を厳格に適用している。日本の JSAA が仮に選考基準違反があってもその取消し事由を限定し、中央競技団体の代表選手選考決定を維持する点や、ニュージーランドの STNZ が手続き規程違反の事案について結論の変更可能性がない場合や代表選手選考そのものの妥当性が問題にならない限り、中央競技団体の代表選手選考決定を取り消していない点と大きく異なっている。

　たとえば、仲裁パネルの権限、判断基準、立証責任が示された事案②McConeloug v. USA Cycling, Inc.（USAC）では、実際のオリンピックにおける成績結果や記録は、修正された選考基準で選考された選手のほうが高かったかもしれないものの、あくまで事前に選手に発表されていた代表選手選考基準を厳格に適用し、かつ権限のない代表選手選考基準の修正を認めていない。

　そのほかにも、選手の出場機会の侵害が認められた事案①Reininger v. United States Rowing Assn. (USR)、同事案②Piree v. United States Rowing Assn. (USR)、同事案③Blumer v. United States Ski and Snowboard Assn (USSA)、同事案④Smith v. Amateur Softball Assn. of America, Inc. (ASA)、同事案⑦Barry v. USA Boxing, Inc. (USAB)、同事案⑧

Hyatt v. USA Judo（USJ）、同事案⑨Tubbs v. USA Taekwondo（USAT）、同事案⑩Komanski v. USA Cycling（USAC）でも、選考基準を厳格に適用することがつづいている。

　これらの事案をみるに、AAA 仲裁パネルがやはり選考の妥当性よりも、NGB みずから定める選考基準を厳格に適用することに重点を置いていると指摘できる。JSAA においては、そもそも代表選手選考基準が存在しない場合であっても、結果としての代表選手選考決定が合理的であれば取り消されていないため、選考基準を厳格に適用することに関して大きな違いがある。

　そして、選考基準を厳格に適用することの重視という意味では、AAA 仲裁パネルの判断としてはかなり珍しい判断ではあったが、特定の NGB の選手選考基準の策定にあたって、詳細な指南を行った事案も存在する。

　たとえば、選手の出場機会の侵害が認められた事案①Reininger v. United States Rowing Assn.（USR）においては、本キャンプでの選考における、用具の使用方法、選考基準の具体化、書面化、事前告知、選考パネルのあり方まで命じている。1988 年の事案であり、まだまだ代表選手選考のあり方が具体化されていなかった時代にあっては、詳細な判断をすべき、貴重な仲裁判断だったと考えられる。

　また、選手の出場機会の侵害が認められなかった事案①Viola v. USA Diving, Inc.（USAD）においては、すでに USOC から NGB に対して示されていた代表選手選考ガイドライン（Guidelines for Athlete Selection Procedures）に代表選手選考は客観的評価によってなすべきであり、あらゆる主観的評価は客観的な根拠によって支持される必要があると記載されていることや、過去の AAA 代表選手選考事案を引用し、裁量基準の適用は本質的に主観的な判断になるが、そのような判断は必ず客観的な根拠にもとづかなければならない（裁量基準によって選手を判断することは疑わしいと思わなければならない）との基本的な考え方を確認した。

　そのうえで、これをさらに具体化するかたちで、かなりこまかい修正命令を 2 度にわたって出している。AAA 代表選手選考事案においても、基本的には、選手の出場機会の侵害があるか否かの判断の中で必要な限りにおいて、選考基準の問題点が指摘されるのが一般的であるが、ここまで詳細に、かつ修正命令まで出したのは、この事案しかなかった。

このような具体的な選考会実施基準の指定や選考基準の修正を命じることは、NGB みずから定める選考基準を厳格に適用することに重点を置いていることの表れといえよう。

客観的評価における選手の出場機会の侵害事由

　客観的評価で判断される代表選手選考において、試合成績や記録上明らかであれば選手の出場機会の侵害が認められなさそうであるが、AAA 代表選手選考事案では、選手の出場機会の侵害が認められた事案もある。選手の出場機会の侵害が認められた事案⑥Thomas v. USA Cycling, Inc.（USAC）では、客観的な記録の評価に関して、違った状況下での違った大会の記録の比較を完全に否定したうえで、同一条件下での成績比較を重視した。

　このような事案は、スポーツ団体の裁量への尊重を前提とした行政訴訟型のスポーツ仲裁の場合、一定の裁量を認め、スポーツ仲裁による法的審査の対象としないことも考えられる。ただ、AAA 代表選手選考事案は、やはり選手の出場機会の侵害の有無を判断する民事訴訟型のスポーツ仲裁のため、代表選手選考における選手の出場機会の公平性を直接審査していた。このような視点からは、客観的評価とはいえ、選手の出場機会の公平性を侵害するのであれば、代表選手選考決定が取り消される可能性がある法的審査が行われているといえよう。また、前述の具体化された選手の出場機会の内容が、客観的評価においてさらに具体化されているとも指摘できる。

　JSAA では、事案の少なさもあるが、客観的評価に関してここまで取り消した事案が多くないため、客観的評価における取消し事由に大きな違いがあるといえよう。

主観的評価における選手の出場機会の侵害事由

　主観的評価で判断される代表選手選考について、選手の出場機会の侵害が認められなかった事案①Viola v. USA Diving, Inc.（USAD）、選手の出場機会の侵害が認められた事案①Reininger v. United States Rowing Assn.（USR）では、代表選手選考における主観的評価について、その存在について肯定したうえで、完全な裁量にゆだねられた代表選手選考は否定するものの、主観的評価の判断に客観的な根拠を求めている。

　そして、この根拠についても、例示として、根拠の内容、根拠間の関係、

評価の仕方などについても基準化することを指摘している。また、選手の出場機会の侵害が認められた事案④Smith v. Amateur Softball Assn. of America, Inc.（ASA）においても、主観的評価の判断に、客観的な根拠や選考パネル間の根拠による評価方法に関する合意を求めている。

　主観的評価については、スポーツ団体の裁量への尊重を前提とした行政訴訟型のスポーツ仲裁の場合、大幅な裁量を認め、スポーツ仲裁による法的審査の対象としないことも考えられる。ただ、AAA 代表選手選考事案は、やはり選手の出場機会の侵害の有無を判断する民事訴訟型のスポーツ仲裁のため、代表選手選考における選手の出場機会の公平性を直接審査し、客観的な根拠がいかに公平に判断されているかまで、広く法的審査が行われているといえよう。つまり、前述の具体化された選手の出場機会の内容が、主観的評価においても、さらに具体化されているとも指摘できる。

手続き規程における選手の出場機会の侵害事由

　AAA 仲裁パネルの特徴として、代表選手選考基準に準拠することの厳格性は述べたが、とくに代表選手選考手続き規程の違反については、比較的軽微な手続き規程違反であっても、スポーツ仲裁による法的審査を厳格に実施している。

　たとえば、かなり初期の事案である、仲裁パネルの権限、判断基準、立証責任が示された事案①Gault v. United States Bobsled and Skeleton Federation, Inc.（USBSF）から、選考権限者の明確性や選考基準の事前告知など、選考手続きの問題から選手の出場機会の侵害が認められている。

　また、選手の出場機会の侵害が認められた事案⑤Lindland v. USA Wrestling Assn.（USAW）では、審査対象となったスポーツ団体内部の不服申立て機関であったグレコローマン委員会の決定に関する委員会メンバーや証人の決定という手続き面が問題とされた。

　同事案⑧Hyatt v. USA Judo（USJ）では、優勝した選手の体重測定が30分延長されており、延長する権限を認める規定もなかったという理由で代表選手選考が取り消されている。

　同事案⑨Tubbs v. USA Taekwondo（USAT）では、親権者に対する通知が送付されていなかったという理由だけで取り消されるなど、選考手続き面の問題でも厳格に判断することが徹底されている。

JSAA では結論に変更がない選考決定手続き規程の違反は、結論の変更可能性がないことや代表選手選考そのものの妥当性を失わせないとして、代表選手選考の取消し事由にならないことが多いが、AAA 代表選手選考事案では選考決定手続き規程の違反の事案についても厳格に判断がなされている。選手の出場機会の保障という視点からすれば、選考手続き規程自体が選手の出場機会そのものを保証している性質を有するととらえることができるため、軽微な違反でも選手の出場機会の違反と判断しているのだろう。公平・透明性というスポーツガバナンスから、適正手続きの問題を重視している点は大きな特徴といえる。

USOC における代表選手選考基準の進化の影響

　これまで AAA 代表選手選考事案におけるスポーツ団体が実施する代表選手選考における専門性・自律性と公平・透明性というスポーツガバナンスとのバランスを見てくると、選手の出場機会の保障という視点からスポーツ仲裁によるかなり広い法的審査が行われてきたといえよう。

　そして、AAA が代表選手選考紛争を取り扱うようになって 40 年間の歴史を振り返ると、2000 年代に紛争数が大きく増加したものの、2000 年代と 2010 年代の紛争には大きな違いが見られる。2010 年代の紛争においては、従前の代表選手選考基準をめぐる問題は影をひそめ、選考手続きの軽微な違反などの事案にとどまっている。

　これは、前述のとおり、アメリカ合衆国の代表選手選考制度においては、USOC が独占的な権限を有し、その最終的な責任を負っている。NGB が策定する代表選手選考基準に対する USOC の事前承認制度や代表選手選考ガイドラインが存在するため、USOC がこれらの制度などを活用し、NGB が策定する代表選手選考基準を進化させているからである。本書執筆時に至っては、統一のフォームで NGB から USOC に対して代表選手選考基準が提出され、アスリートオンブズマンによる相談窓口の連絡先もすべて明記されるなど、選手の出場機会を保障するための努力がなされている。その結果 AAA での審査においても、従来の代表選手選考基準の問題は少なくなっていると思われる。

　JSAA でも代表選手選考に関する仲裁判断は積み重ねられてきているが、日本オリンピック委員会（Japanese Olympic Committee, JOC）が中央競

技団体に対して事前承認制度を実施したり、代表選手選考ガイドラインを示すことはしていない。そのため、中央競技団体の代表選手選考の法的精度が向上せず、いまだに稚拙な代表選手選考が行われ、JSAA に対して仲裁申立てがなされていることと大きな違いがある。

第5節 本章のまとめ

　第4章においては、スポーツ団体が実施する代表選手選考における専門性・自律性と公平・透明性というスポーツガバナンスとのバランスの視点から、アメリカ合衆国の AAA の代表選手選考仲裁における法的審査の範囲と限界を解説した。

　AAA の代表選手選考仲裁の最大の特徴は、オリンピック・アマチュアスポーツ法上、USOC にオリンピック、パラリンピック、パンアメリカンゲームスへの代表選手派遣に関する独占的な権限を定める一方で、選手の出場機会の保障、AAA によるスポーツ仲裁導入を定めている点である。そして、AAA 仲裁パネルは、USOC 基本定款第9条における選手の法的権利の問題として、この選手の出場機会の侵害があるかないかを審査対象にしている。これは民事訴訟型のスポーツ仲裁である。

　そして、AAA 代表選手選考仲裁の代表選手選考事案においては、この選手の出場機会の保障の具体的内容について、徐々に選手の出場機会の保障内容が具体化されてきており、すでに承認され公表されている代表選手選考基準に違反しないこと、選手らに公平に適用すること、不誠実あるいは偏見をもって選考を実施しないこと、オリンピック・アマチュアスポーツ法などのアメリカ合衆国連邦法などに違反しないことと指摘されている。そして、代表選手選考決定に対する AAA 仲裁パネルは、このような具体化された選手の権利の侵害があるかないかを判断するのであるから、具体化された選手の出場機会の保障内容は、AAA 仲裁パネルの判断基準そのものとなる。

　このような具体化された選手の出場機会を保障することが代表選手選考に関する趣旨であることを受けて、代表選手選考自体を行うことは AAA 仲裁

パネルの権限ではないとして、AAA仲裁判断の中では選考会の実施を命じることが多い。これらは、AAA仲裁パネルの権限が、あくまで判断の余地がない選考以外代表選手選考決定は行わず、選手の出場機会を保障するための選考会の実施という判断にとどめるというバランスを示している。

そして、AAA仲裁パネルの権限としては、NGBの決定を審査対象とするのではない民事訴訟型のスポーツ仲裁であること、覆審であることを理由として、USOCの事前承認がなされていないのであれば、従前のNGBの決定に対して何らの配慮を行う必要はないことが指摘されている。行政訴訟型のスポーツ仲裁とは異なり、スポーツ団体の専門性、経験への配慮をしないということで、スポーツ仲裁による法的審査をより広範にしているといえる。また、AAA代表選手選考仲裁は、民事訴訟型の仲裁であることを前提として、その権利の侵害を立証する責任は申立人である選手にあると指摘されている。

そして、これらの権限、判断基準、立証責任の負担をふまえた実際のAAA仲裁パネルの判断としては、以下のようになっている。

● NGBが設定した代表選手選考基準を厳格に適用している

● 代表選手選考に関する客観的評価について、客観的な記録の評価に関して、違った状況下での違った大会の記録の比較を完全に否定し、客観的評価とはいえ、選手の出場機会の公平性を侵害するのであれば、代表選手選考決定が取り消される

● 代表選手選考における主観的評価については、代表選手選考における主観的評価の存在について肯定したうえで、選手の出場機会の公平性を直接審査するため、客観的な根拠がいかに公平に判断されているかまで、広く法的審査が行われている

● 選考基準における手続き規程違反については、選考権限者の明確性や選考基準の事前告知、スポーツ団体内の不服申立て手続きの問題など、選手の出場機会の公平性に直接問題となる事案から、体重測定の実施時間や代表選手選考に関する通知など比較的軽微な手続き規程違反であっても選手の出場機会の公平性に問題が出るのであれば、代表選手選考決定が取り消される

〈注〉

1　なお、当該権利は、規定上は選手、コーチ、トレーナー、マネージャー、運営者、役員なども対象者と明記されているため、選手に限られた権利ではない。本書では、代表選手選考を対象とするため、選手に限定した表記としている。

2　アメリカオリンピック委員会は、2019 年 6 月 22 日、その名称を「United States Olympic Committee」（USOC）から、「United States Olympic & Paralympic Committee」（USOPC）に変更したことを発表したが、本書の執筆時は 2019 年 4 月 1 日に設定しているため、USOC と表記した。

3　USOC や Ted Stevens Olympic and Amateur Sports Act については、文部科学省「平成 22 年度諸外国におけるスポーツ振興政策についての調査研究」（アメリカ）、2011 年を参照。http://www.mext.go.jp/component/a_menu/sports/detail/__icsFiles/afieldfile/2011/08/03/1309352_013.pdf、2019 年 4 月 1 日アクセス。

4　ただし、文言上、各スポーツの世界選手権は記載されていない。

5　Wong, Glenn M. *ESSENTIALS OF SPORTS LAW* (*Fourth Edition*), *Praeger Pub Text*, 2010, p. 162.

6　The final report of the President's Commission on Olympic Sports, 1977.

7　DeFrantz v. United States Olympic Committee, 492 F. Supp. 1181 (D.D.C. 1980). Mitten, Matthew J. "United States of America", *International Encyclopaedia for Sports Law*, Kluwer Law International BV, 2017, para. 82 にも同様の指摘がある。

8　文部科学省「平成 22 年度諸外国におけるスポーツ振興政策についての調査研究」（アメリカ）、2011 年を参照。http://www.mext.go.jp/component/a_menu/sports/detail/__icsFiles/afieldfile/2011/08/03/1309352_013.pdf、2019 年 4 月 1 日アクセス。より近時のデータとしては、笹川スポーツ財団「諸外国のスポーツ振興施策の比較表（2017）」、http://www.ssf.or.jp/Portals/0/resources/research/report/pdf/H29_7country_f.pdf、2019 年 4 月 1 日アクセス。

9　ただし、大学や高校の大会に関しては別のアマチュアスポーツ団体が管轄しており、中央競技団体（NGB）は原則として権限を有しない（オリンピック・アマチュアスポーツ法第 220526 条（a））。なお、Mitten, op. cit., p. 39, note. 52 においても指摘されている。

10　なお、AAA 77 190 E 00075 13 (Mar. 27, 2013), Carr v. US Speedskating (USS) の仲裁判断によれば、USOC による事前認証制度は、オリンピック、パラリンピック、パンアメリカンゲームスに関する代表選手選考に限られ、各スポーツの世界選手権には行われていない。

11　Behagen v. Amateur Basketball Association of U.S., 884 F. 2d 524 (10th Cir. 1989)、Harding v. United States Figure Skating Association, 851 F. Supp. 1476 (D. Ore. 1994) など。Mitten, op. cit., para. 83 にも指摘されている。

12　なお、この権利については、法律の文言上、「right」ではなく、「opportunity」との文言が使われていることは留意すべき点である。

13　Mitten, op. cit., para. 82, 84.

14　Mitten, M. J. & Davis, T. Athlete Eligibility Requirements and Legal Protection of Sports Participation Opportunities, *Virginia Sports and Entertainment Law Journal*, Vol. 8, 2008, p. 94, 95.

15　なお、同事件については、井上洋一「モスクワオリンピックボイコットに対する訴訟—アメリカにおける競技者の参加の権利」（『スポーツ史研究』第 5 号、1993 年、pp. 15-23）に詳しい。

16　Mitten, op. cit., para. 84, 87, 89.

17　文部科学省平成 23 年度委託調査スポーツ政策調査研究（ガバナンスに関する調査研究）2012 年 3 月、第 1 章米国、p. 25 以降。http://www.mext.go.jp/component/a_menu/sports/detail/__icsFiles/afieldfile/2012/05/16/1319876_2.pdf、2019 年 4 月 1 日アクセス。

18 この不服申立て以前にも、1998年の改正によって設けられたアスリートオンブズマン制度において、選手は、無償で、助言を求めたり、調停補助を行うことができ、代表選手選考問題の解決制度が用意されている（オリンピック・アマチュアスポーツ法第220509条（b）（1）、USOC基本定款第13条）。

19 Commercial Arbitration Rules and Mediation Procedures（2018）、https://www.adr.org/sites/default/files/CommercialRules_Web.pdf、2019年4月1日アクセス。なお、ドーピング紛争に関しては追加規則が存在する。American Arbitration Association Supplementary Procedures for the Arbitration of Olympic Sport Doping Disputes（2009）、https://www.adr.org/sites/default/files/American%20Arbitration%20Association%20Supplementary%20Procedures%20for%20the%20Arbitration%20of%20Olympic%20Sport%20Disputes.pdf、2019年4月1日アクセス。

20 Mitten, Matthew J. et al, *Sports Law and Regulation: Cases, Materials, and Problems*（*3rd Edition*）, *Wolters Kluwer Law & Business*, 2013, p. 280.

21 AAAの詳細、歴史については、Kellor, Frances. *American Arbitration: Its History, Functions and Achievements*, *HARPER & BROTHERS PUBLISHERS*, 1948 参照。

22 その他スポーツ紛争を専門にしない仲裁機関がスポーツ紛争を取り扱う例としては、ドイツの商事仲裁機関であるドイツ仲裁協会（Deutsche Institution für Schiedsgerichtsbarkeit e.V., DIS）が導入しているスポーツ仲裁 Deutsches Sportschiedsgericht などが存在する。

23 Using ADR to Resolve Collegiate, Professional, and Sports-Business Disputes、https://www.adr.org/sites/default/files/document_repository/Using%20ADR%20to%20Resolve%20Collegiate%20Professional%20and%20Sport%20Business%20Disputes.pdf、2019年4月1日アクセス。

24 なお、USOC基本定款第9条仲裁の申立てに関する規定があまり知られていなかったことを指摘する文献も存在する。Weiler, Paul C. et al. *SPORTS AND THE LAW: Text, Cases and Problems Fifth Editions*, *West Academic Publishing*, 2015, p. 1160.

25 アメリカ合衆国の民事訴訟では一般的な証明度原則とされる。田村陽子「アメリカ民事訴訟における証明論―『法と経済学』的分析説を中心に」（『立命館法学』2011年5・6号（339・340号）、p. 137）。

26 AAA 72 E 190 0002 92, ARBITRATION AWARD, p. 3.

27 Ibid, p. 6, 7.

28 578 N.Y.S. 2d 683, 685（N.Y. App. Div. 1992）.

29 AAA 30 190 00750 04, AWARD OF ARBITRATOR, para. 25.

30 Ibid.

31 AAA 77 190 E 00105 10, FINAL AWARD OF ARBITRATOR, para. 3.3.

32 AAA 77 190 00275 08（Jul. 19, 2008）, Nieto v. USA Track and Field, Inc.（USATF）、AAA 30 190 00259 07（Mar. 16, 2008）および AAA 77 190 E 00189 08（May 29, 2008）, Ruckman v. United States Rowing Assn.（USR）、AAA 72 E 190 0002 92（Jan. 11, 1992）, Gault v. United States Bobsled and Skeleton Federation, Inc.（USBSF）

33 AAA 77 190 E 00105 10, AWARD OF ARBITRATOR, p. 8.

34 Ibid.

35 AAA 30 190 00259 07（Mar. 16, 2008）, Ruckman v. United States Rowing Assn.（USR）

36 AAA 77 190 00050 12, DECISION AND AWARD OF ARBITRATOR, p. 10.

37 AAA 30 190 00466 02（Jan. 23, 2003）, Wright v. Amateur Softball Assn. of America, Inc.（ASAA）

38 AAA 77 190 00050 12, DECISION AND AWARD OF ARBITRATOR, p. 10.

39 AAA 77 190 E 00105 10（Feb. 10, 2010）, Beckom v. United States Bobsled and Skeleton

Federation, Inc. (USBSF)、AAA 77 190 00275 08 (Jul. 19, 2008), Nieto v. USA Track and Field, Inc. (USATF)、AAA 30 190 00259 07 (Mar. 16, 2008) および AAA 77 190 E 00189 08 (May 29, 2008), Ruckman v. United States Rowing Assn. (USR)、AAA 72 E 190 0002 92 (Jan. 11, 1992), Gault v. United States Bobsled and Skeleton Federation, Inc. (USBSF)

40 AAA 71 190 E 00406 12, AWARD OF ARBITRATOR, p. 14.

41 AAA 77 190 00050 12 (Mar. 26, 2012), Morgan v. USA Synchronized Swimming (US-ASS)、AAA 77 190 E 00105 10 (Feb. 10, 2010), Beckom v. United States Bobsled and Skeleton Federation, Inc. (USBSF)、AAA 30 190 00259 07 (Mar. 16, 2008), Ruckman v. United States Rowing Assn. (USR)

42 AAA 71 190 E 00406 12, AWARD OF ARBITRATOR, p. 14.

43 Ibid.

44 なお、AAA 30 190 00027 98 (Jan. 30, 1998), Blumer v. United States Ski and Snowboard Assn. (USSA) を引用し、代表選手選考における手続きや時間的制約から、仲裁パネルが判断可能な救済の態様は制限されるとの指摘もあり、現実的な解決策から、USAD の選考パネルの判断を維持した可能性は否定できない。

45 AAA 30 190 00750 04 (Jul. 20, 2004), McConneloug v. USA Cycling, Inc. (USAC)

46 AAA 30 190 00828 05, PARTIAL AWARD OF ARBITRATOR, para. 38. ただし、事後のケースである、AAA 77 190 E 00075 13 (Mar. 27, 2013), Carr v. US Speedskating (USS) においては、中央競技団体 (NGB) に対して何らの配慮を行っていないと指摘されている。

47 AAA 30 190 00828 05, PARTIAL AWARD OF ARBITRATOR, para. 38.

48 AAA 30 190 00060 00 (Apr. 24, 2000) および AAA 30 190 00060 00 (May 30, 2000), Smith v. Amateur Softball Assn. of America, Inc (ASA)、AAA30 190 00445 00 (Aug. 11, 2000), Thomas v. USA Cycling, Inc. (USAC)

49 AAA 30 190 00828 05, PARTIAL AWARD OF ARBITRATOR, para. 39.

50 AAA 30 190 00828 05, PARTIAL AWARD OF ARBITRATOR, para. 54.

51 AAA 30 190 00060 00 (Apr. 24, 2000) および AAA 30 190 00060 00 (May 30, 2000), Smith v. Amateur Softball Assn. of America, Inc. (ASA)、AAA 72 E 190 0002 92 (Jan. 11, 1992), Gault v. United States Bobsled and Skeleton Federation, Inc. (USBSF)

52 AAA 30 190 00828 05, SECOND PARTIAL AWARD OF ARBITRATOR, para. 23.

53 AAA 14 E 190 0056 92 (Apr. 14, 1992), Piree v. United States Rowing Assn. (USRA)

54 AAA 30 190 00259 07, FINDING OF FACT, CONCLUSIONS OF LAW, ORDER AND AWARD, para. 31.

55 Ibid, para. 45.

56 AAA 77 190 E 00075 13, AWARD OF ARBITRATOR, para. 34.

57 AAA 30 190 00828 05 (Aug. 1, 2005) および AAA 30 190 00828 05 (Dec. 29, 2005), Viola v. USA Diving, Inc. (USAD), AAA 77 190 E 00105 10 (Feb. 10, 2010), Beckom v. United States Bobsled and Skeleton Federation, Inc. (USBSF)

58 AAA 77 190 E 00075 13, AWARD OF ARBITRATOR, para. 35.

59 AAA 72 199 0908 88, DECISION OF THE HEARING PANEL, p. 10.

60 AAA 14 E 190 0056 92, ARBITRATOR'S FINDINGS, DECISION AND AWARD, para. 41.

61 Ibid.

62 AAA 30 190 00027 98, Award on 30th January 1998, p. 4.

63 AAA 30 190 00060 00 (May 30, 2000), OPINION AND AWARD, p. 4, 5.

64 AAA 30 190 00483 00, Sieracki v. USA Wrestling Assn. (USAW)

65 230 F. 3d 1036 (7th Cir. Ill. 2000).

66　AAA 77 190E 00144 11 (Aug. 21, 2011), Craig v. USA Taekwondo. (USAT)

67　AAA 01 14 0000 7635, AWARD AND REASONED DECISION OF ARBITRATOR, p. 9.

68　AAA 71 190 E 00406 12 (Aug. 28, 2012), Tibbs v. U.S. Paralympics (USP)、AAA 77 190E 00144 11 (Aug. 21, 2011), Craig v. USA Taekwondo (USAT)、AAA 30 190 00750 04 (Jul. 20, 2004), McConneloug v. USA Cycling, Inc. (USAC)

69　AAA 01 14 0000 7635, AWARD AND REASONED DECISION OF ARBITRATOR, p. 10.

70　CAS 94/129, Shooting v. Quigley.

71　AAA 01 15 0004 7133, AWARD OF ARBITRATOR, para. 27.

72　AAA 01 14 0000 7635 (Jun. 27, 2014), Hyatt v. USA Judo (USAJ)、AAA 77 190E 00144 11 (Aug. 21, 2011), Craig v. USA Taekwondo. (USAT)

73　AAA 01 15 0004 9907, FINAL REASONED AWARD AND DECISION, para. 4. 1.

74　AAA 01 14 0000 7635 (Jun. 27, 2014), Hyatt v. USA Judo (USAJ)、AAA 77 190E 00144 11 (Aug. 21, 2011), Craig v. USA Taekwondo (USAT)、AAA 71 190 E 00406 12 (Aug. 28, 2012), Tibbs v. U.S. Paralympics. (USP)

75　AAA 01 15 0004 9907, FINAL REASONED AWARD AND DECISION, para. 4.2.

76　AAA 30 190 00750 04 (Jul. 20, 2004), McConneloug v. USA Cycling, Inc. (USAC)、AAA 30 190 00056 06 (Jan. 27, 2006), Klug v. United States Ski and Snowboard Assn. (USSA)

77　AAA 01 15 0004 9907, FINAL REASONED AWARD AND DECISION, para. 4. 3.

78　AAA 01 15 0004 9907 (Nov. 15, 2015), Komanski v. USA Cycling (USAC)、AAA 01 14 0000 7635 (Jun. 27, 2014), Hyatt v. USA Judo (USAJ)、AAA 77 190E 00144 11 (Aug. 21, 2011), Craig v. USA Taekwondo. (USAT)

79　AAA 01 16 0000 8307, FINAL REASONED AWARD AND DECISION, para. 3. 1.

80　AAA 01 15 0004 9907 (Nov. 15, 2015), Komanski v. USA Cycling (USAC)、AAA 01 14 0000 7635 (Jun. 27, 2014), Hyatt v. USA Judo (USAJ)、AAA 77 190E 00144 11 (Aug. 21, 2011), Craig v. USA Taekwondo (USAT)、AAA 71 190 E 00406 12 (Aug. 28, 2012), Tibbs v. U.S. Paralympics (USP)

81　AAA 01 16 0000 8307, FINAL REASONED AWARD AND DECISION, para. 3. 2.

82　AAA 30 190 00750 04 (Jul. 20, 2004), McConneloug v. USA Cycling, Inc. (USAC)、AAA 30 190 00056 06 (Jan. 27, 2006), Klug v. United States Ski and Snowboard Assn. (USSA)

83　AAA 01 16 0000 8307, FINAL REASONED AWARD AND DECISION, para. 7. 2.

84　Mitten, Matthew J. et al, op. cit., p. 446、Mitten, op. cit., para. 82, 84.

85　道垣内正人「日本におけるスポーツ仲裁制度の設計」(『ジュリスト』1249 号、2003 年、p. 5) や、同「日本スポーツ仲裁機構 (JSAA)」(『法学教室』第 276 号、2003 年、p. 3)、同「スポーツ仲裁をめぐる若干の論点」(『仲裁と ADR』3 号、2008 年、p. 84)、同「日本スポーツ仲裁機構とその活動」(『日本スポーツ法学会年報』第 15 号、2008 年、p. 43、注 (55))、同「スポーツ仲裁・調停」(道垣内正人・早川吉尚編著『スポーツ法への招待』ミネルヴァ書房、2011 年、p. 64) など。

86　なお、前述のとおり、本書執筆時の USOC 基本定款においては、USOC によって事前承認された選考基準を書面で定めること、選手に事前提供すること、当該選考基準にもとづいて選考を行うことは、NGB の義務とされている (USOC 基本定款第 8. 7 条 (g) および (h))。

第5章

JSAA
代表選手選考仲裁における
統一的規範形成の可能性
——日本スポーツ仲裁機構（JSAA）の仲裁判断を題材にして

第1節 本章における問題意識と研究目的

本書においては、日本スポーツ仲裁機構（Japan Sports Arbitration Agency, JSAA）、ニュージーランドスポーツ仲裁裁判所（Sports Tribunal of New Zealand, STNZ）、カナダスポーツ紛争解決センター（Sport Dispute Resolution Centre of Canada, SDRCC）、アメリカ仲裁協会（American Arbitration Association, AAA）という4つの国のスポーツ仲裁機関における代表選手選考事案において積み重ねられてきた仲裁判断による司法的機能、代表選手選考仲裁における法的審査の範囲と限界を解説してきた。

これまでの解説では、あくまで積み重ねられた仲裁判断における一定の傾向を解説してきたが、本章においては、学術研究として、このような一定の傾向を有する代表選手選考仲裁が統一的な規範を形成しうるか、について考察してみたい。

日本の代表選手選考仲裁における仲裁判断は、スポーツ団体による代表選手選考決定に関する紛争を取り扱うもので、いわゆる部分社会の法理によって、あるいは裁判所法第3条に定める法律上の争訟に該当しないとされ、国家裁判所の判決のような「判例」を形成するとは考えられていない。

ただ、JSAAのこれまでの仲裁判断においては、前述のとおり、いわゆる4要件基準（p. 38参照）が、スポーツ団体の決定に対する判断基準についてほぼ唯一の基準となっている。このような仲裁判断における指摘は、具体的な紛争解決のために、単に仲裁パネルが以前の類似する仲裁判断を参照しているだけなのか、それとも「判例」のような統一的な規範が形成されるからなのだろうか。

JSAAの代表選手選考仲裁における仲裁判断は、現在までに多数積み重ねられてきたが、これらは後世の仲裁判断に影響するのみならず、日本のスポーツ界の当事者が行う代表選手選考に大きな影響を与えていることも事実である〈注1〉。とすれば、JSAAの仲裁判断が国家裁判所の判決のような「判例」とはいえないものの、仲裁判断によって統一的な規範を形成する可能性は十分に考えられる。

そこで、本章では、仲裁の法的性質を改めて整理し、仲裁判断における統一的な規範形成に関する先行研究を概観したうえで、JSAAの代表選手選考

仲裁を題材として、統一的な規範を形成しうるか、について考察を行う。

1. 仲裁判断における統一的な規範形成——先行研究の整理

スポーツ仲裁以外の仲裁は統一的な規範を形成するか

　「仲裁」とは、その中核概念が、①第三者が法的紛争について審理し判断するものであること、②当事者が第三者の判断に終局的に服する旨を合意していること、とされ、その本質は、「契約を前提に成り立つ私設裁判」「あくまでも当事者が自主的に紛争を解決するために私設の存在として創設し、仲裁人の審理裁断に紛争解決を委ねるのが仲裁である」と指摘されている〈注2〉。

　「仲裁の起源は、古代の原始社会に共通してみられるとされ、むしろ国家の裁判所よりも古いと考えられている」とされ、「国家の裁判所のライバル」とみられた時代もある紛争解決手段である〈注3〉。仲裁は、とくに商人間の紛争、商取引に関する紛争を私的に解決する、という場面で大きく発展してきた。仲裁という紛争解決に法的正統性（Legitimacy）が認められるのは、上記中核概念からして、当該紛争解決の判断を第三者にゆだね、その第三者の判断に終局的に服する当事者間の「合意」にあるとされる。

　そして、現在、仲裁という裁判外紛争解決方法がもっとも利用されている場面、たとえば、商取引を対象とした仲裁である商事仲裁に関しては、統一的な規範を形成しえない場合もあるとされる。

　商事仲裁では、前述のとおり、仲裁判断の法的正統性を当事者間の合意に求め、その根底に仲裁人自体に対する信頼が存在している。そのような仲裁人への信頼を前提に、事案処理の具体的妥当性を重視し、仲裁判断に「理由」を付さないことも可能であり、この場合、規範内容が明らかでない。加えて、商取引においては当事者間の契約に守秘義務が定められていることを背景として、商事仲裁も仲裁判断を含めて基本的に非公開となる〈注4〉。

　つまり、事後の仲裁事案が参照すべき仲裁判断も原則として公表されていない以上、ここでも規範内容が明らかにならないのである。実際の紛争としても、商事仲裁は二当事者間に発生した私的な紛争解決手段であり、和解可能な紛争か否かが仲裁付託適格性の範囲を決めるため、当事者がこの範囲で

納得し和解したのであれば、解決内容はとくに問題とならないと考えられる。したがって、商事仲裁に関しては、従前の規範内容すら明らかになっていない場合は、理論的に統一的な規範は形成しえないと考えられるのである。

　また、猪股（1991）は、仲裁判断の本案（理由）に関して国家裁判所による司法審査が及ばない場合、仲裁判断に法的正統性の保障が与えられるものではないと指摘している〈注5〉。加えて、横溝（2013）は、そもそも仲裁判断は、判決のような具体的法規範と考えるのではなく、契約や不法行為等と同様に法規範が適用される対象である私的行為・法的事実の1つであると考え、仲裁判断は法規範ではない、という見解を示している〈注6〉。このような見解からすれば、仲裁判断に統一的な規範形成は難しいとも考えられそうである。

　しかし、小寺（2008）は、投資協定仲裁（国家間条約たる投資協定のネットワークを利用して、投資家が投資受入国に対して国際法上の請求を提起する紛争処理手段）に関して、先例判断について、「全体的に一貫した判断が積み重なってきている」と指摘している〈注7〉。

　また、濱本（2013）は、同じく投資協定仲裁に関して「判例」法形成のメカニズムの解明を試みている〈注8〉。当該研究の前提としては、投資協定仲裁においても他の国際法分野同様、先例拘束性を定める規範は存在しないこと、アドホックな仲裁パネルであり法解釈の一般的正当性よりも事案処理の具体的妥当性に意が払われること、仲裁人の多くは国際商事仲裁の専門家でもあり、およそ「判例法」に意を払わないこと、が確認されている。しかしながら、仲裁「判例」が国際投資法形成に決定的な役割を果たしていることそれ自体はもはや争われていない、と指摘した。そして、判例法形成についての規範的議論の整理や判例法形成に関し、特徴的現状を示すいくつかの規範例をめぐる仲裁判断の流れから、公正衡平待遇義務や「十全な保護と安全」義務の内容などについては判例法形成が見られ、投資契約違反と投資協定違反との関係を定める義務遵守条項や最恵国待遇条項と紛争処理条項との関係などについては判例法形成が見られない傾向にあると結論づけた。加えて、今後の理論的検討の課題として投資協定仲裁の制度理解、つまり仲裁パネルが投資協定仲裁を「公的」なものととらえるか、商事仲裁類似の「私的」なものととらえるかについて言及している。

したがって、仲裁判断に関するこのような先行研究では、仲裁判断におい
ても、内容によっては統一的な規範の形成がなされていると考えられている
のである。

スポーツ仲裁は統一的な規範を形成しうるか

　スポーツ仲裁については、「選手選考をやり直す旨の仲裁判断が出された
場合、オリンピックのように国の代表選手について人数の制限があるときに
は、それはその選手だけではなく、他の選手にも大きな影響を与えることに
なる。その意味で、一種の双面的な行政処分と同様の性格をもっている。こ
のように従来典型的に想定されてきたものとはかなり異質な現代的な「仲
裁」を、どのように理論的に位置づけるのかは、将来の大きな課題であろ
う」と、その特殊性が指摘されている〈注9〉。すなわち、当事者間の私的な
紛争を主な対象としてきた仲裁という紛争解決方法が、スポーツ、とくに代
表選手選考のような紛争を対象にする場合の法的性質は、改めて検討し直す
必要がある。

　では、代表選手選考仲裁について考察をする前提として、スポーツ仲裁全
般を対象とした先行研究は、統一的な規範を形成しうるかについて、どのよ
うにとらえてきたのだろうか。

　スポーツ仲裁の代表的な機関であるスポーツ仲裁裁判所（Court of
Arbitration for Sport, CAS）の仲裁判断においては、先例拘束の原則の適
用はないと指摘されている。ただ、一方で、これらの事案でも、CAS仲裁
パネルは、証拠の許す限り、法に関して従前のCAS仲裁パネルと同一の結
論を導こうとする、あるいは従前のCAS仲裁パネルの判断に本質的な先例
としての価値を認めなければならない、とも指摘されている〈注10〉。

　Nafziger（2004）は、CASの仲裁判断がのちの事案のガイダンスとなり、
強く影響を与えるほか、しばしば先例として機能するとし、このような仲裁
判断に「スポーツ判例法」（Lex Sportiva）が認められるとした〈注11〉。

　Foster（2006）は、CASの仲裁判断で取り上げられたスポーツに関する
法原理を考察し、競技規則、グッドガバナンス、適正手続き、国際的な基準
統一、懲戒処分の公正、公平性という5つの視点から、「スポーツ判例法」
の概念を明らかにしようとした〈注12〉。

　また、小寺（2011）は、CASの仲裁判断に判例拘束性はないものの、

「判例法」を構成すると考えられるとし〈注13〉、さらにまた、石堂・高松（2014）は CAS 仲裁判断には先例としての価値を有しているとし、その先例拘束性やその当否について検討する必要があるとした〈注14〉。

統一的な規範形成に関する判断要素

　一方で、これらの先行研究は、仲裁が統一的な規範を形成しうるかに関する判断要素を広く提示している。

　これらの判断要素を整理してみると、以下の①仲裁機関に関連する判断要素は前提として最初に確認すべき事項である。そして、統一的な規範形成をもっとも左右する要素は、実際行われる仲裁判断自体がどのような性質を有するものかであるため、以下の②仲裁判断に関連する判断要素や③仲裁の法的正統性に関連する判断要素が重要な判断要素となる。

〈統一的な規範形成に関する判断要素〉

①仲裁機関に関連する判断要素
- ・仲裁機関の法的性質〜公的機関か私的機関か
- ・仲裁機関が常設かアドホックか
- ・仲裁機関のベースが商事仲裁機関かスポーツ仲裁機関か
- ・仲裁人の質の担保

②仲裁判断に関連する判断要素
- ・仲裁判断の対象となっている紛争の法的性質、
  私的な紛争か公的な紛争か、統一的な規範形成になじむ紛争か
- ・仲裁判断に理由を付すか否か
- ・仲裁判断自体を公開するか否か
- ・仲裁判断の理由を公開するか否か

③仲裁の法的正統性に関連する判断要素
- ・仲裁の法的正統性は何か〜当事者間の合意か仲裁機関の法的性質か
- ・仲裁が国家裁判所による司法審査や他の仲裁機関の法的審査の対象になることによる法的正統性を重視するか否か
- ・紛争の歴史、背景を前提とした仲裁判断に対する社会の受容性

スポーツ仲裁に関する先行研究の課題

　スポーツ仲裁に関する先行研究においては、スポーツ仲裁全般に関して、その仲裁判断に〈Lex Sportiva〉と名づけられた規範が存在する可能性について指摘しているが、これらは CAS におけるスポーツ仲裁を対象に検討されたものである。同じスポーツ仲裁といっても、国際的な問題も含め、多様な国々の問題に対応しなければならない CAS と、JSAA など特定の国内の問題に特化している国内スポーツ仲裁機関では、スポーツ仲裁が統一的な規範を形成しうるかについて異なった考察が必要である。

　また、国内スポーツ仲裁機関の仲裁判断については、各国の仲裁機関の法的性質、特徴、仲裁判断における仲裁法制、代表選手選考紛争の歴史や背景など、おのずと状況は異なるのであるから、それぞれ別の検討が必要である。とくに、代表選手選考仲裁の対象となる代表選手選考決定は、その国民性や権利意識などが大きく影響する。とすれば、CAS よりも国内スポーツ仲裁機関におけるスポーツ仲裁判断のほうが、それぞれの国の国民性や権利意識などが反映された、より具体化される規範が認められるとも考えられるため、CAS とは別に、国内スポーツ仲裁機関における統一的な規範形成を検討すべきだろう。

　加えて、実際、スポーツ仲裁といっても、スポーツ団体の決定を対象にする代表選手選考仲裁やドーピング仲裁、懲戒処分仲裁のほか、スポーツ界の当事者間の商取引を対象にした商事仲裁もあり〈注15〉、それぞれのスポーツ仲裁の具体的性質を見なければ、統一的な規範を形成しうるかどうかはわからない。そこで、スポーツ仲裁が統一的な規範を形成しうるかを考察するにあたっては、どのようなスポーツ仲裁か特定したうえで検討する必要もあろう。

　したがって、本書においては、国内スポーツ仲裁機関における統一的な規範を形成しうるかについては、代表選手選考仲裁に絞って検討を行う。

2. JSAA の代表選手選考仲裁は、統一的な規範を形成しうるか

　スポーツ仲裁に関する先行研究の課題をふまえ、とくに本章において検討すべき研究課題としては、JSAA の代表選手選考仲裁は統一的な規範を形成しうるかである。

というのも、JSAA の仲裁で取り扱われるスポーツ紛争は、いわゆる部分社会の法理によって、あるいは裁判所法第 3 条に定める法律上の争訟に該当しないとして、国家裁判所によって取り扱われないのが一般的な考え方である。そして、裁判所法第 3 条に定める法律上の争訟に該当しないのであれば、JSAA の代表選手選考仲裁も仲裁法上の「仲裁」に該当しないと考えられるため、単なる仲裁にすぎない。

　これは、たとえば、ニュージーランドの STNZ、カナダの SDRCC、アメリカ合衆国の AAA が、根拠法令を有したり、取り扱われるスポーツ紛争に対して仲裁法が適用される点とは大きく異なる。

　とすれば、このような単なる仲裁にすぎない JSAA の代表選手選考仲裁が統一的な規範を形成しうるか、を検討しておかなければならないだろう。

　そして、JSAA の代表選手選考仲裁が統一的な規範を形成しうるかを考察するための研究課題の 1 つ目としては、統一的な規範形成を考察するための判断要素の前提となる、日本の代表選手選考決定の法的性質を検討する必要があるだろう。前述のとおり、統一的な規範を形成しうるかに関する判断要素としては、①仲裁機関に関連する判断要素、②仲裁判断に関連する判断要素、③仲裁の法的正統性に関連する判断要素、などと整理できるが、これらの要素を検討するにあたっては、そもそも仲裁判断の対象となる代表選手選考決定がどのような法的性質を有するのかを検討する必要がある。具体的には、代表選手選考決定を行うスポーツ団体はどのような法主体なのか、スポーツ団体が行う代表選手選考決定はどのような性質を有する行為なのか、また、代表選手選考決定をめぐってはどのような法的合意や法的権利があるのか、等を検討しておく必要がある。

　研究課題の 2 つ目としては、JSAA は 2003 年に設立され、すでに 15 年以上の歴史を有するが、代表選手選考紛争は、それ以前から数多く発生しているため、このような代表選手選考紛争の歴史、背景を検討する必要があるだろう。日本のスポーツ界においては、このような数多くの代表選手選考紛争の歴史を経たうえで、各中央競技団体において現在の代表選手選考決定が行われている。JSAA は、このような歴史的経緯がある代表選手選考決定に対して、2003 年以降に限って仲裁判断を行っているにすぎない。とすれば、前述の統一的な規範を形成しうるかに関して、①から③の判断要素を検討す

るためには、日本のスポーツ界において代表選手選考紛争はどのような歴史、背景を経てきているのか、代表選手選考仲裁はどのような認識をされているのか、を明らかにする必要もある。

　研究課題の3つ目として、JSAA の代表選手選考仲裁について前述の統一的な規範を形成しうるかに関する、①から③の判断要素を検討する。

　以上をまとめると、次の3点の研究課題が掲げられる。

　(1)日本における代表選手選考決定の法的性質
　(2)日本における代表選手選考紛争の歴史と背景
　(3) JSAA における代表選手選考仲裁は統一的な規範を形成しうるか

第2節　日本における代表選手選考決定の法的性質

　代表選手選考決定とは、文字どおり、スポーツ団体みずからが国際大会に派遣する選手を選考し決定するものである。日本でいえば、世界選手権やオリンピック競技大会、パラリンピック競技大会などの国際大会に派遣する選手を選考する日本代表選手選考決定や、国民体育大会に都道府県を代表して派遣する選手を選考する決定などが典型例である。

　前述のとおり、統一的な規範を形成しうるかに関する判断要素としては、①仲裁機関に関連する判断要素、②仲裁判断に関連する判断要素、③仲裁の法的正統性に関連する判断要素などと整理できる。

　JSAA が代表選手選考仲裁において統一的な規範を形成しうるかについて、これらの要素を検討するにあたっては、そもそも仲裁判断の対象となる日本の代表選手選考決定がどのような法的性質を有するのか、具体的には、代表選手選考決定を行うスポーツ団体はどのような法主体なのか、スポーツ団体が行う代表選手選考決定はどのような性質を有する行為なのか、また、代表選手選考決定をめぐってはどのような法的合意や法的権利があるのかなどを検討しておく必要がある。

　そこで、代表選手選考決定の法的性質として、①そもそもこれを行う主体であるスポーツ団体がどのような法主体なのか、②代表選手選考という行為

はどのような性質を有する行為なのか、③代表選手選考の前提にはスポーツ団体と選手のあいだでどのような法的合意があるのか、④代表選手選考の対象となる選手にはどのような権利があるのか、という視点から、検討を行う。前述した箇所と重複する部分もあるが、本節では、統一的な規範を形成しうるかという観点から、再検討を行う。

1. 法主体としてのスポーツ団体

まず、代表選手選考決定を行う日本のスポーツ団体の法的性質は、他国と比べると大きな違いがある。

代表選手選考決定を行う中央競技団体（各競技において国内最上位にある団体）について、たとえば、フランスではこのような中央競技団体を行政的機関と位置づけているため、行政法規の適用を受ける場合がある〈注16〉。アメリカ合衆国は、統括団体であるアメリカオリンピック委員会（United States Olympic Committee, USOC）が、「オリンピック・アマチュアスポーツ法」（Ted Stevens Olympic and Amateur Sports Act）において、アマチュアスポーツを統括する中央組織であること、中央競技団体の認定権限を有することなどが法律上明記された団体となっている〈注17〉。

一方、日本では、日本オリンピック委員会（Japanese Olympic Committee, JOC）や日本スポーツ協会（旧日本体育協会）、日本障がい者スポーツ協会を含め、多くの中央競技団体が政府機関ではない。これらのスポーツ団体は、一般社団法人および一般財団法人に関する法律（一般法人法）、公益社団法人および公益財団法人の認定等に関する法律（公益認定法）にもとづく私法人であるなど、前述の他国とは法的位置づけが異なる。

もっとも、JSAA初代機構長の道垣内（2003）は、JSAAがそのスポーツ仲裁規則において取り扱う対象としている団体をJOC、日本スポーツ協会（旧日本体育協会）、日本障がい者スポーツ協会、都道府県体協およびその加盟団体に限定していることを前提として（同スポーツ仲裁規則第3条第1項）、「JSAAの扱う事件類型は、機関のした決定を争うという点で行政事件に類似している。そのため行政法学上の様々な考え方が準用されることが予想される」と指摘し、これらJOC、日本スポーツ協会（旧日本体育協会）、日本障がい者スポーツ協会、都道府県体協およびその加盟団体などのスポー

ツ団体が行政機関類似の団体であることを明らかにしている〈注18〉。そして、この理由として、南川（2006）は、「競技団体、特に国内統括競技団体の業務の公共性や公益性」を指摘した〈注19〉。

そして、アテネオリンピック競技大会の代表選手選考事案であったJSAA-AP-2004-001（馬術）では、「選手選考を委ねられた各国内スポーツ連盟はオリンピック大会の公的性格を踏まえて、「国の代行機関」として代表選手選考に当たっていることを深く自覚する必要がある」と判示されており、準国家機関としての評価もされた。

また、行政法学者の小幡（2011）も、中央競技団体は「大会ルール決定・選手選考の権限のほか、会員（加盟団体）の除名の権限、選手等に対して懲戒等を行う権限等を有している。……加盟団体や選手に対してきわめて強大な権限を有していること、そのような権限が、スポーツの公的性格・それを担う統括スポーツ競技団体の有する公益性から付与されていることにかんがみると、少なくとも統括スポーツ競技団体は、行政主体に類似した公益主体」〈注20〉と指摘している〈注21〉。

日本の中央競技団体は、一般法人法、公益認定法にもとづく私法人ではあるものの、きわめて高い公的な性格をもった、行政機関類似の私法人であるという指摘に大きな争いは見受けられず、このような中央競技団体の法的性質を前提に議論を進めることが可能であろう。

2. 代表選手選考決定という行為の性質

代表選手選考決定という行為の性質を整理すれば、前述のとおり、日本の中央競技団体の代表選手選考決定の手続きは、一般的には、各団体の業務執行機関、たとえば理事会や強化委員会などで選考基準が決定され、当該選考基準にしたがった選考により選ばれた選手が、理事会の決議をへて最終決定される。

そして、オリンピック・パラリンピックであれば、上記の組織内意思決定につづき、中央競技団体が加盟する国内オリンピック委員会（National Olympic Committee, NOC）または国内パラリンピック委員会（National Paralympic Committee, NPC）に推薦を行い、NOCおよびNPCにおいて代表選手を確定することによって代表選手選考が行われる。一方で、それぞ

れの競技の世界選手権、アジア選手権などの大会においては、中央競技団体が上記の組織内意思決定を行えば、世界選手権やアジア選手権などを主催する国際競技連盟（International Federation, IF）における代表選手選考が確定する。

　代表選手選考決定という行為の性質を検討すれば、日本の中央競技団体は一般法人法、公益認定法にもとづく私法人であるため、このような理事会の決議は、私法人が行う、一般法人法、当該法人の定款その他、内部規則にもとづく意思決定にすぎない。私法人であれば、私的団体としての自治、裁量権を有し、みずからルールを定め、そのルールにもとづいて意思決定すれば足りるのである。この意味で、政府や地方公共団体などの公法人が行う、法令上の根拠のある意思決定とは異なる法的性質を有する。
　ただ、理事会の決議などが、一般法人法などの組織法の定めを遵守しているかについては、裁判所法第3条に定める法律上の争訟に該当するため、国家裁判所によって取り扱われるものの、代表選手選考決定という団体内部の問題については、前述のとおり、いわゆる部分社会の法理、あるいは裁判所法第3条に定める法律上の争訟に該当しないとして、国家裁判所によって取り扱われないのが一般的な考え方である。
　しかしながら、「JSAA仲裁規則」第2条第1項には「この規則は、スポーツ競技又はその運営に関して競技団体又はその機関が競技者等に対して行った決定（競技中になされる審判の判定は除く。）について、その決定に不服がある競技者等（その決定の間接的な影響を受けるだけの者は除く。）が申立人として、競技団体を被申立人としてする仲裁申立てに適用される」と規定されており、このような国家裁判所が取り扱わない代表選手選考決定についても、スポーツ仲裁による法的審査の対象となっている。
　そして、代表選手選考は、オリンピックなどの国際大会に出場できる人数に制限がある以上、複数人の候補から一定数の候補を選択、決定しなければならないものである。当然選考される選手もいれば、選考されない選手も出てくる。これは行政機関における「申請に対する処分」に類似するものともいえ、前述の道垣内（2003）の指摘のとおり、行政処分に類似する手続きである。
　また、前述のJSAA-AP-2004-001（馬術）においては、「オリンピック

大会への出場は多くのスポーツ選手にとって大きな夢であり、またそのために一流スポーツ選手は練習に明け暮れる毎日を送っている。日本政府はこのようなオリンピック大会の意義を認識して、日本オリンピック委員会に対して、選手・役員の渡航費ならびに滞在費の3分の2を国庫から補助し、また例年の選手強化費用の3分の2を負担している。このようなオリンピック大会の公的意義を踏まえれば、各競技団体が行っている代表選手選考は公平で透明性の高い方法で実施されなければならず、またスポーツ選手は、国民の一人として、合理的な基準を満たせばオリンピック大会に参加する権利をもつと考えなければならない」と判示されており、代表選手選考に公的意義が存在することが指摘されている。代表選手選考の対象となるオリンピックはもちろんのこと、パラリンピック、世界選手権（W杯）も多くの競技で世界一を決定する唯一無二の存在の大会として、その社会的存在意義は国民一般に肯定的にとらえられており、このような公的意義は否定できないであろう。

　そして、小幡（2006）は「競技ルール、選考過程ともに、通常の団体であれば、自律的な規範定立、決定権が認められるべきところであるが、とりわけ、スポーツの上位団体（国家レベルの団体）の場合には、スポーツ競技の普遍性、社会的影響の大きさから、公共性が強調され」るとし〈注22〉、中央競技団体における代表選手選考決定の公共性を指摘している。

　以上のことから、日本の中央競技団体による代表選手選考決定という行為の性質については、形式的には私法人がその裁量において行う1つの意思決定ではあるが、JSAAのスポーツ仲裁による法的審査の対象となる行為であり、また行政処分に類似する、公的意義、公共性が強調される行為であるとまとめられる。

3. 代表選手選考決定に至るスポーツ団体と選手間の法的合意

　スポーツ団体の代表選手選考決定については、前述のとおり、代表選手選考がスポーツ団体と選手間の法的合意にもとづくものととらえる見解もある〈注23〉。スポーツ団体と選手間に代表選手選考をめぐる有効な法的合意が成立していた場合は、これは法的な権利義務ととらえることが可能になるため、この法的な権利義務を前提として裁判所法第3条に定める法律上の争訟に

該当し、国家裁判所が取り扱うことが可能な紛争として検討する立場である。

　統一的な規範の形成を考えるうえで、このような法的合意ととらえることによる影響としてもっとも大きいのは、この法的合意を前提として、裁判所法第3条に定める法律上の争訟に該当することで、国家裁判所が取り扱うことが可能になる、あるいは仲裁法上の「仲裁」として取り扱うことが可能になる、ということである。とすれば、代表選手選考における法的合意に関して、国家裁判所の判決や仲裁法上確定判決と同一の効力を有する仲裁判断に関して、統一的な規範の形成が認められると考えやすくなるだろう。

　日本では、これまでのスポーツ団体の代表選手選考決定については、法的合意を前提とした主張が行われなかったこともあるのか、ほとんどの裁判事例で裁判所法第3条に定める法律上の争訟に該当しない、と判断され、国家裁判所で取り扱うことができない紛争ととらえられてしまっている。したがって、本書のようにスポーツ仲裁判断、とくに代表選手選考仲裁に関して統一的な規範形成が認められるかについては、国家裁判所の判決とは別に検証が必要な状況となっている。

4. 代表選手選考における選手の権利——スポーツ権

　統一的な規範の形成を考えるうえで、代表選手選考に関してスポーツ権を議論することのもっとも大きな影響は、前述のとおり、具体的権利としてのスポーツ権が認められている場合、その権利の侵害は、裁判所法第3条に定める法律上の争訟として国家裁判所の審査の対象となる、あるいは仲裁法上の「仲裁」といえるスポーツ仲裁の法的審査の対象となる、ということである。とすれば、スポーツ権に関する国家裁判所の判決や仲裁法上確定判決と同一の効力を有する仲裁判断自体に関して、統一的な規範の形成が認められると考えやすくなるだろう。

　日本の代表選手選考の場面でどのようなスポーツ権が考えられるかについて、井上（2015）は、前述のとおり、「競技会への出場のための自由と平等の権利」「独断的規則を排除し、チームの規則作成にかかわる権利」などと指摘している〈注24〉。このような権利が具体的権利として認められた場合は、スポーツ権に関する国家裁判所の判決や仲裁法上確定判決と同一の効力を有する仲裁判断に関して、統一的規範の形成が認められると考えやすくなるだ

ろう。

したがって、統一的な規範の形成を考えるにあたっては、このような代表
選手選考に関するスポーツ権の存在、具体的な権利内容も留意する必要があ
る。

5. 本節のまとめ

以上、本節においては、JSAA の代表選手選考仲裁において統一的な規範
を形成しうるかに関する判断要素を検討するにあたって、そもそも仲裁判断
の対象となる日本の代表選手選考決定がどのような法的性質を有するのかの
検討を行った。

まず、代表選手選考決定を行うスポーツ団体がどのような法主体なのかに
ついては、日本の中央競技団体は、きわめて高い公的な性格をもった行政機
関類似の私法人である、と位置づけることができる。

また、日本の中央競技団体による代表選手選考決定という行為の性質につ
いては、形式的には私法人がその裁量において行う1つの意思決定ではあ
るが、JSAA によるスポーツ仲裁の法的審査の対象となり、また行政処分に
類似する、公的意義、公共性が強調される行為とまとめられる。

そして、このような日本の代表選手選考決定については、スポーツ団体と
選手間の法的合意が存在するととらえられれば、これを前提としなければな
らない場合がある。つまり、中央競技団体が定める代表選手選考基準や代表
選手決定に対して異議を述べないことを選手とのあいだで法的に有効に合意
している場合は、この法的合意に限っては裁判所法第3条に定める法律上
の争訟として取り扱うことが可能になるだろう。

加えて、日本の代表選手選考決定では、まだまだ裁判所法第3条の法律
上の争訟として取り扱うことが可能な具体的な法的権利として位置づけられ
ていないものの、スポーツ権としての、「競技会への出場のための自由と平
等の権利」「独断的規則を排除し、チームの規則作成にかかわる権利」など
に配慮していく必要もある。

第3節 日本における代表選手選考紛争の歴史と背景

　JSAA の代表選手選考仲裁が統一的な規範を形成しうるかに関する判断要素を検討するためには、JSAA が 2003 年に設立され、すでに 15 年以上の歴史を有するものの、代表選手選考紛争はそれ以前から数多く発生しているため、このような代表選手選考紛争の歴史と背景を検討する必要がある。

　日本のスポーツ界においては、このような数多くの代表選手選考紛争の歴史を経たうえで、各中央競技団体において現在の代表選手選考決定が行われている。そして、JSAA は、このような歴史的経緯がある代表選手選考決定に対して、2003 年以降についてのみ仲裁判断を行っているにすぎない。とすれば、前述の統一的な規範を形成しうるかに関して、①仲裁機関に関連する判断要素、②仲裁判断に関連する判断要素、③仲裁の法的正統性に関連する判断要素などを検討するためには、日本のスポーツ界において代表選手選考紛争はどのような歴史、背景を経てきているのか、代表選手選考仲裁はどのような認識をされているのか、を明らかにする必要もあろう。

　そこで、1870 年代からアーカイブ化された新聞報道〈注25〉において、「代表」「選手」「選考」とのキーワードで検索された報道など、日本の過去の代表選手選考をめぐる主な紛争を追いながら検討を行う。

1. 代表選手選考紛争の萌芽期

　まず、代表選手選考紛争は、スポーツ仲裁だけを通して見ると最近の問題に思われるが、過去の報道を追えば、じつは古くから存在する問題であることがわかる。

●1924（大正 13）年 4 月 1 日に、「全国学生の競技連盟から註文　国際代表選手の銓衡其他につき」との見出しで、オリンピックパリ大会の代表選手選考をめぐる紛争が報じられている。

　　全国学生陸上競技連盟および同水上競技連盟が、当時の国内オリンピック委員会であった大日本体育協会に対して、

　　一、選手銓衡の標準を 1 日も早く発表すること

一、全日本的の選手銓衡委員会を組織して選手を銓衡すること

　一、選手監督及びコーチは、銓衡された選手が推薦すること

との建議案を提出し、その理由として、

　「オリンピック大会への我が国代表選手の派遣時日が迫った今日その銓衡の標準及び方法を知る事が出来るので選手一同はその速やかならんことを衷心から希望している、殊にその銓衡機関は全国的に、例えば大阪体育協会や関西学生連盟などからも委員を選んで我が代表選手を選定するのに遺憾ないような委員会を組織してその委員氏名を公表してもらいたい」

と掲げたと報道されている。

　当時は代表選手選考に関する専門的な研究などはなかったであろうが、すでにこの頃から選考基準や方法、選考委員の選出、そしてその公表が問題点として指摘されていることがわかる。

● 1931（昭和6）年2月27日には、「疑惑視されるスキー代表選考　法政大学が調査開始▽将来を重視　ほか」との見出しで、**1932年冬季オリンピッククレークプラシッド大会の代表選手選考**に関する報道がある。

　ジャンプ競技で選考会に優勝した選手が代表に選考されないなどの点について、法政大が全日本スキー連盟に再調査を求めるとのことであったが、全日本スキー連盟の代表選考委員は「将来を重視した」と説明した、と報じられている。ここでもすでに選手選考基準の明確性が問題となっている。

● 1931（昭和6）年6月8日には、「氷上選手選考に関東連盟が抗議　オリンピック候補に学生記録を参酌せよ」との見出しで、**大日本スケート競技連盟が実施したオリンピック大会選手銓衡問題**が報じられている。

　関東スケート競技連盟が「一、大日本連盟はオリンピック出場の代表選手候補者を決めるに今年度行われた諸大会の記録のみを標準として選んでいるが更にこれに学生連盟大会の記録を参考として候補者数を増加せしむること、一、代表選手銓衡法については大日本連盟では正副会長及び常務委員のみを以て銓衡すること」を要望することになったと報じられている。なお、翌月1日には「スケート代表選手問題協議　連盟10月代表委員を招集」として、代表委員が招集され、関東スケート連盟の要望を協議することとなった。

　この事例もすでに、選考基準、方法に関する協議や、選考委員の選出に関

する問題が指摘されている。

● 1932（昭和7）年6月6日には、「陸上派遣選手追加の運動　歎願声明書を提出」との見出しで、**オリンピックロサンゼルス大会の代表選手選考**をめぐり、全日本陸上競技連盟の選考委員会、理事会が行った選考決定に対して、関西大学や関西学生陸上競技連盟が再度の選考委員会の開催、派遣選手の追加の検討を求める旨の決議をしたとの報道がなされている。

　これに対して、全日本陸上競技連盟の陸上チーム総監督は、「選考委員会が慎重に選考して理事会の手を経て大日本体育協会に推薦して決定発表された」と代表選手選考に関し、定められた手続きが実施されていることが示されている。

● 1960（昭和35）年2月27日には、「荒木嬢の出場を停止　スケート連盟五輪選考にからむ連盟非難で」との見出しで、**冬季オリンピックスコーバレー大会の代表選手選考**に関する紛争が報じられている。

　選考漏れとなった選手が、「①連盟から代表選考会出場のために帰国の必要がないとの約束があったにもかかわらず、選にもれた。②アメリカのゴールドメダルを獲得したら代表に加えると連盟はいっていた、の二点を強調して、連盟の代表選考が不明朗である」と主張していた。これに対し、連盟は「2月にアメリカで開かれた1959年度世界選手権に出場した…公式記録を検討して代表を決定」しており、また、アメリカ合衆国のゴールドメダルは「日本のオリンピック代表選考の資料とはならない」と説明し、不明朗な点はなかったと主張しているとのことである。選考基準の策定や周知が課題となっている。

　1920年代から1964年のオリンピック東京大会以前の特徴としては、数年に1件のペースであり、代表選手選考紛争が頻発しているとまでは言えない。また、1件1件のケースについて何度も報道されるような代表選手選考紛争も発生していない。

　もっとも、1912年のオリンピックストックホルム大会からスタートした日本のオリンピック大会参加が進む中で、オリンピック大会を中心として、代表選手選考紛争が発生しているということである。報道をベースとしてい

るので著名な事案、オリンピック大会をめぐる紛争しか報道されていないとも考えられるが、国際大会がなければ日本代表選手選考紛争は発生しえない。実際、日本が出場していない戦時中や戦後復興期には、報道された事案は見当たらなかった。

　もっとも、これらの報道によれば、すでに代表選手選考基準や選考手続きに関してさまざまな論点が発生しているということが明らかになっており、代表選手選考紛争の萌芽期といえよう。

2. 1964 年オリンピック東京大会をめぐる代表選手選考紛争

　日本の代表選手選考紛争において重要な位置づけは、初の自国開催となる**1964 年オリンピック東京大会**である。

● 1963（昭和 38）年 11 月 13 日「協会と地方団体対立　五輪ボート　エイト代表選考で」、同月 18 日「むずかしい新方針　五輪ボート代表問題　きょう漕艇協臨時理事会」との見出しでは、**オリンピック東京大会エイト種目の代表クルー決定**に関し、日本ボート協会の「ピックアップ候補選手のなかから代表を決める」という既定方針と、「代表決定レース」を望む地方大学および地方団体との対立が報じられている。代表選手選考の方法に関して、ステークホルダーとの十分な協議が問題となっている事案ともいえる。

● 1964（昭和 39）年 7 月 6 日「"タイムの不正"再確認　カヌー五輪候補選考会　関西協会が処分要求　日本」、同月 15 日「"不正計時の事実ない"五輪代表の選考会　カヌー協会が声明　日本」などの見出しで、**オリンピック東京大会カヌー競技の代表選手選考紛争**を報じている。

　関西カヌー協会が、選手選考会に「タイムの発表に不正があった」として、日本カヌー協会に責任者の処分を要求したものの、日本カヌー協会は、不正の事実はなかったとの声明を発表した、とされる。

　なお、1964（昭和 39）年 8 月 23 日には「選考会優勝者選ぶ　四人推薦に苦心の跡　カヌー五輪代表」との見出しで、「代表選手選考の基準は各種目の優勝者でなければならない、との条件に従って」代表選手選考が行われた、と報じられている。

- 1964（昭和39）年7月21日には、「選手数調整で難航 代表選考事情 日本」との見出しで、**オリンピック東京大会に向けた日本水泳連盟内での代表選手選考**の悩みが報じられている。

   複数の種目を対象にしている日本水泳連盟では、強化本部会で、日本選手権の成績がよかった飛込み陣から出た選手枠の要望に対して、従前の方針どおり代表選手選考を行ったとされている。

　1964年オリンピック東京大会をめぐる代表選手選考紛争は、日本において初めて開催される自国大会に出場できるか否かを決するものとして、多くの関係者の利害が対立したためか、多数の代表選手選考紛争が報じられている。また、同一の件が一定期間にわたって報道されるなど、1964年の本大会まで、代表選手選考紛争の継続性も出てきている。

　とはいえ、代表選手選考が十分な法的合理性の必要性を認識して実施されたわけではなかったはずではあるが、まだまだ法的権利性や論点などが広く意識されていなかったためか、自国大会としては紛争数が少なかったと思われる〈注26〉。

3. 代表選手選考紛争の拡大・発展①──法廷闘争

　日本の代表選手選考紛争の中で1つの大きな転機になったと考えられるのが、1972年に発生した**オリンピックミュンヘン大会ヨット競技の代表選手選考**をめぐる問題である。転機というのは、代表選手選考をめぐる問題が、ついに法廷闘争となったからである。前述した事案も含まれるが、統一的な規範の形成を考えるにあたって、あえて再掲する。

- 1972（昭和47）年6年28日「"アラシに遭遇"ヨット協会 "ドラゴン級、五輪になぜ出さぬ" 選考に不満」「ドラゴン側態度硬化」、同月30日「五輪ヨット ついに裁判ざた ドラゴン級、沢野氏 無効の仮処分を申請」、翌7月1日「ヨット紛争」「ドラゴン協会は選考了承 沢野氏なお強硬態度」などの見出しで報じられた。

   事案としては、フィン級、フライングダッチマン級、ドラゴン級の3種目あるヨットの代表選手選考において、3つの級とも国際大会の成績不良の

場合はフィン級、フライングダッチマン級からのみ選出する選考基準をとっており、日本ヨット協会はそのとおり選考した。これに対して、ドラゴン級のみを出場させない条件は、「選手選考に公平さを欠く」として、ドラゴン級の選手が日本ヨット協会に対して仮処分の申請をしたとされる。特定の選手が申立人となっているが、記事だけからは選手の代表選手選考にまつわる権利等の主張があったかは定かではなく、ヨット協会の選考基準に対する問題を主張する内容であった。

　もっとも、同月４日「仮処分申請見通し薄い　ヨット紛争で初の審尋」との見出しにおいて、「代表決定無効の主張は、…どういう"権利"に基づくのか」という東京地方裁判所の判事の指摘が報じられている。これは代表選手選考にまつわる権利（いわゆるスポーツ権）がいまだ法的な権利と認められていないことを端的に示すものでもあり、代表選手選考に関する法的保護の裏付けの乏しさ、国家裁判所での代表選手選考紛争解決の限界を示していたともいえよう。

　なお、その後、同月７日「ドラゴン紛争和解へ」、同月９日「ヨット訴訟取り下げ」、同月11日「"協会改善"声明で落着　ヨット訴訟、正式取り下げ」との見出しで、ヨット協会が「オリンピック後、組織の改革、近代化を確約したので和解」となったと報道されている。ここでも記事によれば、課題は協会の組織改善の問題とされ、選手の代表選手選考にまつわる権利等が問題とはされていなかった。

● 1976（昭和51）年５月の**日本ウェイトリフティング協会のオリンピックモントリオール大会代表選手選考**をめぐるトラブルは大きく報道されている。同月22日「協会コーチ総辞職　五輪選考を批判　五輪代表選手選考内紛」、同月24日「混乱続く重量挙げ協会　五輪代表を覆す　総会で日体大派が強行　コーチら反発辞任」、「（解説）積年の不満が爆発？　五輪代表選手選考内紛」、さらには同月25日「重量挙げ五輪代表　会長印ない名簿認めぬJOC　五輪代表選手選考内紛」、同月26日「理事会、選手交代のむ　重量挙げ五輪代表　後任コーチに関口氏　五輪代表選手選考内紛」、同月27日「（解説）重量挙げ内紛ドロ沼化　総会屋まがい　日体大派」、「大揺れ重量挙げ協会　五輪代表問題　三宅監督が辞任　阪上・八田理事も辞意」、同月29日「重量挙げ協会の内紛　きょう事情聴取　文部省　五輪代表選手選考内

紛」、「臨時総会認める方向　重量挙げ協会　文部省に回答　「五輪派遣を優先」、同月31日「日体大派の全面勝利で　お家騒動にケリ　重量挙げ協会　五輪代表選手選考内紛」、6月1日「重量挙げ協会騒動　利用された？　日体大派　五輪代表選手選考内紛」、6月4日「内紛に厳重抗議　最終合宿を拒否　北海道重量挙げ協会」、6月13日「（41）オリンピック病　これでもスポーツ？　日本体育協会」との見出しで、連日にわたって報じられた。

　代表選手選考は、全日本選手権の成績を中心に選考され、同協会の同年4月の理事会にて決議されていた。バンダム級、フェザー級の2階級において2位の選手が代表に漏れ、今後の成長や過去の実績を理由に、3位の選手が選ばれていた。選考原案は、競技力向上委員会でつくられたが、強化コーチは入らない、競技力向上委員だけで選考原案をつくり、理事会にはかったと指摘されている。

　当初は、同年5月21日に、日本ウェイトリフティング協会の競技力向上委員会所属の強化コーチ全員が、「選手選考のさい、コーチの意見が無視され、何の相談もなかったことに対しての抗議」として辞任届を提出、これに対して、競技力向上委員会の委員長は、「代表選考は理事会で正式に選ばれた。選考におかしい点はない」と反論したことから始まった。

　しかし、翌23日は、事態を収拾するために開催されたはずの臨時総会で、上記2位の選手を代表選手とする決議が行われ、代表選考が覆された。その後、25日に、臨時総会決議を承服できないと主張していた同協会理事長が他の理事と協議を行い、一転、臨時総会決議を受け入れることとなったものの、同26日、今度は、これに抗議し、代表監督、競技力向上委員会委員が辞任することとなった。同29日は文部省（現・文部科学省）の事情聴取が行われ、最終的に同協会はオリンピック大会への選手派遣を優先し、臨時総会決議にもとづく代表選手選考が行われることになった。

　競技力向上委員会委員と「強化コーチのしこりのほかに、代表からもれた2選手や強化コーチが所属する地方協会と日本協会の対立などがこんどの一連のトラブルの背景にある」などと解説されているが、紛争の収束のためにJOCだけでなく、文部省も登場するなど、代表選手選考をめぐる紛争がきわめて大きな紛争に発展した。

　なお、同協会内での代表選手選考自体の権限分配、基準策定や手続きが問題点と思われるが、実際どのような内容であったのかはほとんど報道されて

いない。

　これらの事案を見ると、法廷闘争になっても、国家裁判所において代表選手選考にまつわる法的な権利は未だ十分に認められていない時代であった。また、報道の見出しを見ればわかるとおり、1件について相当な期間において報道が継続し、JOCや文部省も巻き込むなど、代表選手選考に関して非常に大きな利害が絡み合い、紛争を誘発するものになったことが示されている。

4. 代表選手選考紛争の拡大・発展②
——損害賠償請求とマラソン種目

　さらなる大きな転機は、代表選手選考に関して損害賠償請求が行われた点である。また、現在もつづいているとも思われるが、陸上競技マラソン種目の代表選手選考紛争が報道されるようになったのもこの時期である。ここでも前述した事案が含まれるが、統一的な規範の形成を考えるにあたってあえて再掲する。

● 1984（昭和59）年6月22日「「訴訟、受けて立つ」　クレー射撃協　五輪選考問題で確認」、同月28日「慰謝料求め提訴　五輪代表の座2000万円？　選考漏れ選手　射撃」との見出しで、**クレー射撃のオリンピックロサンゼルス大会代表選手選考**をめぐり、選考漏れ選手が日本クレー射撃協会に対して慰謝料請求訴訟を提訴したと報道されている。

　選考漏れ選手は予選会で1位になったものの、過去の世界選手権での成績を考慮し、2位以下の選手が3名選考されていた。提訴の理由としては、①協会が発表した選考基準には、五輪予選会の成績以外の成績も考慮することは明示していなかった、②2位以下で選ばれた選手との海外成績の比較が同一大会でなされていない、③予選参加者から参加費を取っているから公正に候補者を選ぶ契約が結ばれているはずなのに、公正な選考がなされなかったのは債務不履行にあたる、とされている。

　あえて慰謝料請求にしている点は、1972年の「ヨット代表選手選考仮処分事件」で指摘されたとおり、代表選手選考をめぐる具体的な法的権利が想

定しえないためと考えられる。すなわち、あえて金銭賠償請求のかたちにすることで、裁判所法第3条に定める法律上の争訟性の問題をクリアし、裁判所の最終的な判断を仰げる手続き形式にしたのである。

　提訴にあたっては弁護士が代理しているものと思われるが、ここでも選考基準の明確性、合理性などの問題点が指摘されている。

● 1984（昭和59）年12月11日には、「世界柔道代表選考会参加問題で学生ら11人、全柔連に賠償550万円請求」との見出しで、全日本学生柔道連盟（学柔連）の不当な資格制限のため日本代表選考会に参加できず、世界大会への道を閉ざされた選手が、全柔連を訴えたことが報道されている。

　そして、1988（昭和63）年2月26日には、東京地方裁判所が全日本柔道連盟（全柔連）に対して、全柔連の所属選手へ慰謝料を支払う判決を出したと報じられている。理由としては、「選手選考はいかなる人に対する差別も許されず、アマチュア学生を広く対象とすべきだった。全柔連による資格制限は、主催者に与えられた裁量権を逸脱しており、違法」と判示した。

　本件は、1984年の「クレー射撃代表選手選考損害賠償請求事件」における損害賠償請求と同じかたちの申立てとして、裁判所法第3条に定める法律上の争訟性の問題をクリアし、国家裁判所の判断を仰げる手続き形式にしていた点が興味深い。さらには、国家裁判所が慰謝料というかたちであるものの、代表選手選考基準を策定する者の裁量権の範囲に踏み込んでいる点が非常に興味深い事案である。

● オリンピックソウル大会マラソン種目の代表選手選考に関する瀬古利彦選手の選考に関しては、大きな報道がなされている。

　1987（昭和62）年11月28日「マラソン五輪代表　瀬古も選考対象　陸連委決定　「東京」「びわ湖」待つ」、1988（昭和63）年3月14日「五輪を目指す瀬古選手、顔ゆがめゴール　びわ湖マラソン」、同月17日「瀬古選手、マラソン五輪代表3人目にすべり込む」「瀬古、五輪マラソン代表に内定　メダルへの期待優先（時時刻刻）」「関係者に大きなシコリ　マラソン五輪代表・瀬古内定」、同月18日「瀬古選手について考える（社説）」、翌4月2日「瀬古選手へ嫌がらせ　SB食品や陸連あてに電話や手紙相次ぐ」など連日の報道がつづいた。

当初強化委員会の「一本勝負方式」の選考対象レースとされていた福岡国際マラソンをケガで出場できなかった瀬古選手について、日本陸上競技連盟が別の大会での結果を見て選考すると決定したことに端を発した問題である。別の大会での成績を加味して瀬古選手を選考した日本陸上競技連盟の一貫しない選考過程に、強い批判が寄せられた。マラソン種目の選考基準の合理性に関しては、この後も代表選手選考紛争がつづくことになる。

● 1991（平成 3）年 4 月 10 日では、「22 選手がボイコット　世界バドミントン日本代表選考会　選考法に不満か」との見出しで、**バドミントン日本代表の選考基準**について、「3 月 9 日の理事会で選考方法について協議し、候補選手の総当たりリーグによる選考会を 4 月上旬に開くことを決めた。しかし強化本部では合宿を通じて選考する方針を決めており、理事会決定に反発する声も上がっていた」と報じられている。選考基準の決定権限の所在が問題となった事案と思われる。

● 1991（平成 3）年 7 月 13 日は、「第 3 次選考　出場義務巡り紛糾　欠場者を処分…でも代表に　世界選手権控え玉虫色解決　レスリング」との見出しで、**世界レスリング選手権の代表選手選考**に関する紛争が報じられている。
　「協会側は、3 月の第 1 次選考会に先立ち、6 月の第 2 次と今回の最終選考会の 3 大会を通じ、成績を総合判断する」「三大会とも出るのが条件」のはずが、この「総合判断」の解釈にばらつきがあり、第 1 次と第 2 次の双方を制した選手が、最終選考会を大量欠場する事態になった。とはいえ代表から外すわけにはいかず、強化費支給 1 か月停止という処分を課すことでバランスを取ったとされる。
　「「三大会の出場義務」を含め、あらかじめ配布された選考方法には具体的な記述はない。そのズサンさが混乱を引き起こした」と指摘されるとおり、選考基準の明確性が問題となっている。

● **オリンピックバルセロナ大会の女子マラソン代表選手選考**に関しても、大きな報道がなされている。
　1992（平成 4）年 1 月 27 日「五輪代表の選考難しく　陸連は慎重姿勢　大阪国際女子マラソン」、翌 2 月 3 日「最後のイスは有森か松野か　五輪女

子マラソン代表、残るは「2」」、翌3月27日「代表選考、有森か松野か　五輪マラソンあす決着（時時刻刻）」、同29日「3人目は有森裕子・中山竹通　マラソン五輪代表選手」「潜在力より実績重視　男子は知名度が決め手　マラソン五輪代表選考」「有森選手、「長かった」　五輪マラソン代表「3人目」決まる」、同30日「代表を選ぶ（窓・論説委員室から）」などと報道されている。1989（平成元）年9月の日本陸上競技連盟理事会で決まった複数の選考対象レースをもうける「複数方式」が、不透明な選考基準として問題となった。

● 1999（平成11）年9月9日「「代表選考は不公正」体操協会に抗議文　朝日生命ク」、同12日「代表選考方法の見直し意見も　日本体操協会、抗議文受け」との見出しで、**世界選手権の女子体操の代表選手選考**に関するトラブルが報道されている。

　選考基準の1つであった、試技会で意図的な得点操作が行われた、と抗議されているが、競技としての選考基準の特殊性が浮き彫りになっていると思われ、その後の理事会で選考基準の見直しについても協議が行われたとされる。

● 2000（平成12）年2月2日「えっ、女子マラソン代表6人「五輪直前3人に」JOC会長が秘策」との見出しで、日本陸上競技連盟が**オリンピックシドニー大会女子マラソン種目の代表選考基準**を「直前絞り込み方式」にすると提案を受けたとの報道も出た。これに対し、同月8日「94年スケート五輪代表の教訓（EYE　西村欣也）」など批判的な意見も出ている。最終的に、同月8日「6人案、拒否へ　シドニー五輪女子マラソン代表巡り陸連」、同月9日「日本陸連、6人案採用せず　シドニー五輪女子マラソン」、同月10日「女子マラソンの五輪代表は3人　八木・JOC会長が了承」などの見出しで、「直前絞り込み方式」の選考基準は採用にならなかったとされる。

　なお、オリンピックシドニー大会のマラソン種目の代表選手選考は、翌3月14日「マラソン6代表出そろう　高橋尚子・山口衛里ら五輪へ」との見出しで決定したが、同日「代表選考（窓・論説委員室から）」「女子の選考に抗議電話50本　シドニー五輪のマラソン代表」などの見出しで報じられるなど、また不明瞭さが残る結果となった。

この時代になると、代表選手選考紛争の対象に、オリンピック大会だけでなく、世界選手権も加わり、また1件1件の紛争がきわめて深刻かつ拡大している。

　特徴の1つは、代表選手選考紛争が慰謝料請求として正面から国家裁判所の取り扱う事案となったことは象徴的な出来事であったと思われる。当事者がそれだけ代表選手選考の不公平を感じていた、将来に向けた改善を図る強い意志があった、ということであろう。

　またもう1つの特徴は、マラソン種目の代表選手選考を中心として、選考基準や手続きなど、代表選手選考の課題が鮮明になっている、といえよう。とくにマラソン種目は人気も高く、毎回のオリンピック大会や世界選手権で話題となっているが、オリンピックの商業性などが高まったことも要因かもしれない。

　しかしながら、この時期は、日本においてスポーツ仲裁はいまだ一般的なものではなかった〈注27〉。代表選手選考紛争は物議をかもす問題ではあるものの、代表選手選考に関して法的にあるべき方向性が決まっているものでもなければ、決める場もなかったため、大きな改善がなされることもなかった。マラソン種目の代表選手選考紛争がなかなか改善されない理由は、このような代表選手選考に関する真の紛争解決方法がなかったことも影響していると思われる。

5. 代表選手選考紛争とスポーツ仲裁——千葉すず事件

　そして、2000年には、日本の代表選手選考紛争がスポーツ仲裁の場で争われた初めての事案である、いわゆる「千葉すず事件」が起きている。

> ●2000（平成12）年4月24日「競泳の五輪代表から千葉すず選手外れる」「五輪落選「理屈に合わぬ」水泳の千葉選手、3回連続の夢かなわず」、同月25日「千葉選外、消えぬ「なぜ」（EYE　西村欣也）」「選考内容説明しない」千葉すず選手五輪落選で日本水泳連盟」、同月26日「個性を排除するな　千葉すず選手（社説）」、翌5月5日「千葉すず選手が抗議文　水泳連盟会長に「五輪選考不透明」」、同月10日「水連、千葉すず選手側に近く回答「五輪選考漏れ」質問受け」、同月19日「水泳の千葉すず選手、仲裁裁

判所に提訴へ　五輪選考「公開を」」、同月 26 日「千葉すず選手、仲裁裁判所に提訴　水連の五輪選考に不服」、同月 28 日「仲裁に水連が応じる構え　競泳の千葉すず選手の提訴問題」、同月 29 日「競泳の千葉すず選手提訴、無関係と説明　所属クラブ側」、翌 6 月 2 日「競泳の千葉すず選手、ミズノの CM 打ち切り」、同月 3 日「千葉すず選手側が仲裁同意要求　水連「話し合いを」」、同月 4 日「水連との話し合い、千葉選手本人が応じる可能性　五輪代表選考問題」、同月 7 日「提訴内容確認のため千葉すず選手と接触へ　日本水連」、同月 13 日「千葉の大事な戦い（EYE　西村欣也）」「選考納得できぬ」千葉すず選手記者会見　一石を投じる狙い」、同月 15 日「千葉すず選手経由で同意書提出へ　提訴問題で日本水泳連盟」、同月 27 日「裁定期日希望、今月中に返答　千葉すず選手の提訴問題で日本水連」、翌 7 月 27 日「来月の聴聞会に競泳の千葉すず選手が出席　五輪選考問題」、翌 8 月 1 日「理由開示が千葉への礼儀（EYE　西村欣也）」、同月 3 日「千葉すず、対決の朝　「五輪代表漏れ」仲裁裁判所が聴聞」、同月 4 日「水連の体質改善、国際社会が促す　西村欣也」「千葉選手の訴え棄却　スポーツ仲裁裁「選考は公正」」「明解選考への苦い薬　千葉選手の提訴棄却　裁定重ねルール化を」「千葉すず選手敗訴、「判断は公正」笑顔で　五輪代表選考漏れで提訴」などの見出しで、日本の代表選手選考紛争としてはもっとも大きく、長期間にわたって取り扱われた事案となった。

　結論として、CAS の仲裁判断では、日本水泳連盟の代表選手選考自体に問題はないとされ、千葉選手の請求は棄却されている。ただ、日本水泳連盟が選考基準を事前に公表していなかった点に落ち度があるとされ、日本水泳連盟に 1 万スイスフランの支払いが命じられた〈注 28〉。

　本件は、2000 年に、日本の代表選手選考紛争が初めてスポーツ仲裁という紛争解決手続きにおいて取り扱われた事案である。論点としても、代表選手選考基準の存否やその周知、基準に従った選考など、代表選手選考の法的合理性が真正面から判断された。結論として、代表選手選考基準の事前公表の問題から、代表選手選考権者に金銭支払い命令が出るなど、その後の日本の代表選手選考に大きな影響を与える事案となった。

　また、この事案の以前から JSAA の設立準備は進んでいたものの、この事案によって日本のスポーツ界におけるスポーツ仲裁の役割が認識されたこ

とを背景として、多くの中央競技団体の支持を得ることができた結果、2003年にJSAAが誕生した〈注29〉ことを考えれば、きわめてエポックメイキングな事案である。このJSAAが、その後の代表選手選考仲裁において、日本のスポーツ界に代表選手選考指針を示すことになる意味でも非常に意義のある事案であった。

6. 代表選手選考紛争と日本スポーツ仲裁機構（JSAA）

「千葉すず事件」以後、現在までの日本の代表選手選考紛争は、2003年にJSAAが設立されたことから、JSAAを中心とした歴史となった。

- 2002（平成14）年7月26日「競技団体・選手間紛争処理の仲裁機構設立へ　JOC、来月に準備委」、同年8月6日「仲裁機構創設へ準備委スタート　日本オリンピック委員会」、同年12月7日「日本スポーツ仲裁機構、来春発足」などの見出しで設立準備しているとされたJSAAは、「選手の負担軽減　明確な選考促す効果も　JSAA創設へ〈解説〉」、2003（平成15）年4月8日「スポーツ仲裁機構発足　理事に荻原健司氏　国内の紛争が対象」との見出しで、その設立報道がされるなど、当初から代表選手選考紛争を対象とすることが報道されている。

- 2003（平成15）年8月13日「JOC相手に仲裁申し立てへ　テコンドー元五輪代表、選考に異議」、同年8月19日「日本スポーツ仲裁機構、請求認めず　テコンドーのユニバ選考」との見出しで、JSAAが初めて取り扱った仲裁事案が報道されている。その後、2004（平成16）年2月23日「自転車のアテネ五輪選考問題、連盟が仲裁拒否」、同年3月8日「日本スポーツ仲裁機構　競技団体の拒否、公平か」などの見出しで、代表選手選考紛争に関して、選手とスポーツ団体とのあいだで仲裁合意が成立しなかった事案が報道されている。

- 2004（平成16）年6月22日「五輪・馬術代表決定に異議　選考巡り、初仲裁へ　仲裁機構」、同月23日「あいまいな選考基準　加藤麻理子と連盟、真っ向対立　五輪馬術代表」「馬術・加藤選手、仲裁申し立て　連盟「総合

的に評価」　五輪選考」、同年7月9日「アテネ五輪の馬術選考で仲裁機構
が審問　来週中にも判断」、同月14日「馬術のアテネ五輪代表選考　きょ
う仲裁判断」、同月15日「日馬連に異例の勧告「公平性、むしろ後退」　ア
テネ五輪選考仲裁」「「馬術代表、透明性欠いた」アテネ五輪選考巡りスポー
ツ仲裁機構」などの見出しで、初めてオリンピックに関する代表選手選考が
対象となったJSAA-AP-2004-001（馬術）について報道されている。

● 2012（平成24）年2月4日「ボート武田、仲裁申し立て　五輪予選の代
表選考「不服」」、同月28日「ボート代表、再選考へ　仲裁機構、協会に取
り消し命令　武田の主張認める」「武田選手、五輪に「一歩ずつ」本格練習
へ　仲裁機構、ボート代表選考取り消し／愛媛県」などの見出しで、オリン
ピックロンドン大会に関する代表選手選考に関し、初めて代表選手選考決定
が取り消された事案JSAA-AP-2011-003（ボート）について報道されてい
る。

● その後も、2013（平成25）年8月2日「ボッチャの男性が代表選考巡り
申し立て」、同月6日「「申立人をボッチャ代表に」　仲裁機構、協会に命じ
る」、同年11月7日「滝沢が仲裁申し立て　代表選考めぐり　スキークロ
ス」、2015年（平成27年）6月5日「ボート協会の判断は無効　日本ス
ポーツ仲裁機構」、同月6日「日本代表取り消しペア、仲裁により復帰
ボート」、2016（平成28）年6月28日「女子4選手が仲裁申し立て　ス
ケルトン」、同年10月14日「スケルトン選考、選手と連盟和解「より公平
に」確認」などの見出しで、JSAAにおける代表選手選考紛争が報道されて
いる。

　2003年のJSAA設立以後における日本の代表選手選考紛争は、JSAAへ
の申立てをもって表面化することが多くなったため、JSAAの代表選手選考
事案を中心に発展している。そして、JSAAが設立されるまでは、代表選手
選考紛争に関して国家裁判所で審理されず、具体的な方向性が示されなかっ
たことに対して、それぞれの代表選手選考仲裁の中でさまざまな論点が問題
となり、選考基準や選考手続きの具体的な方向性が示されていった。とくに
JSAAの代表選手選考仲裁で当事者となったスポーツ団体においては、当該

仲裁における仲裁判断で示された内容が、その後の代表選手選考に関して生かされていることも指摘されている〈注30〉。

7. 本節のまとめ

以上、JSAA の代表選手選考仲裁において統一的な規範を形成しうるかに関する判断要素を検討するにあたって、日本の代表選手選考紛争の歴史と背景の検討を行った。

1912 年のオリンピックストックホルム大会から、日本のオリンピック大会参加が始まった中で、過去報道を確認するだけでも多くの代表選手選考紛争が生まれ、1964 年オリンピック東京大会の前後まで、さまざまな代表選手選考紛争が存在した。すでにこの頃から選考基準や選考手続きの問題点が指摘されている。

その後、日本の代表選手選考紛争は、仮処分や損害賠償請求というかたちで法廷闘争にまで発展するようになったものの、ここでは代表選手選考に関する具体的な法的権利が認められないことが大きな障害となり、国家裁判所の判決において代表選手選考の選考基準や選考手続きの問題点を解決する方向性が示されることはなかった。

このような中で、2000 年オリンピックシドニー大会の競泳種目をめぐるいわゆる「千葉すず事件」が CAS というスポーツ仲裁機関に申し立てられたことで、日本の代表選手選考紛争において、スポーツ仲裁によって選考基準や選考手続きの方向性が指し示されることとなった。そして、この事案によって日本におけるスポーツ仲裁の役割が認識されたことを背景として、多くの中央競技団体の支持を得ることができた結果、JSAA は 2003 年に設立されている。

これにつづく、JSAA の事案においても、多様な競技、種目における代表選手選考紛争が取り扱われたことにより、さらに選考基準や選考手続きに関する具体的な方向性が示されることになった。とくに JSAA の代表選手選考仲裁で当事者となったスポーツ団体においては、当該仲裁における仲裁判断で示された内容が、その後の代表選手選考に関して生かされている。

第4節 JSAAにおける代表選手選考仲裁は統一的な規範を形成しうるか

代表選手選考決定は、前述のとおり、スポーツ団体みずからが派遣する代表選手、とくに国際大会に関して自国を代表する選手を決定するとなれば、きわめて高い公的な性質を帯びる決定である。代表選手選考仲裁においては、当事者だけの問題でなく、その仲裁判断は他の選考対象者にも大きな影響を及ぼす。そして、これまでの代表選手選考紛争の歴史を見ても、日本が近代オリンピックに参加するようになった時期から現在に至るまで、代表選手選考紛争は発生しつづけている。

その中で、オリンピックや世界選手権が4年ごと、または毎年順次開催され、1つの競技における代表選手選考は1回きりのものではなく、今後もつづくテーマである。このような代表選手選考決定が仲裁判断の対象となった場合、その公的な性質、代表選手選考紛争の歴史から、自国のスポーツ界における法的安定性や予測可能性が認められることはいうまでもない。

仮に自国のスポーツ仲裁機関の仲裁判断に大きなブレや、先例とまったく異なる判断が行われていた場合、中央競技団体やオリンピック委員会自体が行う代表選手選考決定に大きな混乱が生じてしまう。JSAAは、日本の統括団体や中央競技団体に対して、仲裁自動応諾条項の導入を強く求めていることからしても、その仲裁判断に大きなブレや先例とまったく異なる判断が行われた場合、国内スポーツ仲裁機関そのものの信頼性を失うおそれもある。とすれば、JSAAにおける代表選手選考仲裁において統一的な規範を形成すべき必要性があるといえよう。

では、JSAAにおける代表選手選考仲裁は統一的な規範を形成しうる十分な根拠を備えているのか、前述した仲裁における統一的な規範形成に関する判断要素、すなわち、①仲裁機関に関連する判断要素、②仲裁判断に関連する判断要素、③仲裁の法的正統性に関連する判断要素の順に考察してみる。

1. 仲裁機関に関連する判断要素

・仲裁機関の法的性質〜公的機関か私的機関か

・仲裁機関が常設かアドホックか

・仲裁機関のベースが商事仲裁機関かスポーツ仲裁機関か

・仲裁機関による仲裁人の質の担保

　まず、①仲裁機関に関連する判断要素を検討すると、JSAA は、前述のとおり、2009 年に一般財団法人、2013 年に公益財団法人となっているものの、私法人である。カナダの SDRCC、ニュージーランドの STNZ のような政府法人でもない。となると、このような一私法人にスポーツ界における統一的な規範形成を認めていいのか、という疑問も生じる。

　しかしながら、その設立経緯は、1996 年に JOC と日本体育協会（現・日本スポーツ協会）が中心となって設立された「アンチ・ドーピング体制に関する協議会」や、1999 年 12 月からの JOC における「スポーツ仲裁研究会」、2002 年 8 月からの JOC や日本体育協会、日本障がい者スポーツ協会を中心とした「日本スポーツ仲裁機構創設準備委員会」での検討の結果とされる〈注31〉。JSAA の運営資金については国庫から拠出されている団体ではなく、JOC、日本スポーツ協会、日本障がい者スポーツ協会からの会費が基本的な資金となっている。公益財団法人としての理事にこれらの団体からメンバーが選出されているなど、設立経緯、運営資金などから考えれば、JSAA は、JOC、日本スポーツ協会、日本障がい者スポーツ協会とその性質が類似した機関といえるだろう。

　前述のとおり、先行研究によれば、日本の中央競技団体は、確かに一般法人法、公益認定法にもとづく私法人ではあるものの、きわめて高い公的性格をもった、行政機関類似の私法人である、ということに大きな争いは見られない。JOC、日本スポーツ協会、日本障がい者スポーツ協会は、これらの中央競技団体を統括し、日本のスポーツ行政をつかさどる文部科学省、スポーツ庁、日本スポーツ振興センターとも強い結びつきを有する団体であることから、中央競技団体以上に高い公的性格を強く有する団体といえるだろう。

　JSAA は、2011 年に施行されたスポーツ基本法第 15 条では、「国は、ス

ポーツに関する紛争の仲裁又は調停の中立性及び公正性が確保され、スポーツを行う者の権利利益の保護が図られるよう、スポーツに関する紛争の仲裁又は調停を行う機関への支援、仲裁人等の資質の向上、紛争解決手続についてのスポーツ団体の理解の増進その他のスポーツに関する紛争の迅速かつ適正な解決に資するために必要な施策を講ずるものとする」と定められ、国が、「スポーツに関する紛争の仲裁又は調停を行う機関」すなわち JSAA への支援を行うことが明記されている。また、この法律の施行を受けて策定された第1期スポーツ基本計画（2012年度から2016年度）では、施策6「ドーピング防止やスポーツ仲裁等の推進によるスポーツ界の透明性、公平・公正性の向上」「(3) スポーツ紛争の予防及び迅速・円滑な解決に向けた取組の推進」において、「スポーツ団体の仲裁自動受諾条項採択等、紛争解決の環境を整備」が、第2期スポーツ基本計画（2017年度から2021年度）では、施策4「クリーンでフェアなスポーツの推進によるスポーツの価値の向上」「①コンプライアンスの徹底、スポーツ団体のガバナンスの強化及びスポーツ仲裁等の推進」において、「国は、スポーツ団体やアスリート等に対するスポーツ仲裁・調停制度の理解増進及びスポーツに係る紛争に関する専門人材の育成を推進することで、全てのスポーツ団体において、スポーツ仲裁自動応諾条項の採択等によりスポーツに関する紛争解決の仕組みが整備されることを目指し、スポーツ仲裁制度の活用によるスポーツに関する紛争の迅速・円滑な解決を促進する」と定められるなど、国の重点施策としてのスポーツ紛争解決制度の整備の中心に JSAA が置かれている。このような事実からすれば、JSAA も単なる私法人ではなく、JOC、日本スポーツ協会、日本障がい者スポーツ協会と同様の高い公的性格を強く有する組織といえよう。

　また、JSAA は、2003年の設立以来まだまだ年間取り扱い件数は少ないものの、事案ごとに設置されるアドホックな紛争解決機関ではない。すでに15年以上にわたって、「常設」された紛争解決機関として運営されている。代表選手選考に関するスポーツ仲裁規則においては、JOC、日本スポーツ協会、日本障がい者スポーツ協会、都道府県体協及びその加盟団体の決定のみを対象にすることが明記され（同第3条第1項）、日本のスポーツ界に対して、常設機関として事実上の司法的機能を果たしてきている。

そして、JSAA は、スポーツ仲裁以外の仲裁事案を取り扱っていないため、スポーツ仲裁のみを専門的に取り扱う紛争解決機関である。アメリカ合衆国の AAA、ドイツ商事仲裁協会（Deutsche Institution für Schiedsgerichtsbarkeit e.v., DIS）のような商事仲裁機関が行う代表選手選考仲裁は、そもそも仲裁機関としての性質がスポーツ仲裁に影響することも考えられる。しかし、スポーツ仲裁のみを専門的に取り扱う以上、JSAA のスポーツ仲裁規則の解釈、適用においては、統一的な規範形成のない場面もある商事仲裁の影響なく〈注32〉、スポーツ仲裁としての解釈、適用を行うことが可能である。

　また、JSAA の設立は、前述のとおり、2000 年オリンピックシドニー大会の競泳種目をめぐり、CAS に申し立てられたいわゆる「千葉すず事件」によって、日本のスポーツ界におけるスポーツ仲裁の役割が認識されたことを背景として多くの中央競技団体の支持を得ることができたことも大きなきっかけとなったと指摘されている。「千葉すず事件」が代表選手選考紛争を取り扱うものであったことや、それまでの日本のスポーツ界において代表選手選考紛争の解決の方向性を十分に示せていなかったこと、JSAA 設立時の報道では代表選手選考紛争の解決が期待されていたことなどからすれば〈注33〉、JSAA 自体は日本の代表選手選考紛争に関してスポーツ仲裁による法的審査を及ぼし、かつ日本のスポーツ界に対して代表選手選考紛争の解決の方向性を示す使命をもった紛争解決機関ともいえる。

　加えて、JSAA の仲裁人についても、その仲裁人候補者リスト〈注34〉を見れば、スポーツ法、仲裁法に精通した大学教授や、スポーツ法務の経験のある弁護士がリストアップされている。JSAA がスポーツ仲裁法研究会を年 3回、スポーツ仲裁シンポジウムを年 1 回開催し、仲裁人候補者の質向上のための事業を実施していることからしても〈注35〉、統一的な規範となりうる仲裁判断を行う条件は整っているといえよう。

2. 仲裁判断に関連する判断要素

・仲裁判断の対象となっている紛争の法的性質
　私的な紛争か公的な紛争か、統一的な規範形成になじむ紛争か
・仲裁判断に理由を付すか否か

> ・仲裁判断自体を公開するか否か
> ・仲裁判断の理由を公開するか否か

　つづいて、JSAA の②仲裁判断に関連する要素について検討してみよう。

　まず、仲裁判断の対象となっている紛争は代表選手選考決定である。既述のとおり、日本では、代表選手選考決定はいわゆる部分社会の法理によって、あるいは裁判所法第３条に定める法律上の争訟に該当しないとして、国家裁判所によって取り扱われないのが一般的な考え方である。日本においては代表選手選考決定の前提として代表選手選考基準に関する法的合意が存在するととらえたり、あるいは代表選手選考に関する具体的なスポーツ権が認められていない。よって、このような法的合意やスポーツ権を前提に裁判所法第３条に定める法律上の争訟として国家裁判所の判決や仲裁法の適用のある仲裁判断による法的審査は行われてはいないため、これらの統一的な規範が形成されているとはいえない。

　しかしながら、代表選手選考が行政処分に類似する手続きであるため、「行政庁による法令の解釈・適用に際しての裁量を公正・適正なものとし、行政過程の透明性の向上をはかること」や「申請人にとって行政機関の応答の予測可能性を高め、申請人の手続的権利を保護するため」などの行政処分に求められる目的〈注36〉が同様に妥当する。前述のとおり、代表選手選考はその前提となる選手選考基準などについてスポーツ団体と選手間で法的合意が成立しているととらえることも可能である。ただ、日本においては代表選手選考をこのような法的合意にもとづく権利義務の行使ととらえるのではなく、行政処分類似の手続きとしてとらえてきた、あるいは代表選手選考規程自体は法的合意であったとしても、これにもとづくスポーツ団体による代表選手選考決定は行政処分類似の手続きととらえられてきた。

　そして、代表選手選考仲裁はこのような行政処分類似の手続きを対象にする以上、通常の商事仲裁のような民事仲裁手続きとはまったく異なる〈注37〉。むしろその仲裁判断は行政処分を取り扱う行政不服審査あるいは行政訴訟に類似する手続きとなろう。このような手続きの判断基準として、たとえば、代表選手選考決定に対する取消し事由として、冒頭に述べたとおり唯一の基準が踏襲されているという意味では、JSAA の代表選手選考仲裁においては、法的安定性や予測可能性が担保されているといえよう。

加えて、代表選手選考仲裁は、スポーツ団体の専門性・自律性と、スポーツガバナンスの視点から要求される公平・透明性の利益衡量を行うとともに、代表選手選考に関係するスポーツ権の内容を明らかにする紛争解決方法でもある。

　つまり、代表選手選考はスポーツ団体の決定であり、日本では、いわゆる部分社会の法理あるいは裁判所法第3条に定める法律上の争訟に該当しないため、国家裁判所が取り扱うことはできないと考えられている。となると国家裁判所を通じてスポーツ権の内容が明らかになることはなかなか困難であり、そうなるとスポーツ仲裁を中心として明らかになるしか方法がない。そして、代表選手選考仲裁でどのような具体的なスポーツ権が認められるかは、きわめて重要な規範となるため、代表選手選考仲裁においては、統一的な規範形成になじむ素地がある〈注38〉。

　そして、「JSAA仲裁規則」第44条においては、「判断の理由」が仲裁判断の必要的記載事項とされている。スポーツ仲裁規則第37条を検討すれば、「仲裁手続及びその記録」は非公開とされるものの（同条第1項）、「当事者全員が公開で行われることに合意する場合」には、審問を公開することも可能とされ（同条第1項の2）、また「仲裁判断を適当な方法により公開する」と仲裁判断については公開が原則となっている（同条第2項）。判断の理由が必要的記載事項であるため、仲裁判断が公表されれば必然的に判断の理由も公表されることになる。加えて、申立てがなされた場合の競技団体の名称の公表（同条第1項の3）、競技団体が応諾を拒否した場合等における事実の公表（同条第2項の2）など、仲裁手続き及び仲裁判断の公開、公表が幅広く定められており、事後の事案の仲裁判断において参照することができる内容が非常に広範になっている。

　「JSAA仲裁規則」がこのような規定になっている点は、JSAAの仲裁判断における統一的な規範形成を指向しているととらえられよう。

3. 仲裁の法的正統性に関連する判断要素

> ・仲裁の法的正統性は何か〜当事者間の合意か仲裁機関の法的性質か
> ・仲裁が国家裁判所による司法審査や他の仲裁機関の法的審査の対象に
> 　なることによる法的正統性を重視するか否か
> ・紛争の歴史、背景を前提とした仲裁判断に対する社会の受容性

　最後に、③仲裁の法的正統性に関連する判断要素を検討する。

　確かに、JSAAのスポーツ仲裁といえども、「JSAA仲裁規則」第2条に
おいては、「紛争をスポーツ仲裁パネルに付託する旨の合意がなければなら
ない」と明確に記載されており（同第2項）、まず終局的のその仲裁判断に
服するという当事者間の合意にその法的正統性を求めることができる。

　もっとも、JSAAの仲裁機関としての高い公的性格や、仲裁判断で取り扱
う対象が代表選手選考決定というきわめて高い公的意義を帯びる紛争を取り
扱うことからすれば、代表選手選考仲裁を単なる当事者間の私的行為、法的
事実にすぎないなどと切り捨てることも実態にそぐわないであろう。代表選
手選考仲裁の法的正統性については、このような公的側面も考えることがで
きる。

　加えて、仲裁の法的正統性の根拠となる当事者間の合意について、JSAA
のスポーツ仲裁における仲裁合意の実態としては、前述のとおり、スポーツ
団体の決定に関する紛争をJSAAにゆだねる自動応諾条項を導入している
団体が、2019年4月1日時点において、JOC、日本スポーツ協会、日本障
がい者スポーツ協会、JOC加盟団体、日本スポーツ協会加盟団体で、すで
に81.7%にのぼる。

　この自動応諾条項の導入実態は、当事者間で個別の合意を経てJSAAの
スポーツ仲裁を利用しているというよりは、仲裁判断の対象となる決定を
行った中央競技団体がその構成員の総意をくみ取り、事前整備としてすでに
仲裁合意条項を導入していることを示しており、この意味では、スポーツ団
体の構成員の総意という法的正統性も考えられよう（そのためにスポーツ団
体の自動応諾条項の導入に関する意思決定自体が、スポーツ団体内の意思を
十分にふまえ、民主的な手続きに従っているという法的正統性が必要である

ことは当然である）。このようなスポーツ団体の構成員の総意という考えは、国家裁判所の裁判の法的正統性が民主的な手続きにのっとった法律にもとづくという性質に近接し、現在のJSAAの代表選手選考仲裁の実態に近いものといえる。

　また、仲裁判断の法的正統性は、当事者の合意によって選ばれた仲裁人であることにもとづくが、JSAAのスポーツ仲裁事案においては、当事者から仲裁人の指名が行われることはほとんどなく、JSAA事務局が選択する仲裁人がほとんどである。仲裁人選任権は当事者にあるが、適任者を見つけて選任することができないという現状もあり、このような仲裁判断の実際上の法的正統性を当事者のみに求めることは限界があり、むしろ指名する仲裁機関にもその法的正統性を求めることも考えなければならない。

　そして、前述のとおり、2011年に施行されたスポーツ基本法やこれにつづいて策定されてきたスポーツ基本計画において、国の重点施策としてのスポーツ紛争解決制度の整備の中心にJSAAが置かれていることからすれば、JSAAの仲裁の法的正統性について仲裁機関自体に認められるとも考えられよう。

　とすれば、JSAAの仲裁の法的正統性としても、当事者間の合意のみならず、仲裁機関の法的性質自体にも求めることが可能である。

　逆に統一的な規範形成を否定する根拠としては、仲裁判断が国家裁判所による司法審査や他の仲裁機関の法的審査の対象とはならないことにより、その法的正統性が検証されないこととも考えられる。

　しかしながら、JSAAの仲裁判断は、「JSAA仲裁規則」第48条において最終的拘束力を有することが定められているが、これに対する国家裁判所の審査を完全に排除するまでの効力はないと考えられる。JSAAの仲裁判断が国家裁判所の司法審査の対象となった事案〈注39〉もあり、JSAAの仲裁判断に法的正統性を付与しているともいえよう。

　また、JSAAの代表選手選考仲裁は、ニュージーランドのSTNZのように、CASへの上訴を認めるものではないが、仲裁がそもそも他の仲裁機関への上訴を避け、短期間の解決をめざすことに利用できる手続きでもあり、それが代表選手選考仲裁には強く要請される事項であることを鑑みれば、他の仲裁機関の法的審査の対象にならないことだけをもって、法的正統性を完全に

否定する理由とまではいえないであろう。

　これに加えて、日本の代表選手選考紛争の歴史を見れば、過去において国家裁判所に対して申し立てられた事案もあったものの、代表選手選考に関する具体的な法的権利が認められないことが大きな障害となり、国家裁判所の判決において代表選手選考の選考基準や選考手続きの問題点を解決する方向性が示されることはなかった。

　これに対して、すでに JSAA が設立されて 15 年以上の期間を経てきている中で、JSAA 仲裁パネルによる仲裁判断においては、代表選手選考の選考基準や選考手続きに関して、具体的な方向性を示している。ここで示された内容は、大きく報道されるようになり、また、当事者となったスポーツ団体においては、その後の代表選手選考に関して生かされている。とすれば、JSAA の代表選手選考仲裁判断が示す具体的な方向性が日本のスポーツ界において受容され、指針となってきているといえよう。

4. 本節のまとめ

　以上、JSAA における代表選手選考仲裁の統一的な規範形成に関する判断要素の検討をまとめると、以下のとおりとなる。

　まず、1 点目の仲裁機関に関連する判断要素については、JSAA が、JOC、日本スポーツ協会、日本障がい者スポーツ協会と同様の高い公的性格を強く有する組織であり、日本のスポーツ界に対して、スポーツ仲裁のみを取り扱う常設機関として事実上の司法機能を果たしてきていること、「千葉すず事件」という代表選手選考紛争によって、日本のスポーツ界におけるスポーツ仲裁の役割が認識されたことを背景として多くの中央競技団体の支持を得ることができた結果、設立された紛争解決機関として代表選手選考に関する方向性を指し示す使命を帯びていること、仲裁人の質を担保するための事業を実施していることなどからすれば、統一的な規範になりうる仲裁判断を行う条件は整っているといえる。

　2 点目の仲裁判断に関連する判断要素については、日本の代表選手選考仲裁が法的な権利義務の行使ではなく、行政処分類似の手続きを対象にする中

で、たとえば、代表選手選考決定に対する取消し事由として、冒頭に述べたとおり唯一の基準が踏襲されているという意味では、法的安定性や予測可能性が担保されていること、代表選手選考仲裁でどのような具体的なスポーツ権が認められるかは重要な規範となるため、代表選手選考仲裁には統一的な規範形成になじむ素地があること、「JSAA 仲裁規則」は判断理由の作成や公表など統一的な規範形成を裏付ける規定を定めていることなどからすれば、統一的な規範の形成を肯定する根拠があるといえる。

　3点目の仲裁の法的正統性に関連する判断要素については、仲裁の基本的な性質としての当事者間の合意に法的正統性を求めるのみならず、JSAA のスポーツ仲裁における仲裁合意の実態が中央競技団体による自動応諾条項の導入にあり、また、仲裁人の指名も JSAA 事務局が選択することが多いこと、スポーツ基本法やスポーツ基本計画において国の重点施策としてのスポーツ紛争解決制度の整備の中心に JSAA が置かれていることからすれば、仲裁機関の法的性質にも多くの法的正統性を求めることができる。そして、JSAA 仲裁パネルによる仲裁判断において示された、代表選手選考の選考基準や選考手続きに関する具体的な方向性は日本のスポーツ界において受容され、指針となってきている。

　以上のような判断要素の検討をふまえれば、JSAA の代表選手選考仲裁においては、統一的な規範を形成しうる根拠を十分に備えている、と考えられるだろう。

〈注〉

1　八木由里「オリンピック日本代表選出における紛争と ADR 制度」（『日本スポーツ法学会年報』第 14 号、2007 年、pp. 161-162）。
2　小島武司・猪股孝史『仲裁法』（日本評論社、2014 年、pp. 1-2）や、山本和彦・山田文『ADR 仲裁法』（第 2 版）（日本評論社、2015 年、pp. 290-292）。
3　小島武司・猪股孝史『仲裁法』（日本評論社、2014 年、pp. 8-9）や、山本和彦・山田文『ADR 仲裁法』（第 2 版）（日本評論社、2015 年、p. 30 以降）。
4　たとえば、日本商事仲裁協会が定める商事仲裁規則第 38 条においては、非公開、守秘義務が定められ、仲裁手続きおよびその記録は非公開とされる。
5　猪股孝史「仲裁判断の「理由」に関する序論的考察（1）」（『放送大学研究年報』第 9 号、1991 年、pp. 75-90）。
6　横溝大「紛争処理における私的自治」（『国際私法年報』第 15 号、2013 年、pp. 111-129）。

なお、横溝は、仲裁判断において「統一的な規範を形成すること」までは否定していない。

7 小寺彰「投資協定仲裁の法的性質 —— 投資協定における投資家の地位」(国際投資紛争の解決と仲裁)(『日本国際経済法学会年報』17 巻、2008 年、pp. 101-117)。

8 濱本正太郎「アドホック仲裁による「判例」法形成 —— 国際投資法を題材に」(『村田研究振興財団年報』第 26 号、2012 年、pp. 705-712)。濱本は、「判例」とカッコ書きを用いているが、その理由については触れていない。

9 山本和彦・山田文『ADR 仲裁法』(第 2 版)(日本評論社、2015 年、p. 293)。

10 2004/A/628 IAAF v. USA Track and Field & Jerome Young, para. 19、CAS 2008/A/1545 Anderson et al. v. International Olympic Committee (IOC), para. 54, 55、CAS 2012/A/2972 Matti Helminen v. Royale Ligue Vélocipédique Belge (RLVB), para. 51、CAS 2016/A/4602 Football Association of Serbia v. Union des Associations Européennes de Football (UEFA), para. 119. なお、Mavromati, Desoina. REEB, Matthieu. *CAS Code Commentary, Kluwer Law International*, 2015, Article R46, para. 47.

11 Nafziger, James A. R. Lex Sportiva and CAS, *The International Sports Law Journal 2004 No. 1-2*, p. 3 in Blackshaw, I. S., Siekmann, R. C. R. and Soek, J. W. *The Court of Arbitration for Sport 1984-2004, T.M.C. ASSER PRESS*, 2006, p. 409. and in Siekmann, R. C. R. and Soek, J. W. *Lex Sportiva: What is Sports Law?*, T. M. C. ASSER PRESS, 2012, p. 54.

12 Foster, Ken. Lex Sportiva and Lex Ludica: The Court of Arbiration for Sport's Jurisprudence, in Blackshaw, I. S., Siekmann, R. C. R. and Soek, J. W. *The Court of Arbitration for Sport 1984-2004, T. M. C. ASSER PRESS*, 2006, pp. 420-440. and in Siekmann, R. C. R. and Soek, J. W. *Lex Sportiva: What is Sports Law?*, T. M. C. ASSER PRESS, 2012, pp. 123-148.

13 小寺彰「国際スポーツ法」(道垣内正人・早川吉尚編著『スポーツ法への招待』ミネルヴァ書房、2011 年、pp. 95-113)。

14 石堂典秀・高松政裕「スポーツ仲裁裁判所と世界アンチドーピング機構による法規範(Lex Sportiva)の形成 —— オリンピック代表選考基準をめぐる仲裁事例を通じて」(日本スポーツ法学会年報第 21 号、2014 年、pp. 88-105)。

15 たとえば、JSAA であれば、特定仲裁合意にもとづくスポーツ仲裁が設けられており、このようなスポーツ界の当事者間の商取引を対象にした商事仲裁も対象となっている。http://www.jsaa.jp/sportsrule/arbitration/02_rule_150306rev.pdf、2019 年 4 月 1 日アクセス。

16 齋藤健司『フランススポーツ基本法の形成(上巻)』(成文堂、2007 年、p. 94 以降)、その他日本スポーツ仲裁機構(平成 25 年度文部科学省委託事業スポーツ仲裁活動推進事業)報告書「諸外国におけるスポーツ紛争及びその解決方法の実情に対する調査研究」(第 2 章フランス、p. 5 以降)、http://jsaa.jp/ws/comreport2013.pdf、2019 年 4 月 1 日アクセス。

17 文部科学省「平成 22 年度諸外国におけるスポーツ振興政策についての調査研究」(アメリカ)、2011 年。http://www.mext.go.jp/component/a_menu/sports/detail/__icsFiles/afieldfile/2011/08/03/1309352_013.pdf、2019 年 4 月 1 日アクセス。

18 道垣内正人「日本スポーツ仲裁機構(JSAA)」(『法学教室』第 276 号、2003 年、p. 3)、同「スポーツ仲裁をめぐる若干の論点」(『仲裁と ADR』3 号、2008 年、p. 80)、同「日本スポーツ仲裁機構とその活動」(日本スポーツ法学会年報第 15 号、2008 年、p. 19)、同「スポーツ仲裁・調停」(道垣内正人・早川吉尚編著『スポーツ法への招待』ミネルヴァ書房、2011 年、p. 65)。

19 南川和宣「スポーツ仲裁機構と行政法理論」(『修道法学』28 巻 2 号、2006 年、p. 973)。

20 小幡純子「スポーツにおける競技団体の組織法と公的資金」(道垣内正人・早川吉尚編著『スポーツ法への招待』ミネルヴァ書房、2011 年、pp. 54-55)。

21 その他行政機関の権限との類似性を指摘するものとして、望月浩一郎・松本泰介「スポーツ団体におけるコンプライアンス」(『自由と正義』60巻8号、2009年、p. 68以降)や、拙稿「スポーツ団体」(日本スポーツ法学会編著『詳解スポーツ基本法』成文堂、2011年、p. 143以降)。

22 小幡純子「スポーツ仲裁―行政法の観点から―」(『スポーツ仲裁のさらなる発展に向けて：文部科学省法科大学院形成支援プログラム―仲裁・ADR・交渉の研究と実践―報告書』、2006年、p. 146)。

23 このような見解を前提にした研究として、Sullivan QC, Allan. I didn't make the team. What can I do? An overview of selection jurisprudence, *Australian and New Zealand Sports Law Journal*, Volume 10, No. 1, 2015, pp. 1-45、Findlay, Hilary A. and Marcus F. Mazzucco. "Degrees of Intervention In Sport-Specific Arbitration: Are We Moving Towards a Universal Model of Decision-making?", *Yearbook on Arbitration and Mediation, Pennsylvania State University Dickinson School of Law*, Vol. 2, 2010, pp. 98-143、Thorpe, David. CONTRACT AND ATHLETE SELECTION, *Australian and New Zealand Sports Law Journal*, Volume 3, No. 1, 2008, pp. 37-68 など。

24 井上洋一「スポーツと人権」(中村敏雄・高橋健夫・寒川恒夫・友添秀則編集『21世紀スポーツ大事典』大修館書店、2015年、p. 90)。

25 朝日新聞記事データベース「聞蔵Ⅱビジュアル」(1879年〜)、読売新聞「ヨミダス歴史館」(1874年〜)。

26 オーストラリアでは、2000年のオリンピックシドニー大会の出場をめぐる選手選考に関連して、およそ50件の不服申立てがなされた、とされる。小笠原正監修『導入対話によるスポーツ法学』(第2版、不磨書房、2007年、p. 70)。

27 日本においてスポーツ仲裁が一般的に報道で取り上げられるのは、1998年冬季オリンピック長野大会において、CASのアドホック仲裁パネルが設置されたこと以降である。

28 なお、「千葉すず事件」の詳細については、小川和茂「選手選考にかかる仲裁判断例に関する一考察」(『スポーツ仲裁のさらなる発展に向けて：文部科学省法科大学院形成支援プログラム―仲裁・ADR・交渉の研究と実践―報告書』、2006年、p. 158)。

29 道垣内正人「日本におけるスポーツ仲裁制度の設計」(『ジュリスト』1249号、2003年、p. 3、注7)、同「日本スポーツ仲裁機構の活動」(『自由と正義』Vol. 58 No. 2、2007年、p. 31、注5)、同「日本スポーツ仲裁機構とその活動」(『日本スポーツ法学会年報』第15号、2008年、p. 40、注12)。

30 八木由里「オリンピック日本代表選出における紛争とADR制度」(『日本スポーツ法学会年報』第14号、2007年、pp. 161-162)。

31 JSAAの設立経緯、運営資金、役員選出等については、道垣内正人「日本におけるスポーツ仲裁制度の設計」(『ジュリスト』1249号、2003年、p. 2、注1)や、同「日本スポーツ仲裁機構(JSAA)」(『法学教室』第276号、2003年、p. 2、同「スポーツ仲裁をめぐる若干の論点」(『仲裁とADR』3号、2008年、p. 82)、同「日本スポーツ仲裁機構とその活動」(『日本スポーツ法学会年報』第15号、2008年、p. 8)、同「スポーツ仲裁・調停」(道垣内正人・早川吉尚編著『スポーツ法への招待』ミネルヴァ書房、2011年、p. 62)、同「スポーツ仲裁」(日本スポーツ法学会編『詳解スポーツ基本法』成文堂、2011年、p. 282)や、日本スポーツ仲裁機構(平成25年度文部科学省委託事業スポーツ仲裁活動推進事業)報告書『諸外国におけるスポーツ紛争及びその解決方法の実情に対する調査研究』(2014年、p. 5、26、33、59、60)、小島武司・猪股孝史『仲裁法』(日本評論社、2014年、p. 70)など。

32 たとえば、ドイツのDISが取り扱うスポーツ仲裁であるDeutsches Sportschiedsgericht については、現在も、仲裁判断が公表されておらず、規範内容が明らかになっていない。これは、商事仲裁機関としての仲裁規則をベースとしたスポーツ仲裁規則を使用しており、2016年3

月まで使用していたスポーツ規則においては、ドーピング仲裁判断を除き、当事者間の合意および DIS の同意がない限り、スポーツ仲裁判断は公表できないこととなっていた（DIS スポーツ仲裁規則第 42.1 項）。

33　道垣内正人「スポーツの発展にスポーツ仲裁が果たす役割とは」（『ジュリスト』1446 号、2012 年、p. iii）によれば、「日本の現状では、競技団体が傘下の選手やチームに対してする決定（代表選手選考、懲戒処分等）の当否が問題となることがずっと多い」と指摘されている。

34　スポーツ仲裁人候補者リスト（2018 年 11 月 1 日時点）。http://www.jsaa.jp/doc/arbitrators_44.pdf、2019 年 4 月 1 日アクセス。

35　各年事業報告。http://www.jsaa.jp/doc/gaiyou.html#t5、2019 年 4 月 1 日アクセス。

36　室井力・芝池義一・浜川清「コンメンタール行政法 I 行政手続法・行政不服審査法」（第 2 版、日本評論社、2008 年、pp. 92-93）。

37　このような代表選手選考仲裁の特殊性を述べるものとして、山本和彦・山田文『ADR 仲裁法』（第 2 版）（日本評論社、2015 年、p. 293）。

38　USOC 基本定款第 9 条にもとづくアメリカの AAA での仲裁判断においては、同条に規定された選手の出場機会の保障（opportunity to participate）の具体化が積み重ねられてきており、その中で公正かつ公平な基準にもとづく選考を受ける権利など、選手のスポーツ権が明らかになってきている。

39　JSAA-AP-2015-001（空手）。大阪地方裁判所は、2015 年 9 月 7 日、JSAA スポーツ仲裁パネルには申立人の被申立人に対する申立てについて、仲裁権限がないとの決定をした（大阪地方裁判所平成 27 年（仲）第 2 号）。その理由として、①申立人と被申立人との間には個別的な仲裁合意がないこと、②被申立人の連盟規約には、スポーツ仲裁規則第 2 条第 3 項に定めるいわゆる自動応諾条項が存在しないこと、③被申立人は、中央競技団体の加盟団体でないから、自動応諾条項を定めた中央競技団体の倫理規程第 10 条が適用されるということはできず、中央競技団体の倫理規程第 10 条は、中央競技団体自身がした処分のみを意味することから、同条項を根拠として被申立人の規則中に自動応諾条項が存在するとみることはできないことをあげている。

代表選手選考仲裁における
法的審査の範囲と限界

第1節 本書各章の総括

　本書においては、日本スポーツ仲裁機構（Japan Sports Arbitration Agency, JSAA）、ニュージーランドスポーツ仲裁裁判所（Sports Tribunal of New Zealand, STNZ）、カナダスポーツ紛争解決センター（Sport Dispute Resolution Centre of Canada, SDRCC）、アメリカ仲裁協会（American Arbitration Association, AAA）、という4か国のスポーツ仲裁機関における代表選手選考事案において積み重ねられた仲裁判断による司法的機能、代表選手選考仲裁における法的審査の範囲と限界を解説してきた。

　第6章では、各国のスポーツ仲裁機関との国際比較を行ったうえで、JSAAへの示唆を得るために、まず、本書各章（第5章を除く）を振り返る。

1. 日本スポーツ仲裁機構（JSAA）の代表選手選考仲裁における法的審査の範囲と限界

　第1章においては、スポーツ団体が実施する代表選手選考における専門性・自律性と公平・透明性というスポーツガバナンスとのバランスの視点から、JSAAの代表選手選考仲裁における法的審査の範囲と限界を解説した。

　JSAAでは、審査対象は仲裁規則によって中央競技団体の決定と定められている。仲裁パネルの権限、判断基準、立証責任は仲裁規則に定められておらず、仲裁判断において明らかになってきている。行政訴訟型のスポーツ仲裁として、代表選手選考の決定自体は仲裁パネルの権限に含まれず、スポーツ団体の専門性・自律性が尊重されている。仲裁パネルの判断基準については、いわゆる4要件基準が確立している。ただ、選考基準が存在せず、また未公表であった選考基準があったとしても、判断基準としての取消し事由を限定し、選考決定を維持しているなど、代表選手選考の客観的評価、主観的評価および手続き規程に関しても、スポーツ仲裁による法的審査に限定的である。また、スポーツ仲裁による法的審査の前提として、代表選手選考に関する自動応諾条項の導入率が低く、そもそも法的審査の対象となっていない課題がある。

このようなJSAAによる法的審査の範囲と限界は、日本の私的団体の自治を尊重し、国家裁判所による司法審査もほとんど行われてこなかったことに大きな影響があると思われる。JSAAによる法的審査においても、行政訴訟型のスポーツ仲裁として、基本的には、スポーツ団体の専門性・自律性が尊重されている。

　スポーツガバナンスから要求される公平・透明性とのバランスからの法的審査の程度は限定的であるが、JSAAは、何ら根拠法令があるわけでもなく、日本のスポーツ界にみずから導入をうながしていくためには、JSAA仲裁パネルの審査対象、権限、判断基準、立証責任や、法的審査の程度についてもかなり限定的にせざるを得ない事情があったとも考えられるだろう。スポーツ関連紛争に関し、法律上の争訟性の問題から国家裁判所による司法審査が大きく抑制されることを補完するためにJSAAが設立された経緯をふまえながら、JSAAによる法的審査の範囲と限界をとらえる必要がある。

2. ニュージーランドスポーツ仲裁裁判所（STNZ）の 代表選手選考仲裁における法的審査の範囲と限界

　第2章においては、スポーツ団体が実施する代表選手選考における専門性・自律性と公平・透明性というスポーツガバナンスとのバランスの視点から、ニュージーランドのSTNZの代表選手選考仲裁における法的審査の範囲と限界を解説した。

　STNZでは、仲裁パネルの審査対象、権限、判断基準、立証責任が仲裁規則において明確に定められている。行政訴訟型のスポーツ仲裁として、選手選考事案においては、スポーツ団体への差戻しを原則とし、仲裁パネルによる権限を限定するなど、スポーツ団体の専門性・自律性が尊重されている。仲裁パネルの判断基準としては、仲裁規則において選手選考事案における取消し事由が明記されているなど、スポーツ仲裁による法的審査の程度が安定的かつ明確である。仲裁判断における取消し事由としては、代表選手選考の客観的評価における形式的な評価や評価要素の検討不足、手続き規程違反は結論の変更可能性がある場合や代表選手選考そのものの妥当性が失われる場合などであった。なお、オリンピック、コモンウェルスゲームスの代表選手

選考に関しては STNZ によるスポーツ仲裁が導入されている。

　このような STNZ による法的審査の範囲と限界は、ニュージーランドの私的団体の自治を尊重し、国家裁判所による司法審査が謙抑的に行われてきたことからの影響はあると思われる。

　STNZ は、行政訴訟型のスポーツ仲裁として、スポーツ団体の専門性・自律性を尊重するものの、スポーツガバナンスから要求される公平・透明性とのバランスから STNZ 仲裁パネルの審査対象、権限、判断基準、立証責任などを、STNZ 仲裁規則で明確に定め、安定的かつ明確な法的審査を行ってきている。

　もっとも、とくにニュージーランドにとって重要な国際大会であるオリンピックやコモンウェルスゲームスの代表選手選考については、国家から多くの資金提供を受けている事実もふまえられているのだろうと思われるが、STNZ によるスポーツ仲裁の導入を義務とするなど、代表選手選考仲裁における法的審査の範囲を徐々に広げている。

3. カナダスポーツ紛争解決センター（SDRCC）の代表選手選考仲裁における法的審査の範囲と限界

　第3章においては、スポーツ団体が実施する代表選手選考における専門性・自律性と公平・透明性というスポーツガバナンスとのバランスの視点から、カナダの SDRCC の代表選手選考仲裁における法的審査の範囲と限界を解説した。

　SDRCC では、仲裁規則において広範な仲裁パネルの権限が認められているものの、仲裁判断では、行政訴訟型のスポーツ仲裁として、スポーツ団体の専門性、経験の視点から、とくに、選考決定の妥当性、選考基準自体の策定や評価については、原則として、スポーツ仲裁による法的審査を及ぼしていない。立証責任は仲裁規則において中央競技団体（National Sport Organisation, NSO）に課されている。判断基準については仲裁規則に定めはなく、仲裁判断でも一貫した基準はないが、事案の蓄積の中で、取消し事由が一定の範囲にまとまってきている。具体的な取消し事由としては、選考基

準の違反、客観的評価における評価要素の検討不足、評価機会の不公平、主観的評価における客観的な根拠不足、手続き規程違反などであった。なお、カナダ政府から資金提供を受ける NSO については、SDRCC によるスポーツ仲裁の導入が義務づけられている。

このような SDRCC による法的審査の範囲と限界は、カナダの私的団体の自治を尊重し、国家裁判所による司法審査が謙抑的に行われてきたことからの影響はあると思われる。

もっとも、SDRCC は、1990 年代に、スポーツ団体内に任意に設置された紛争解決機関、国家レベルで設置された紛争解決制度なども十分に機能しなかった歴史をふまえて設置され、カナダ連邦政府から資金供与を受ける NSO は SDRCC によるスポーツ仲裁導入を義務づけられている。また、行政訴訟型のスポーツ仲裁として、スポーツ団体の専門性、経験を尊重するものの、スポーツガバナンスから要求される公平・透明性とのバランスから、SDRCC 仲裁パネルの審査対象、権限、判断基準、立証責任などについて、より広範かつ深い法的審査が可能になるように設計されている。これは、代表選手選考に関し国家から資金供与を受けることの裏返し、あるいは代表選手選考紛争の実効的な解決のために、代表選手選考仲裁における法的審査をさらに及ぼそうとしていることの表れといえるだろう。

4. アメリカ仲裁協会（AAA）の代表選手選考仲裁における法的審査の範囲と限界

第 4 章においては、スポーツ団体が実施する代表選手選考における専門性・自律性と公平・透明性というスポーツガバナンスとのバランスの視点から、アメリカ合衆国の AAA の代表選手選考仲裁における法的審査の範囲と限界を解説した。

AAA では、代表選手選考制度やこれに関する AAA によるスポーツ仲裁が法律上定められており、オリンピック、パラリンピック、パンアメリカンゲームスに関してアメリカオリンピック委員会（United States Olympic Committee, USOC）の独占的な権限が認められるとともに、選手の出場機

会の保障という法的権利の問題として位置づけられている。仲裁規則では、仲裁パネルの審査対象、権限、判断基準や立証責任は定められていないものの、仲裁判断において、選手の出場機会の具体的保障内容が明らかになり、これが選手の出場機会の侵害事由ともなっている。民事訴訟型のスポーツ仲裁として、審査対象が選手の出場機会の保障であることから、法的審査としてスポーツ団体の専門性・自律性への尊重は原則前提とされていない。立証責任は、仲裁判断で申立人である選手に課されている。具体的な選手の出場機会の侵害事由としては、選考基準の違反、客観的評価における出場機会の不公平、主観的評価における客観的な根拠不足、手続き規程違反などであった。

　このような AAA による法的審査の範囲と限界は、そもそもアメリカ合衆国の代表選手選考制度や AAA による法的審査が法律上の根拠にもとづくものであるため、他国と比較して特殊な制度となっている。

　AAA による法的審査についても、代表選手選考自体を行うことは AAA 仲裁パネルの権限とはしないものの、選手の出場機会の保障という権利侵害の有無を判断する民事訴訟型のスポーツ仲裁として、AAA 仲裁パネルの審査対象、権限、判断基準、立証責任などについて、より広範な法的審査が可能になるように設計されている。

　国家裁判所も、USOC の代表選手選考事案については法律上定められた制度であり、基本的に AAA による法的審査にゆだねられているととらえられているため、AAA による法的審査のみが USOC や中央競技団体（NGB）の代表選手選考権限の行使と、選手の出場機会の保障というバランスを保つ制度となっている。

第2節 代表選手選考仲裁における法的審査の範囲と限界に関する国際比較

　本書各章の総括をふまえ、日本の JSAA、ニュージーランドの STNZ、カナダの SDRCC、アメリカ合衆国の AAA の 4 つのスポーツ仲裁機関の代表

選手選考仲裁の特徴は、以下のような簡単な比較表で整理すると、より鮮明になるだろう。

①代表選手選考制度としての比較の視点として、代表選手選考制度の主体、主体の法的性質、法令上の根拠、法令の内容、代表選手強化への国家予算の投入、スポーツ団体の決定に対する国家裁判所による司法審査、スポーツ仲裁導入状況

②国内スポーツ仲裁機関の組織としての比較の視点として、設立年、スポーツ仲裁制度の根拠法、組織の法的性質、主な資金拠出元や代表選手選考仲裁の取扱い開始年、これまでの代表選手選考事案数、代表選手選考仲裁の申立費用

③仲裁パネルの権限、判断基準としての比較の視点として、仲裁パネルの審査対象、スポーツ団体の専門性への尊重、選考決定権限の有無、立証責任、立証責任の決まり方、判断基準、判断基準の決まり方、仲裁規則のタイプ

④仲裁パネルによる法的審査の程度としての比較の視点として、スポーツ団体の専門性への尊重、選考基準を厳格に適用するか（相対的比較）、客観的評価への法的審査、主観的評価への法的審査、手続き規程への法的審査

⑤事案数や認容数としての比較の視点として、代表選手選考仲裁の取扱い開始年、代表選手選考取扱い年数、代表選手選考事案数、認容数、選考決定数、選考決定率

1. 代表選手選考制度

	JSAA	STNZ	SDRCC	AAA
代表選手選考の主体	中央競技団体（NF）やオリンピック委員会（JOC）	中央競技団体（NSO）やオリンピック委員会（NZOC）	中央競技団体（NSO）やオリンピック委員会（COC）	中央競技団体（NGB）やオリンピック委員会（USOC）
主体の法的性質	私的団体（一般法人又は公益法人）	私的団体（非営利社団法人など）	私的団体（非営利法人）	私的団体（連邦法人）
法令上の根拠	なし	なし	なし	Amateur Sports Act of 1978（現 Ted Stevens Olympic and Amateur Sports Act）USOC 基本定款
法令の主な内容	—	—	—	USOC の独占的な権限と義務 中央競技団体（NGB）の権限と義務 選手の出場機会の保障 AAA による紛争解決
代表選手強化への国家予算の投入	あり	あり	あり	なし（連邦政府）
スポーツ団体の決定に対する国家裁判所による司法審査	ほとんどなし	あり（ただし謙抑的）	あり（ただし謙抑的）	上記法令にもとづく代表選手選考に関しては、なし〈注1〉
スポーツ仲裁導入状況	JOC 加盟団体規程上の JSAA 導入義務（ただし、不徹底）〈注2〉	オリンピック、コモンウェルスゲームズについては、STNZ 導入	国家資金提供を受ける中央競技団体（NSO）は SDRCC 導入義務	USOC および中央競技団体（NGB）は AAA 導入

2. 各国スポーツ仲裁機関の組織

	JSAA	STNZ	SDRCC	AAA
設立年	2003 年	2003 年	2004 年	1926 年
スポーツ仲裁制度の根拠法	なし	Sport and Recreation New Zealand Act 2002（現 Sports Anti-Doping Act 2006）	Act to promote physical activity and sport	Amateur Sports Act of 1978（現 Ted Stevens Olympic and Amateur Sports Act）
組織の法的性質	民間公益法人	政府法人	政府法人	民間法人
仲裁組織としての性質	スポーツ仲裁機関	スポーツ仲裁機関	スポーツ仲裁機関	商事仲裁機関
主な資金拠出元	国内統括団体	政府	政府	自己
代表選手選考仲裁の取扱い開始年	2003 年	2003 年	2004 年	1978 年
これまでの代表選手選考事案数	17 件	31 件	97 件	54 件
代表選手選考仲裁の申立費用	5 万円	500 NZ＄	タイムチャージ	経済的利益にもとづく

3. 仲裁パネルの権限、判断基準、立証責任

	JSAA	STNZ	SDRCC	AAA
仲裁パネルの審査対象	スポーツ団体の決定	スポーツ団体の決定（関連紛争含む）	スポーツ団体の決定（関連紛争含む）	選手の権利（出場機会）
スポーツ団体の専門性への尊重	尊重	尊重	尊重	原則なし
選考決定権限の有無	仲裁規則でも仲裁判断でも不明確	仲裁規則上差戻し原則、例外的に可能	仲裁規則上可能、ただし仲裁判断で限定	仲裁規則上可能、ただし仲裁判断で限定
立証責任	不明確	申立人（選手）	被申立人(スポーツ団体)	申立人（選手）
立証責任の決まり方	仲裁規則でも仲裁判断でも不明確	仲裁規則	仲裁規則	仲裁判断で確立
判断基準	スポーツ団体の規則違反等	スポーツ団体の規則違反等	スポーツ団体の規則違反等	選手の権利侵害等
判断基準の決まり方	仲裁判断	仲裁規則	仲裁判断	仲裁判断
仲裁規則のタイプ	行政訴訟型	行政訴訟型	行政訴訟型	民事訴訟型

4. 仲裁パネルによる法的審査の程度

	JSAA	STNZ	SDRCC	AAA
スポーツ団体の専門性への尊重	尊重	尊重	尊重	原則なし
選考基準を厳格に適用するか（相対的比較）	あいまい	あいまい	厳格	厳格
客観的評価への法的審査	まったく踏み込んでいないわけではない	踏み込む（評価要素の検討不足など）	踏み込む（評価方法や評価機会）	踏み込む（出場機会が公平か）
主観的評価への法的審査	ほぼ踏み込まない	客観的評価が尽くされた場合は踏み込まない	客観的根拠を要求	客観的根拠を要求
手続き規程への法的審査	ほぼ踏み込まない	踏み込む余地あり	厳格	厳格

5. 事案数や認容数

	JSAA	STNZ	SDRCC	AAA
代表選手選考仲裁の取扱い開始年	2003 年	2003 年	2004 年	1978 年
代表選手選考取扱い年数	16 年間	16 年間	15 年間	41 年間
代表選手選考事案数	17 件	31 件	97 件	54 件
認容数	4 件	8 件	27 件	16 件
選考決定数	1 件	1 件	16 件	7 件
選考決定率	25%	約 12.5%	約 59.2%	約 43.8%

6. 各国内スポーツ仲裁機関の国際比較のまとめ

　全体として見れば、仲裁パネルの審査対象、権限、判断基準、立証責任、代表選手選考の客観的評価、主観的評価または手続き規程に関する法的審査に関して、スポーツ団体における代表選手選考決定の専門性・自律性と、スポーツガバナンスから要求される公平・透明性の視点から、どの国内スポーツ仲裁機関の仲裁判断が一義的に正しいとは言えず、多様なバランスが取られてきているといえるだろう。

　これは、4か国のスポーツ仲裁機関における代表選手選考仲裁は、同じ仲裁という法的性質を有する制度といえども、それぞれの国家の法制度、代表選手選考制度、スポーツ仲裁機関としての設立背景など、さまざまな違いが存在することに起因するため、当然といえば当然だろう。むしろ、各国の国内スポーツ仲裁機関（これに加えて、政府機関も）が、それぞれの国における代表選手選考紛争を解決していくにあたって、法制度上のさまざまな工夫をしてきたといえる。

　もっとも、本書において解説してきたとおり、各国のスポーツ仲裁機関においては先例拘束の原則の適用はないものの、仲裁パネルの審査対象、権限、判断基準や立証責任、代表選手選考の客観的評価、主観的評価または手続き規程に関する法的審査に関して、ある程度一貫して仲裁判断がなされている傾向は見出せる。これは、主に紛争解決の迅速性、合理性の観点から、従前の判断を尊重したほうがよいという実務判断を理由にしているとも思われるが、第5章で述べたような代表選手選考仲裁における統一的な規範形成の結果ともいえるだろう。

第3節 JSAA の代表選手選考仲裁制度への示唆
——スポーツ界における司法的機能の充実

　本書の総括として、4つの国内スポーツ仲裁機関における代表選手選考仲裁における法的審査の範囲と限界に関する国際比較は以上のとおりである。同じ仲裁という法的性質を有する制度といえども、さまざまな違いが存在し、

それぞれがスポーツ団体における代表選手選考決定の専門性・自律性と、スポーツガバナンスから要求される公平・透明性の視点から多様なバランスをとっており、どの国内スポーツ仲裁機関における法的審査が一義的に正しいわけではない。

　もっとも、今後、JSAAにおける代表選手選考仲裁が発展していくことを考えた場合、他国の国内スポーツ仲裁機関における代表選手選考仲裁が多様であることは重要な示唆に富む。そこで、本書のまとめとして、本書執筆時、JSAAがかかえている現状の主な課題とともに、JSAAの今後の発展における示唆を検討してみたい。

1. JSAA による法的審査の対象とすること

　まず、JSAAの現状の最大の課題が、第1章でも述べた、代表選手選考に関する自動応諾条項の採択率の低さ、つまりJSAAによる法的審査の対象となっていないことである。

　2003年の設立以降、日本のスポーツ界において、徐々にその認知度も高まり、日本オリンピック委員会（Japanese Olympic Committee, JOC）加盟団体規程においてJSAAのスポーツ仲裁自体に関する自動応諾条項の導入義務が定められている。これにより、その採択率は、本書執筆時現在、JOC加盟・準加盟団体の自動応諾条項の採択率は90.3%まで上がってきている。ただ、日本障がい者スポーツ協会の加盟・準加盟団体であれば採択率は26%にとどまり、全体では56.8%となっている。

　これらは自動応諾条項の内容を問わない結果であり、代表選手選考紛争を対象として、自動応諾条項を導入しているかどうかを確認すれば、採択率は38.3%にとどまっている（平成29年度スポーツ庁委託事業報告書）。これはまだまだスポーツ仲裁自体への信頼が得られていないことかもしれないが、国家裁判所による司法審査も法律上の争訟の問題があり対象とされないうえに、自動応諾条項の採択率がこのような状況では、各中央競技団体における代表選手選考に対してそもそも法的審査が及んでいるとは言いがたい。日本のスポーツ界における司法的機能の充実を考えれば、大きく改善を図る必要のある課題だろう。

このような課題を克服するのであれば、立法論ではあるが、カナダのように連邦政府より資金提供を受けている国内スポーツ団体が、内部紛争解決方法の中に、SDRCCのスポーツ仲裁手続きを導入する必要があるとされていることは参考になろう。カナダは、国家としてスポーツに積極的に関与し、スポーツ団体にも多額の資金提供を行っているが、その裏返しとして、とくに資金提供が行われている中央競技団体（NSO）にスポーツ仲裁の導入を義務づけている。代表選手の育成、強化には、多額の資金提供がなされているため、代表選手選考に関する問題解決を国家が促進することは1つのバランスの方法であると思われる。

　そして、日本は、カナダを上回る国家予算をスポーツに提供しており、代表選手選考を行う中央競技団体は、代表選手の強化、国際大会への派遣について多額の国家予算を利用している。とくに資金提供が多い代表選手選考に関しては、スポーツ仲裁の導入を義務づける合理的な理由となるだろう。

　したがって、代表選手選考仲裁をめぐる法制度として、代表選手選考に関する国家からの資金提供の条件としてJSAAにおける代表選手選考仲裁を導入することは、JSAAによる法的審査自体の対象とするうえで検討に値すると思われる〈注3〉。

2. JSAA仲裁パネルの審査対象、権限、判断基準、立証責任、法的審査の程度に関する再考

　JSAAがかかえている課題として、第1章でも述べたが、JSAA仲裁パネルの権限、判断基準、立証責任については「JSAA仲裁規則」に具体的な規定がなく、これらが個別の事案のJSAA仲裁パネルにゆだねられている部分が小さくない。

　確かに、JSAA仲裁パネルの権限、判断基準については、これまでの代表選手選考仲裁における仲裁判断によって明確になってきており、とくにJSAA仲裁パネルの判断基準はいわゆる4要件基準が定着しているので、大きくぶれることはないと思われる。しかしながら、この4要件基準が具体的なあてはめとしてどのような判断につながっているかといえば、代表選手選考における客観的評価、主観的評価についても、広い法的審査を及ぼすこともなく、また、手続き規程として選考基準が存在せず、また未公表であっ

た選考基準があったとしても、取消し事由を限定し、かなり限定的な法的審査となっている。

　また、代表選手選考仲裁における立証責任の帰属はスポーツ仲裁規則上もこれまでの仲裁判断でも明確になっておらず、スポーツ団体、選手とも、どこまで立証するべきか悩ましい状況がつづいている。これでは、スポーツ団体として、代表選手選考において何をどこまで準備すべきかはっきりしないため、スポーツ団体の代表選手選考制度の法的精度が向上しない。

　このような課題は、確かに、JSAAが何ら根拠法令をもたず、日本のスポーツ界にみずから導入をうながしていくためには、JSAA仲裁パネルの審査対象、権限、判断基準、立証責任や、法的審査の程度についてもかなり限定的にせざるを得ない事情があったとも考えられる。ただ、スポーツ関連紛争に関し、法律上の争訟性の問題から国家裁判所による司法審査が大きく抑制されていることを補完するためにJSAAが設立された経緯もふまえれば、今後再考していく必要がある。

　また、JSAAによる法的審査が限定的にとどまるのは、スポーツ団体の専門性・自律性を尊重する、ということであるが、専門性はさておき、スポーツ団体の決定の自律性はそもそも尊重に値するものか、つまり当該団体において法的正統性が十分に認められるものかは、検討を要する課題である。JSAAによる法的審査は、行政訴訟型のスポーツ仲裁であると述べてきたが、たとえば、行政法における行政裁量と法治主義に関し、「行政が法によって権限を授権された以上、その権限の行使は当該授権法によって形式的にも実質的にも拘束される」「行政に裁量が認められるのは、法がそのことを一定の合理的な理由に基づいて承認しているから」と指摘されている〈注4〉。日本の中央競技団体が行政機関に類似する組織としても、このような法による授権はない。とすれば、中央競技団体の代表選手選考が当事者の民主的な意思にもとづくものか、あるいは選手代表との誠実な協議にもとづくかなど、法的正統性の有無を再検討したうえで、スポーツ団体の自律性が尊重に値するものかを考える必要もあるだろう。

　他国におけるスポーツ団体では、メンバーシップ制や選挙制度による役員選任など民主的な意思決定が行われている実態が存在し、このようなスポーツ団体の決定には尊重すべき自律性が存在すると言えることとの違いは十分

に検討する必要があるだろう。

　JSAA は、2003 年の設立以来、代表選手選考事案に関しても、多数の事案を積み重ねてきている。JSAA の仲裁人についても、前述のとおり、その仲裁人候補者リストを見れば、スポーツ法、仲裁法に精通した大学教授や、スポーツ法務の経験のある弁護士がリストアップされている。JSAA がスポーツ仲裁法研究会を年 3 回、スポーツ仲裁シンポジウムを年 1 回開催し、仲裁人候補者の質向上のための事業も実施している。このような研究会を通じて、各事案から抽出される JSAA 仲裁パネルの審査対象、権限、判断基準、立証責任や、法的審査の程度が検討されてきている。

　とすれば、日本の中央競技団体の決定の自律性がそもそも尊重に値するものかを再検討したうえで、これまでの代表選手選考事案や他国の同種事案をふまえながら、JSAA 仲裁パネルの審査対象、権限、判断基準、立証責任や、法的審査の程度について、今あらためて再考することは可能であると思われる。この再考の中で、他国の中央競技団体の法的正統性や、仲裁パネルの審査対象、権限や判断基準、立証責任、法的審査の程度は参考となるだろう。

3. 代表選手選考に関するスポーツ団体と選手の 法的合意についての議論

　第 1 章、第 5 章で述べたとおり、JSAA の代表選手選考事案においては、代表選手選考基準に関するスポーツ団体と選手の法的合意に関する主張、反論がなされてこなかったため、十分な議論がなされてきたとはいえない。代表選手選考事案は、裁判所法第 3 条に定める法律上の争訟に該当するとは判断されず、長らく国家裁判所による司法審査の対象となってこなかったのも、代表選手選考に関するスポーツ団体と選手の法的合意に関する議論が行われなかった影響があると思われる。

　しかしながら、このスポーツ団体と選手の法的合意に関する議論が行われることにより、JSAA の代表選手選考仲裁による司法的機能の充実に関して、2 つの利点があると思われる。

　1 点目は、スポーツ団体と選手の法的合意について、裁判所法第 3 条に定める法律上の争訟に該当し、代表選手選考事案に関して、この法的合意の範

囲に限っては、国家裁判所による司法審査の対象とすることが可能となる点
である。JSAAのスポーツ仲裁においても、仲裁法上の仲裁と認められるこ
とにもなるため、JSAAにおける代表選手選考仲裁による司法的機能の充実
に資するだろう。

　2点目は、スポーツ団体と選手の法的合意が有効になった場合、国家裁判
所による司法審査、スポーツ仲裁による法的審査の場面において、当該合意
自体を争うことができなくなることから、代表選手選考に関するスポーツ団
体と選手の法的合意について、両者の意識が高まることが期待される。そし
て、代表選手選考基準などを定める際に、スポーツ団体と選手間において、
より充実した議論がなされる可能性が高まるだろう。

　代表選手選考は、確かにスポーツ団体がみずから定めるルールにもとづい
て実施するものであるが、そのルール自体は法的正統性を有する必要があり、
とくに代表選手選考は、選考対象となる選手の利害に大きく関わるものであ
ることから、選手との協議は必須である。とすれば、スポーツ団体と選手の
法的合意に関する議論が行われることは、スポーツ団体が行う代表選手選考
の法的正統性を高める方向につながるだろう。法的正統性が高まれば、ス
ポーツ仲裁による法的審査において、スポーツ団体の専門性・自律性を尊重
する実質的な根拠にもなる。

　以上のような利点を考えても、JSAAにおける今後の代表選手選考仲裁に
よる司法的機能の充実のため、スポーツ団体と選手の法的合意に関する議論
を行っていく必要がある。

　このような法的合意の議論に関しては、各章でも触れたとおり、ニュー
ジーランドやカナダ、アメリカ合衆国でもすでに行われており、それぞれの
国のスポーツ仲裁事案でも前提とされている事案がある。このような事案を
参考にしつつ、日本の中央競技団体における選手とのあいだの合意実態をふ
まえ、議論を行っていく必要があるだろう。

4. 代表選手選考に関するスポーツ権の議論

　JSAAの代表選手選考仲裁における主な課題としてもう1つ考えられるの
が、スポーツ仲裁における「スポーツ権」の議論である。

　2011年に施行されたスポーツ基本法前文では「スポーツを通じて幸福で

豊かな生活を営むことは、全ての人々の権利」と、第2条では「スポーツは、これを通じて幸福で豊かな生活を営むことが人々の権利」と明記された。ただ、伊東（2014）が「その権利の内容はなお抽象的なものにとどまっている」と指摘するとおり、具体的な権利内容は明記されていない。そこで考えなければならないのが、この権利の具体化におけるスポーツ仲裁の役割である。

これまでのJSAAの代表選手選考事案においては、JSAA-AP-2004-001（馬術）におけるJSAA仲裁パネルが、「オリンピック大会の公的意義を踏まえれば、各競技団体が行っている代表選手選考は公平で透明性の高い方法で実施されなければならず、またスポーツ選手は、国民の一人として、合理的な基準を満たせばオリンピック大会に参加する権利をもつと考えなければならない」と指摘するのみで、これ以外の事案の仲裁パネルは、代表選手選考事案においてこのような権利性についてはまったく触れていない（権利という言葉が触れられることすらこれ以外にない）。

しかし、スポーツ基本法に明記された「スポーツ権」がスポーツ仲裁によって具体化された場合、今後の代表選手選考仲裁はより厳しくスポーツ団体の代表選手選考決定を法的に審査することが考えられる。すでに、日本の代表選手選考の場面でどのようなスポーツ権が考えられるかについて、井上（2015）は、「競技会への出場のための自由と平等の権利」「独断的規則を排除し、チームの規則作成にかかわる権利」と指摘している。

このような議論をスポーツ仲裁において行うことは、JSAAがスポーツ界における司法的機能を充実させていくことにつながるだろう。

第4節 本書のまとめ

以上、本書においては、スポーツ団体による代表選手選考決定の専門性・自律性とスポーツガバナンスから要求される公平・透明性とのバランスの視点から、各国のスポーツ仲裁機関における代表選手選考事案を縦断的に整理し、代表選手選考仲裁における法的審査の範囲と限界、具体的には仲裁パネルの審査対象、権限、判断基準、立証責任、代表選手選考における客観的評

価、主観的評価、手続き規程などに対する法的審査の程度について解説を行った。4か国のスポーツ仲裁機関における代表選手選考仲裁は、同じ仲裁という法的性質を有する制度といえども、それぞれの国家の法制度、代表選手選考制度、スポーツ仲裁機関としての設立背景など、さまざまな違いが存在し、多様なバランスが取られている。これにより、代表選手選考という私的団体の決定に対するスポーツ仲裁を対象として、私的自治とこれに対する司法的機能の介入の範囲と限界という、スポーツ法学にとって基本的な課題を明らかにすることができたとも思われる。

　こうした多様なバランスを参考にしながら、本書のまとめとして、多くの国家資金が投入される日本の代表選手選考であることを根拠として、JSAAのスポーツ仲裁の導入を義務づけることにより法的審査の対象とすること、日本の中央競技団体の決定の自律性がそもそも尊重に値するかを再検討し、仲裁パネルの審査対象、権限、判断基準、立証責任、法的審査の程度に関し再考すること、代表選手選考に関するスポーツ団体と選手の合意やスポーツ権について議論を行うことを、JSAAによる法的審査への示唆として導いた。

　このような示唆がJSAAの代表選手選考仲裁における今後の議論につながれば幸いである。

〈注〉
1　Mitten, op. cit., para. 84, 87, 89.
2　ただし2019年4月1日時点。その後日本スポーツ協会加盟団体規程でも導入される方向である。
3　JSAA初代機構長の道垣内も、アメリカ合衆国の法制度を前提に、そのような可能性を指摘する。道垣内正人「日本スポーツ仲裁機構とその活動」(『日本スポーツ法学会年報』第15号、2008年、p. 36)。
4　室井力・芝池義一・浜川清『コンメンタール行政法Ⅰ　行政手続法・行政不服審査法』(第2版、日本評論社、2008年、p. 314)。

あとがき

　本書の基となる博士学位論文「スポーツ団体の代表選手選考に対するスポーツ仲裁における法的審査の範囲と限界 (Judicial Review of National Team Selection in National Sports Arbitration Agency, its Scope and Limits)」（早稲田大学 32689 乙第 5633 号）は、代表選手選考というスポーツ団体の専門性が大きく尊重されてきた場面に関して、スポーツ団体における代表選手選考決定の専門性・自律性と、スポーツガバナンスから要求される公平・透明性とのバランスから、スポーツ仲裁における法的審査の範囲と限界について研究したものです。

　私が代表選手選考とスポーツ仲裁というテーマに興味を持ったのは、そもそもスポーツでトップを極めた人たちの感覚で決まるもの、と感じていた代表選手選考と、スポーツに関してはトップでも何でもない法曹がスポーツ仲裁において論理的に審判することがどうすれば交わるのかよくわからない点にありました。スポーツと法学が交わる研究分野であるスポーツ法学といっても、単に法適用の対象がスポーツに過ぎなければ、法適用の論理が優先されるため、あまりおもろくはありません。ただ、代表選手選考の場面には、スポーツの専門性と法論理が衝突すると感じられるところに一番のおもしろさを感じたのです。研究を進めていくと、代表選手選考にも様々なスポーツ科学としての根拠が提示可能であり、スポーツ仲裁による客観的な検証も可能であることが理解できました。その上で持った私の問題意識は、スポーツ仲裁の対象となるとしても、やはりスポーツにおいて勝てる選手はどのような能力を有するのか、という判断は最終的にはトップを極めた一部の人間の感覚的なもので、そこにまでスポーツ仲裁による審判は踏み込んではいけないのではないか、ということです。そのため、研究テーマを代表選手選考に対するスポーツ仲裁による法的審査の範囲と限界と定めました。

　とはいえ、元から私にその知見があったわけでもありません。とりあえずスポーツ仲裁裁判所 (CAS) や主要な国内スポーツ仲裁機関にて、スポー

ツ仲裁の対象となった代表選手選考事案をピックアップすると、450件ほどありました。そこで、これらの事案を分析、整理することから始めたのが、本研究につながりました。スポーツ団体による代表選手選考決定に対してスポーツ仲裁が踏み込む程度は、仲裁機関や仲裁人によって様々でした。博士論文を書き終えた今でも、トップを極めた人たちの専門性にスポーツ仲裁が踏み込むことが許されるのかは、厳密には突き詰められてはいません。こちらは自らの研究課題として一生追い続けたいと思っています。

　本書の基となる博士論文作成のきっかけとなった出来事は2つくらいあります。

　1つは、故小寺彰東京大学教授です。弁護士になって1年目だったか2年目だったか、確か日本スポーツ仲裁機構（JSAA）のイベントで初めてお会いした際、スポーツ法を志す若輩者の私に、「スポーツ法を目指すのであれば、文章を書けるようになりなさい」とのお言葉をいただきました。物分かりが悪い私は、まだその真意をすべて理解できていませんが、私なりの解釈としては、スポーツ法という分野がまだ発達途上で、法理論の解明や具体的事案の解決にあたって十分な検討をするためには、文章を書くという中で、論理の緻密さ、一つの言葉の適切さなど、丁寧な検討がきわめて重要である、ということをおっしゃりたかったのではないかと理解しています。確かに、スポーツ法に関わっているとされる弁護士間の議論では、流行りの海外事例の表層的な紹介や理念的な方向性の主張ばかりが存在し、海外の歴史的経緯の違いへの十分な検討や法理論の正確な理解もなければ、実際の現場で発生している事実の把握ですら十分になされていないことが多々存在しています。このような議論を耳にするたびに、何らかの文章として、後世に研究成果を残す必要を強く感じてきました。

　もう1つが2013年のドイツ留学です。日本スポーツ仲裁機構（JSAA）の上柳敏郎執行理事にお誘いいただき、ドイツでスポーツ仲裁を運営して

いるドイツ仲裁協会（Deutsche Institution für Schiedsgerichtsbarkeit e.V.）にて研修をさせていただきました。ドイツ仲裁協会は国際仲裁機関で、そこで出会った私と同年代の若者は、3ヶ国語以上を話し、法曹資格を持ちながらも弁護士としてはまだ働かず、大学院博士課程に通いながらアルバイトをしていました。聞けば現状のままだと、深い研究の経験や知見もなく、そのまま弁護士になっても他の弁護士と勝負にならない、ということでした。既に弁護士経験も10年弱になっていた私はとても恥ずかしい思いをしたのを覚えています。自分の人生で研究成果を残す決意をした瞬間でした。

　本研究にあたっては、多くの先生方にご協力ご指導をいただきました。この場をお借りして、感謝を申し上げたく存じます。
　早稲田大学スポーツ科学学術院教授である友添秀則先生には、学術院長という多忙な時期にもかかわらず、博士論文の主査をお引き受けいただき、構想段階からご面談を重ね、多くのご指摘ご示唆をいただきました。隣接領域のスポーツ倫理学がご専門で、スポーツ法学にも以前から携わってこられた先生の知見、ご指摘はきわめて鋭いもので、私自身の分析の浅はかさを痛感させられました。私がまだまだ未熟者で、先生のご指摘ご示唆をすべて適えることはできませんでしたが、今後の研究人生を通じて実現することでお許しを得たいと思っています。
　また、同教授寒川恒夫先生（現静岡産業大学特任教授）、同教授原田宗彦先生には、嘱任当初からお世話になり、学内学外を問わず、先生方から研究環境を整えていただきました。また、先生方のご発言、著書などから、多くの知的思考のヒントをいただきました。

　早稲田大学大学院法務研究科教授である道垣内正人先生には、先生が機構長であったJSAAの事業から様々にお世話になりました。JSAA事業に携われた中でいろいろな問題意識が生まれ、本研究にもつながりました。

本研究においても、ご依頼からきわめて短時間ですべての内容をチェックいただきました。そのスピード感にも驚嘆いたしましたが、ご指摘いただいた仲裁の本質やJSAAの歴史、日本のスポーツ界におけるJSAAの機能などについて多くのご示唆をいただきました。

　また、同志社大学政策学部教授である川井圭司先生にも、弁護士になる以前からお付き合いで、スポーツ法の先駆者としてこれまで多くの励ましをいただきました。本研究においても全文にわたって厳しい叱咤激励をいただきました。弁護士経験では得られない、スポーツ法全体にわたる視野、バランス感など、先生のご指摘はスポーツ法の本質を知る貴重な経験となりました。

　もうお一人、博士論文の審査をお願いすることは叶いませんでしたが、早稲田大学スポーツ科学学術院准教授中澤篤史先生もあげさせていただきたいと思います。偶然にも、出身高校の一つ上の先輩と、同じ早稲田大学スポーツ科学学術院に、同じ日に嘱任されることになり、研究室も隣で、非常に親しくさせていただきました。大学の教育課程にあまり縁がなく、右も左もわからない私が、博士論文の執筆を進めるうえで、懇切丁寧に多くのご教示をいただきました。

　最後に、私事ですが、小さい頃からスポーツの分野での仕事をしたいという私の意志を尊重し、何の口出しもせず、伸び伸び成長させてくれた両親には感謝しかありません。一つこのような研究成果を世に出せたことは、特に大学教授であった父親に恩返しをできたのではないかと感じています。

2020年6月
素晴らしいスポーツ施設に囲まれた研究室にて

参考文献リスト

外国参考文献

David, Paul. Hearing Anti-Doping Cases in New Zealand, Haas, Ulrich. and Healey, Deborah. *Doping in Sport and the Law, Bloomsbury Publishing*, 2016, p. 138, note. 63.

Davis, Nick. Teague, Marinka and Ogier, Sonia. *Dispute Resolution in the Sport and Recreation Sector and the Role of the Sports Tribunal Final Report*.

Duval, Antoine. Getting to the games: the Olympic selection drama(s) at the court of arbitration for sport, *International Sports Law Journal*, Vol. 16, 2016, pp. 52-66.

Findlay, Hilary A. Rules of a sport-specific arbitration process as an instrument of policy making, *Marquette Sports Law Review*, Vol. 16, No. 1, 2005, p. 73 以降.

Findlay, Hilary A. and Corbett, Rachel. Principles underlying the adjudication of selection disputes preceding the Salt Lake City Olympic Games: Notes for Adjudicators, *Entertainment Law*, Vol. 1, No. 1, Spring 2002, pp. 109-120.

Findlay, Hilary A. and Mazzucco, Marcus F. "Degrees of Intervention In Sport-Specific Arbitration: Are We Moving Towards a Universal Model of Decision-making?", *Yearbook on Arbitration and Mediation, Pennsylvania State University Dickinson School of Law*, Vol. 2, 2010, pp. 98-143.

Findlay, Hilary A. and Corbett, Rachel. "The rights of athletes, coaches, and participants in sport.", *Sports, fitness and the law*: North American perspectives, 2000, pp. 101-119, Part. 5.

Foster, K. Is There a Global Sports Law?, Siekmann, R.C.R. and Soek, J.W. *Lex Sportiva: What is Sports Law?, T.M.C. ASSER PRESS*, 2012, p. 49.

Haslip, Susan. A Consideration of the Need for a National Dispute Resolution System for National Sport Organizations in Canada, *Marquette Sports Law Review*, Vol. 11, 2001, p. 263.

Kellor, Frances. *American Arbitration: Its History, Functions and Achivements, HARPER & BROTHERS PUBLISHERS*, 1948.

Lewis QC, Adam and Taylor, Jonathan. *SPORT: LAW AND PRACTICE Third Edition, Bloomsbury Professional*, 2014.

Lloyd, Aaron. "NEW ZEALAND", *The Sports Law Review (Edition 3)*, 2018, Chapter.14, p. 175.

Mitten, M.J. and Davis, T. Athlete Eligibility Requirements and Legal Protection of Sports Participation Opportunities, *Virginia Sports and Entertainment Law Journal*, Vol. 8, 2008, pp. 71-146.

Mitten, Matthew J. et al, *Sports Law and Regulation: Cases, Materials, and Problems (3rd Edition)*, *Wolters Kluwer Law & Business*, 2013.

Pound, Richard W. Sports Arbitration: How It Works and Why It Works, *McGill Journal of Dispute Resolution*, Vol. 1, No. 2, pp. 76-85.

Report of the Work Group to the Secretary of State (Amateur Sport), *A WIN-WIN SOLUTION: Creating a National Alternate Dispute Resolution System For Amateur Sport in Canada*, 2000.

Sullivan QC, Allan. I didn't make the team. What can I do? An overview of selection jurisprudence, *Australian and New Zealand Sports Law Journal*, Volume 10, No. 1, 2015, pp. 1-45.

The final report of the President's Commission on Olympic Sports, 1977.

Thorpe, David. CONTRACT AND ATHLETE SELECTION, *Australian and New Zealand Sports Law Journal*, Volume 3, No. 1, 2008, pp. 37-68.

Toomey, Elizabeth. and Fife, Colin. New Zealand, *International Encyclopaedia for Sports Law*, *Kluwer Law International BV*, 2008, p. 51.

Weiler, Paul C. et al, *SPORTS AND THE LAW: Text, Cases and Problems Fifth Editions*, *West Academic Publishing*, 2015.

Wong, Glenn M. *ESSENTIALS OF SPORTS LAW (Fourth Edition)*, *Praeger Pub Text*, 2010.

日本参考文献

伊東卓「スポーツ基本法逐条解説」菅原哲朗・望月浩一郎『スポーツにおける真
　の指導力』エイデル研究所、2014年、p. 152

井上洋一「スポーツと人権」中村敏雄・高橋健夫・寒川恒夫・友添秀則編集
　『21世紀スポーツ大辞典』大修館書店、2015年、p. 90

井上洋一「モスクワオリンピックボイコットに対する訴訟−アメリカにおける競
　技者の参加の権利」『スポーツ史研究』第5号、1993年、pp. 15-23

小笠原正監修『導入対話によるスポーツ法学』（第2版）不磨書房、2007年

小川和茂「選手選考にかかる仲裁判断例に関する一考察」『スポーツ仲裁のさ
　らなる発展に向けて：文部科学省法科大学院形成支援プログラム―仲裁・
　ADR・交渉の研究と実践―報告書』、2006年、pp. 151-162

小幡純子「スポーツ仲裁―行政法の視点から―」『スポーツ仲裁のさらなる発展
　に向けて：文部科学省法科大学院形成支援プログラム―仲裁・ADR・交渉の
　研究と実践―報告書』、2006年、p. 146

小幡純子「スポーツにおける競技団体の組織法と公的資金」道垣内正人・早川吉
　尚編著『スポーツ法への招待』ミネルヴァ書房、2011年、pp. 54-55

小島武司・猪股孝史『仲裁法』日本評論社、2014年

齋藤健司『フランススポーツ基本法の形成（上巻）』成文堂、2007年

田村陽子「アメリカ民事訴訟における証明論―『法と経済学』的分析説を中心に
　―」『立命館法学』2011年5・6号（339・340号）、p. 137

道垣内正人「日本におけるスポーツ仲裁制度の設計」『ジュリスト』1249号、
　2003年、p. 2

道垣内正人「日本スポーツ仲裁機構（JSAA）」『法学教室』第276号、2003年、p. 2

道垣内正人「スポーツ仲裁をめぐる若干の論点」『仲裁とADR』3号、2008年、p. 82

道垣内正人「日本スポーツ仲裁機構とその活動」『日本スポーツ法学会年報』第
　15号、2008年、p. 8

道垣内正人「スポーツ仲裁・調停」道垣内正人・早川吉尚編著『スポーツ法への
　招待』ミネルヴァ書房、2011年、p. 62

道垣内正人「スポーツ仲裁」日本スポーツ法学会編著『詳解スポーツ基本法』成
　文堂、2011年、p. 282

永井憲一「国の「文化」としてのスポーツ―スポーツ法学の対象・方法とその課
　題―」『日本スポーツ法学会年報』第1号、1994年、p. 41以降

日本スポーツ仲裁機構平成 25 年度文部科学省委託事業スポーツ仲裁活動推進事業報告書「諸外国におけるスポーツ紛争及びその解決方法の実情に対する調査研究」、2014 年

濱野吉生「スポーツ権をめぐる諸問題」『日本スポーツ法学会年報』第 1 号、1994 年、p. 63 以降

松本泰介「スポーツ団体」日本スポーツ法学会編著『詳解スポーツ基本法』成文堂、2011 年、p. 143 以降

松本泰介「ドイツにおけるスポーツ紛争解決制度」『仲裁 ADR フォーラム』vol. 5、2016 年、p. 17 以降

松本忠士「スポーツ権」『法律時報』1993 年 4 月号、p. 60 以降

南川和宣「スポーツ仲裁機構と行政法理論」『修道法学』28 巻 2 号、2006 年、p. 973

室井力・芝池義一・浜川清『コンメンタール行政法 I 行政手続法・行政不服審査法』(第 2 版) 日本評論社、2008 年

室井力・芝池義一・浜川清『コンメンタール行政法 II 行政事件訴訟法・国家賠償法』(第 2 版) 日本評論社、2006 年

望月浩一郎・松本泰介「スポーツ団体におけるコンプライアンス」『自由と正義』60 巻 8 号、2009 年、p. 68 以降

文部科学省「平成 22 年度諸外国におけるスポーツ振興政策についての調査研究」(アメリカ)、2011 年

文部科学省「平成 22 年度諸外国におけるスポーツ振興政策についての調査研究」(カナダ)、2011 年

文部科学省「平成 22 年度諸外国におけるスポーツ振興政策についての調査研究」(ニュージーランド)、2011 年

文部科学省 平成 23 年度委託調査 スポーツ政策調査研究 (ガバナンスに関する調査研究)、2012 年

八木由里「オリンピック日本代表選出における紛争と ADR 制度」『日本スポーツ法学会年報』第 14 号、2007 年、pp. 152-162

山本和彦・山田文『ADR 仲裁法』(第 2 版) 日本評論社、2015 年

我妻 栄他『新法律学辞典』(新版) 有斐閣、1967 年

索引

アルファベット

著者紹介

松本泰介
（まつもと たいすけ）

早稲田大学スポーツ科学学術院准教授・博士（スポーツ科学）

1980年生まれ、2003年京都大学法学部卒業、2005年弁護士登録（第二東京弁護士会）

主な著作に「標準テキストスポーツ法学」（第3版、2020年、共著、エイデル研究所）など

代表選手選考とスポーツ仲裁
（だいひょうせんしゅせんこう）　（ちゅうさい）

©Taisuke Matsumoto, 2020　　　　　　　　　NDC780／xvi, 239p／21cm

初版第1刷————2020年8月1日

著者————————松本泰介
　　　　　　　（まつもとたいすけ）
発行者——————鈴木一行
発行所——————株式会社 大修館書店
　　　　　　　　〒113-8541 東京都文京区湯島2-1-1
　　　　　　　　電話 03-3868-2651（販売部）　03-3868-2297（編集部）
　　　　　　　　振替 00190-7-40504
　　　　　　　　［出版情報］https://www.taishukan.co.jp

装丁・本文デザイン——石山智博
印刷所——————精興社
製本所——————ブロケード

ISBN978-4-469-26896-6　Printed in Japan